银行业风险传染研究

——基于系统网络与市场主体有限理性行为

李志楠　著

中国金融出版社

责任编辑：吕　楠
责任校对：孙　蕊
责任印制：丁淮宾

图书在版编目（CIP）数据

银行业风险传染研究——基于系统网络与市场主体有限理性行为／李志楠著 .—北京：中国金融出版社，2020. 12
ISBN 978 - 7 - 5220 - 1005 - 2

Ⅰ.①银…　Ⅱ.①李…　Ⅲ.①银行业—风险管理—研究—中国
Ⅳ.①F832. 1

中国版本图书馆 CIP 数据核字（2021）第 022237 号

银行业风险传染研究——基于系统网络与市场主体有限理性行为
YINHANGYE FENGXIAN CHUANRAN YANJIU：JIYU XITONG WANGLUO YU
SHICHANG ZHUTI YOUXIAN LIXING XINGWEI

出版
发行　中国金融出版社
社址　北京市丰台区益泽路 2 号
市场开发部　（010）66024766，63805472，63439533（传真）
网 上 书 店　http：//www. chinafph. com
　　　　　　（010）66024766，63372837（传真）
读者服务部　（010）66070833，62568380
邮编　100071
经销　新华书店
印刷　北京七彩京通数码快印有限公司
尺寸　169 毫米×239 毫米
印张　14. 5
字数　235 千
版次　2020 年 12 月第 1 版
印次　2020 年 12 月第 1 次印刷
定价　69. 00 元
ISBN 978 - 7 - 5220 - 1005 - 2
如出现印装错误本社负责调换　联系电话(010)63263947

序

近一个世纪以来，数次金融危机对全球造成深刻影响，危机导致的投资者恐慌、企业破产、经济衰退、失业等多方面影响给国家经济与民众生活带来巨大危害。在巴塞尔委员会、金融稳定理事会等国际合作组织的统一推动下，各国金融风险防控体系不断完善，但事实证明，当今的风险防范机制仍无法防止金融危机的发生，2008年次贷危机引发的全球金融危机再次给许多国家造成巨额损失。近年来，随着金融危机影响逐步消退，全球经济同步复苏，主要发达经济体的货币政策趋向正常化，导致全球流动性进一步收紧，逆全球化与贸易保护主义抬头，国际贸易摩擦不断加剧，国际形势风起云涌，对我国经济金融体系的风险防控能力要求不断提高。党的十九大明确提出"防止发生系统性金融风险是金融工作的永恒主题"，当前我国改革开放进入深水区，在金融改革开放过程中，防范化解金融风险已经成为金融发展的重要任务。

回顾每次金融危机的爆发过程，都经历了由单一风险源引发的风险传染，进而导致系统风险的全面爆发，因此，对金融风险传染的研究一直以来都是系统风险领域的热点问题之一。为了更加深入地了解系统性金融风险的形成机制，分析风险传染过程，从而完善风险监管防控机制，防范系统性金融风险的发生，本书在现有金融风险传染研究成果的基础上，以金融机构中最具代表性的银行业为例，综合三种银行业风险传染路径，同时纳入三类行为金融因素影响下的市场主体有限理性行为，构建一个超越现有研究的风险传染分析框架与理论模型。不仅在理论上作出新的探索，为该领域研究拓展新的方向，而且更全面地捕捉现实中金融风险传染过程的多种因素，进而对银行业风险传染进行更加深入、细致的研究，对我国银行业乃至整个金融业的风险防控具有重要意义。

　　本书的内容主要分为四个方面：第一，深入分析对手违约、共同资产持有、流动性展期三种路径下的银行业风险传染机制，以及信息溢出、异质信念、投资者情绪三类行为金融因素影响下的市场主体有限理性行为对银行业风险传染的影响机制，构建基于系统网络与市场主体有限理性行为的银行业风险传染分析框架与理论模型；第二，采用仿真模拟方法，研究初始冲击通过银行业传染形成系统风险的演化过程，对风险传染的范围与概率以及各银行的风险变化过程进行分析，探索行为金融因素影响下银行业风险传染出现的特殊现象，以及不同传染路径、不同行为金融因素存在时风险传染的叠加效应；第三，选取我国银行业46家上市商业银行数据，分析银行对风险的吸收能力以及在各类传染路径下的风险暴露程度，进一步结合本书模型进行压力测试，通过分析压力测试结果提出风险管理对策；第四，从审慎监管与政府救助两个方面建立银行业风险传染监管体系，采用敏感性分析法对不同监管指标和不同网络结构下的风险传染程度进行比较，采用自然实验法对政府救助的方式、时机、目标进行研究，验证政策效果。

　　本书在金融风险传染研究领域的主要创新体现在四个方面：第一，在当前银行业风险传染研究的理论与模型基础上，构建基于系统网络与市场主体有限理性行为的银行业风险传染分析框架与理论模型，打破传统金融学中完全理性假设、市场有效性假设、信息完备性与对称性假设，引入行为金融学理论；第二，当前大多数银行业风险传染研究仅将传染范围、传染概率作为研究内容，本书除此之外还通过记录不同传染时期的系统网络节点信息，细致地展示银行业风险传染过程，从而深入地对各时期不同银行陷入危机的具体原因进行分析；第三，在当前宏观与微观审慎监管方法的基础上，进一步基于银行业风险传染路径提出系统网络的中观审慎监管方法，并采用自然实验方法对政府救助的不同的方式、时机、目标所实现的效果进行对比，完善银行业风险传染监管体系；第四，在信息溢出因素影响下的流动性展期路径的风险传染研究中，发现了"跳跃式"风险传染、"循环流动性陷阱"现象以及信息溢出所具备的"风险发现"功能，在分析内在原因的基础上提出相应的政策启示。

本书的重要结论主要有以下五点：第一，三种风险传染路径存在显著的叠加效应，表明在银行业风险传染的研究中三种传染路径缺一不可；第二，三类行为金融因素影响下的市场主体有限理性行为均对银行业风险传染过程产生显著影响，是不可忽略的重要因素；第三，信息溢出的存在使得流动性展期路径下的风险传染呈现"跳跃式"风险传染、"循环流动性陷阱"现象，表明信息溢出影响下的风险传染具有隐蔽性、跳跃性、爆发性特征，另外信息溢出具备的"风险发现"功能为监管部门在同业借贷业务监管中提供了新的思路；第四，我国银行业中，大型国有商业银行稳健性较强，兴业银行、天津银行、渤海银行、重庆农商银行以及大多数城市商业银行受到不同的风险传染路径下的影响较为严重；第五，在银行业风险传染监管研究中，微观视角的杠杆率监管、流动性监管以及宏观视角的附加监管要求能够有效降低银行业风险传染程度，从中观视角来看，形成完全连接网络结构或区域型网络结构、提升资产密度、提升资产多样化程度、实施差异化资产分配策略、提升节点异质性都能够强化系统网络结构的稳健性，同时，在危机期间对系统重要性银行的破产进行持续性救助能够高效地限制银行业风险传染。

本书核心内容为本人攻读博士学位期间的核心研究成果所汇集而成的博士学位论文，主要适用于金融监管相关部门、金融机构风控相关部门的研究及从业人员参考，也可作为金融风险管理方向研究人员在风险传染领域的参考用书，附录中的 Python 代码是根据本书的理论模型进行编写，具有进一步开发的潜力，也可直接用于银行业等金融机构间风险传染问题的仿真分析。由于本人学识和水平有限，本书的研究还存在许多不足，也难免出现些许差错，希望广大读者多多指正！

最后，在本书即将出版之际，感谢我的导师沈沛龙教授在相关研究过程中的悉心指导，感谢中国金融出版社编辑吕楠女士的辛勤付出，祝愿广大读者身体安康，万事顺意！

李志楠

2020 年 11 月 25 日

目　录

1

图表索引

第1章 绪 论

1.1 研究背景和研究意义

1.1.1 研究背景

近一个世纪以来，国际金融市场历经了多次危机传染与爆发，对全球经济造成巨大冲击。1929 年纽约股市大崩溃引发了资本主义经济史上最严重、最深刻的世界经济危机，对世界经济造成的沉重打击使得世界工业生产值直到 1936 年才恢复到 1928 年的水平；1994 年墨西哥债务危机，蔓延到拉美的阿根廷、巴西、秘鲁等国家，造成深远影响；1997 年的亚洲金融危机，由泰国蔓延到马来西亚、印尼、新加坡等国，甚至波及韩国、我国台湾和香港等地；1998 年的俄罗斯金融危机，使得东欧国家深受其害，并蔓延到了南美的阿根廷等国，导致阿根廷在 2001—2002 年发生金融危机。

最近一次的金融危机是 2007 年美国爆发的次贷危机，这次危机使得美国各大金融机构以及金融市场都出现流动性资金短缺，作为世界经济活动参与最频繁的美国，国内流动性资金的不足很快蔓延到了国际市场，最终导致了全球金融危机的发生。在此次金融危机中，华尔街历史最悠久的五大投行也没能逃脱，纷纷在危机中倒闭破产，华盛顿互惠银行也在这次危机中破产，意味着美国历史上规模最大的储蓄银行也不能抵御此次金融危机。与此同时，日本、欧洲等国的银行也损失惨重，不断破产，甚至作为国家主体的芬兰，在这次危机中也不得不宣布破产，世界各主要经济体遭受了不同程度的经济损失。据国际货币基金组织初步评估，此次金融危机造成的损失额大约为 1.5 万亿美元，并且还没有将不能直接量化的损失计算在内。从历次金融危机可以看出，金融危机影响的深度、广度不断增加，波及的范围也越来越广，给世界经济造成的损失难以估量，世界各国的金融监管机构以及研究人员对于金融体系的稳健性越发关注，如何有效监管金融风险、防止系统风险的发生成为金融风险管理领域的热点话题。

近年来，随着金融危机的影响逐渐消退，全球主要经济体同步复苏，美、日、欧等发达国家和经济体通过退出量化宽松、提升短期目标利率、收缩央行资产负债表等手段调整货币政策逐渐趋向正常化，对发展中国家形成外溢效应，全球流动性随之收紧，新兴市场国家资金外流压力进一步提升。随着美国在特朗普宣扬下的"利己思想"不断高涨，国际贸易摩擦不断加剧，逆全球化与贸易保护主义抬头，国际环境的不确定性不断增加，对我国经济金融体系的风险防控能力的要求也不断提高。

2017 年 7 月召开的全国金融工作会议，确立了未来金融改革发展和维护金融稳定的大政方针，成立了国务院金融稳定发展委员会，进一步调整监管体制，以守住不发生系统性金融风险这个底线。2017 年 10 月，党的十九大明确提出"防止发生系统性金融风险是金融工作的永恒主题"，我国金融形势总体来看是好的，但当前和今后一个时期我国金融领域处在风险易发期，在国内外多重因素压力下，风险点多面广，呈现隐蔽性、复杂性、突发性、传染性、危害性特点，结构失衡问题突出，违法违规乱象丛生，潜在风险和隐患正在积累，脆弱性明显上升，既要防止"黑天鹅"事件发生，也要防止"灰犀牛"风险发生。党的十九大以来，国内金融界对于如何"健全金融监管体系，守住不发生系统性金融风险的底线"展开了激烈讨论，其中最为关键的一环即系统性金融风险的形成：如何由单个金融机构风险事件的传染而形成波及整个金融体系的系统风险。

在关于金融风险传染的主体中，银行作为金融机构中数量最多、规模最大、影响最广的群体，对整个金融系统的稳定具有举足轻重的影响，银行危机与金融危机之间存在着极为密切的风险传导过程，银行危机的扩散和传染极易演化为金融危机，相反，如果金融危机先于银行危机爆发，处于金融体系核心地位的银行业往往首当其冲，最先受到风险的传染与冲击，进一步使得风险在整个银行系统迅速传染。因此，近年来在系统风险的研究领域，关于金融机构间风险传染问题也主要集中在银行业的风险传染。

随着金融市场的不断发展，金融机构"大而不倒"的现象已经逐渐被金融机构"太关联而不能倒"或者金融网络结构"太复杂而不能倒"所代替（杨子晖、周颖刚，2018）。从银行主体来看，一方面，同业借贷是银行进行期限错配的重要手段，几乎所有银行都通过同业借贷业务调整自身流动性，由此也在银行业形成了密集的同业借贷网络关系；另一方面，随着我国金融创新的不断深入与金融开放的不断放宽，新型金融产品在市场中不断涌现，金融衍生品和表外业务不断增加，银行业的资产重叠在不知不觉中日益上升，逐渐演变成越来越复杂的资产重叠网络。同业借贷网络与资产重叠网络使得银行业联系越来越紧密，风险在不同机构间存在相互交叉、彼此影响的特征，使得银行体系成为现代经济中最易遭受冲击的部分，某银行发生风险时会向其余健康的银行产生传染，一家银行的倒闭可能导致整个银行业的崩溃，进而对金融业甚至实体经济造成严重冲击。

20 世纪 90 年代以来，计算机科学的迅速发展推动了复杂网络研究的不断深入，使其在金融、生物、医学、信息等各个领域得到广泛应用。近年来，网络科学领域的研究突飞猛进，而复杂网络理论就是针对关联的多个主体所形成的复杂系统的特性与规律进行研究。基于复杂网络理论，可以将银行主体视为网络中的节点，将银行业的资产负债关系视为网络中的连线，网络关系能够直接而形象地刻画出银行业的内在关联，并在此基础上分析银行业的风险传染。由于不同网络中的风险传染途径之间存在叠加效应，孤立地考虑单一风险传染路径已不能满足当前风险管理的要求，要进行有效的风险管理与防范，就要综合研究多路径下的风险传染过程。因此，银行业风险传染问题已成为系统风险领域一个综合而复杂的动态问题，对我国金融风险管理构成了严重的威胁，亟须进行深入研究。

目前，我国经济正处于金融改革和金融开放的关键时期，加强对银行业风险传染的分析与认识，完善金融风险传染监测、管理体系建设，建立符合我国金融体系和银行业发展现实情况的风险管理体系十分重要和紧迫。基于此，本书将针对银行业所形成的系统网络，细致地分析银行业风险传染的过程与结果，并对影响风险传染的相关因素进行分析，构建针对银行业风险传染的监管体系，为避免系统风险的积累和扩散，维护金融体系稳定运行提供理论依据和技术支持。

1.1.2 研究意义

（1）理论意义

从当前银行业风险传染的理论研究来看，对手违约路径的研究仍然是数量最多、涉及最广泛、内容最深入的领域。自 2010 年前后开始，先后有学者分别将共同资产持有路径与流动性展期路径纳入了银行业风险传染的研究，并深入研究这两种路径对原本仅包含对手违约路径的风险传染起到的放大效应。2015 年前后，将上述三种传染路径纳入同一风险传染模型的研究成果开始出现在各大国际金融监管机构的工作论文中。从该视角下的研究演化历史来看，研究人员正在意识到多种风险传染路径的叠加效应，因此本书拟采用最新的多层次交互式复杂网络模型建立银行业系统网络，将上述三种传染路径的叠加效应考虑在内，具有较强的理论意义。

同时，目前来看几乎所有银行业风险传染研究都局限在传统金融学理论框架与假设之下，默认在风险传染过程中包括银行与投资者在内的市场主体全部为完全理性的，市场是强有效的，信息是完备的、对称的。然而，随着行为金融学的发展与深入，越来越多的研究表明传统金融学的上述假设与现实情况存在严重的偏离，市场主体的非理性因素对其决策行为具有重要影响，我国的金融市场远未达到强有效市场的程度，且市场信息的完备性与对称性假设也太过苛刻，导致现有研究在理论上存在较大缺陷。因此，本书在现有的传染路径基础上，进一步考虑现实中市场主体的有限理性行为与市场的非有效以及信息的不完备、不对称特征，从行为金融学的三类因素（信息溢出、异质信念、投资者情绪）出发，建立关于市场主体的有限理性决策行为模型，同时基于信息溢出与获取机制刻画非对称信息对市场主体决策的影响，建立基于系统网络与市场主体有限理性行为的银行业风险传染分析框架与理论模型，并通过仿真模拟验证不同风险传染路径的叠加效应以及不同行为金融因素的影响效果，在当前系统风险的银行业风险传染研究领域做出新的探索，具有较强的理论意义。

（2）现实意义

党的十九大提出的"健全金融监管体系，守住不发生系统性金融风险的底线"的核心问题就是：如何通过建立健全有效的金融监管体系，来防止系统性金融风险的发生。显然，系统性金融风险的发生，必然要经过一个由单一或部分风险向系统风险的传染过程，那么，如果能够发现、认识这一传染过程，从机制上对该传染过程进行控制与管理，一方面通过监管措施加强金融机构对风险传染的抵御能力，管控各类风险传染路径下银行业的关联程度，另一方面当发现可能由于风险传染而导致系统性金融风险时，采取高效的救助措施，就可以将风险控制在局部范围，阻止风险向金融系统的大面积扩散。因此，本书在现有风险传染研究成果基础上，综合三种传统金融学风险传染路径，同时纳入行为金融因素的影响，构建一个超越现有研究的风险传染分析框架与理论模型，不仅能够更贴切地捕捉现实金融风险传染过程的多种因素，而且对于现实中我国银行业乃至整个金融业的风险防控具有重要的意义。

同时，基于本书的理论框架与银行业风险传染模型进行的深入研究对我国金融系统风险防范还具有以下意义：第一，本书对模型参数影响下的风险传染概率、范围进行敏感性分析，判断相关监管指标的有效性；第二，在现有的微观与宏观监管方法上，进一步提出基于系统网络视角的中观审慎监管策略，并验证其有效性；第三，选取我国银行业 2017 年底的真实数据，对不同的风险冲击情景下银行业风险传染情况进行压力测试，基于传染结果提出具有针对性的政策建议；第四，基于风险传染的演化过程以及各个银行节点的风险变化过程，通过自然实验方法验证政府救助的方式、目标、时期的选取，为制定科学、高效的政府救助策略提供参考。上述四方面的研究，不仅对认识银行业风险传染过程具有重要现实意义，也对我国系统性金融风险防范的监管政策提供了更加现实、科学的参考。

1.2 国内外文献综述

1.2.1 相关概念界定与现有综述述评

系统风险（systemic risk）于 1992 年首次出现在 Edwards 与 Patrick 所出版的 *Regulating International Financial Markets：Issues and Policies* 一书中，其中 Kane（1992）与 Hewitt（1992）的两章内容分别从政府机构在全球经济危机中的系统风险角色与系统风险由证券市场失调扩散到全球经济危机两方面进行了研究。Kaufman（1995）首次将系统风险定义为"发生银行破产的连锁反应的风险"，在现有研究中，学者们先后对系统风险进行了许多定义，但至今仍未形成统一。例如，Chen 等（2013）认为系统风险是"由于组成系统的单独个体与节点的行为导致整个复杂系统崩溃的风险"；Hart 和 Zingales（2009）认为系统风险是指"一个金融机构的倒闭引起系统内其他机构倒闭，危机扩散和传染呈现多米诺骨牌效应，使整个金融体系变得极为脆弱，并危害实体经济"。参照 Hart 和 Zingales（2009）的定义，本书所进行的研究主要集中在系统风险中的"危机扩散和传染"阶段，即"危机在局部的地区、国家或机构开始发生，随后传播到其他地方的过程"（Dasgupta，2004）。

在 20 世纪末的金融风险研究中，学者们陆续发现了系统风险的传染特性并尝试对其进行分析。Kindleberger（1996）最早系统地研究金融危机及其风险传染特征，首次提出了金融危机的风险传染（financial contagion）问题。近年来，关于风险传染的研究层出不穷，从不同的主体来看，可以划分为不同国家、地区间风险传染（Zheng 和 Song，2018；Anand 等，2018；Anastasopoulos，2018），不同市场的风险传染（Barnhill 和 Souto，2009；Kenett 等，2010；Billio 等，2012；Lahmiri，2017），以及不同金融机构的风险传染。其中，在金融机构的风险传染问题的研究中，绝大多数研究都集中于银行业的风险传染，即由于银行机构间存在的关联性，单个银行的风险通过不同路径发生传染，导致其他银行也出现风险，进而形成危及整个银行系统的系统风险。研究表明，在中国银行整体系统性金融风险中，传染性风险占比逐年提高（杨子晖和李东承，2018），因此本书的研究主要集中于银行业风险传染问题。

在目前该领域的文献综述中，李守伟和何建敏（2009）从系统风险的含义、成因、特征与识别、度量角度比较广泛地对系统风险的研究成果进行了梳理。邓晶等（2013）对银行系统风险的内涵、特征进行了阐述并从理论研究与实证研究的角度对系统风险的研究成果进行了述评。李守伟和何建敏（2013）从传染渠道的角度对银行系统风险的研究进行了述评，但该文章对传染渠道的分类与理解存在一定混淆，例如：银行业市场渠道与支付结算渠道其实质并无区别，支付结算渠道的传染只是银行业市场对手违约风险的外在表现，文中支付结算渠道提到的经典文献之一——Eisenberg 和 Noe（2001）提出的银行业支付结算系统其内在实质仍是银行业市场的同业借贷违约算法；另外，将流动性渠道与共同冲击渠道作为"无形渠道"的分类较为牵强，两者实质仍为资产的相关性所导致的风险传染，且未对"无形渠道"与"有形渠道"的分类方法进行具体说明，使读者难以理解其中的内在区别。王献东和何建敏（2016）对广义的"风险传染"概念进行了详细的梳理与分析，并从宏观视角将风险传染划分为基本面关联传染与投资者行为传染，并对现有的测度方法进行了梳理；与该文相比，本节的研究综述集中于微观视角，且更加详细深入地对银行业风险传染的成果进行梳理。曲昭光等（2017）从金融控股集团的角度对风险传染进行了述评，与本书所涉及研究角度明显不同。

与本书最为接近的为刘志峰（2015）的研究，该文章从投资者个体的情绪与社会交互角度出发，对投资者个体非理性心理与行为所导致的金融危机"纯传染"进行研究。与该文章相比，本书的相似之处在于都将投资者情绪因素作为影响金融危机的渠道之一，同时研究中都采用了 SISa 传染病模型；本书的不同之处在于，更加侧重传统的传染路径作为危机的传染基础，同时加入投资者情绪、异质信念、信息溢出三类行为金融因素影响下的市场主体行为决策，刘志峰（2015）脱离银行业资产负债关联基础的情绪传染研究完全专注于情绪因素，而本书具有更广泛的研究对象，且本书所研究的系统网络中的风险传染路径是情绪传染路径的存在基础。

鉴于目前越来越多的国内研究人员开始关注系统风险及其传染特征，本节将对该领域现有研究成果从不同的风险传染路径与行为金融因素的角度进行分析，建立系统化的研究脉络并对相关研究进行梳理，以此形成一个该领域的现有研究框架，并为本书的后续研究提供参考。接下来分别从银行业风险传染路径（包含对手违约、共同资产持有、流动性展期）与行为金融因素（包含投资者情绪、信息溢出、异质信念）的六个方面进行文献梳理与分析，并在此基础上提出对现有研究不足与未来研究方向的思考。

1.2.2 关于银行业风险传染路径的研究

在传统金融学理论中，对于金融风险的分类主要包括信用风险、市场风险、流动性风险等，其中流动性风险可分为市场流动性风险与融资流动性风险（Brunnermeier 和 Pederson，2009），在银行业风险传染过程中，上述风险可对应为对手违约路径、共同资产持有路径和流动性展期路径。本小节将对上述三方面的风险传染路径下的现有研究进行梳理与分析。

（1）对手违约路径

关于银行业风险传染的研究，最初起源于对手违约路径下同业借贷关系网络的风险传染，到目前为止，该领域的研究仍然是数量最多、涉及最广泛、内容最深入的研究领域。在最初的研究中，Rochet 和 Tirole（1996）最早从同业借贷关系角度出发，研究分散化同业业务所带来的弹性是否能够弥补中央银行的救助措施。在此之后，Allen 和 Gale（2000）作为研究银行业风险传染问题的开创者，为这一领域的研究奠定了微观基础，他们认为完全的债权结构比非完全的债权结构具有更强的稳定性，更有利于系统风险的分散；同时，在一个密集互联的金融网络中，一个陷入困境的银行的损失可以被分配给更多的债权人，从而降低负面冲击对个别机构的影响。Eisenberg 和 Noe（2001）针对同业借贷网络中的支付关系，开创性地对清算支付向量的存在性和唯一性进行了证明，并在清算支付向量基础上对风险的传染进行分析，将对手违约路径下的风险传染机制更加细化。在此之后，绝大多数领域研究都采用了 Eisenberg 和 Noe（2001）所提出的清算支付向量及相关演化模型作为对手违约路径中的清算模型。

在该领域研究中，大量文献集中于分析银行业同业网络中的网络特征如何影响风险的传染。Haldane 和 May（2011）从银行生态系统角度出发，分析银行业关联的增加对系统脆弱性的影响。Freixas 等（2000）有类似于 Allen 和 Gale（2000）的观点，他们认为银行业债务均等的分配加强了单个银行面对破产的弹性。但也有人持相反的观点，Blume 等（2011）认为银行业的传染是一种传染病，随着银行对手的增加，系统崩溃的可能性也在增加。随着研究的深入，许多成果显示了介于上述两者之间的结论，即高度连接的金融网络是稳健但也是脆弱的，在一定的冲击范围内网络是冲击的吸收者，但超过了这一范围，网络就成为坏冲击的传播者（Haldane，2013；Acemoglu 等，2010，2012，2013，2015；Cheng 等，2017）。针对货币中心网络结构的研究，Georg（2013）提出其相对于随机网络结构更加稳健，但 Laurens 等（2014）、Sachs（2014）的研究表明若银行节点是同质的则该网络结构的稳健性会更差。Leventides 等（2018）对每个银行节点给予外生冲击的不同情景下风险传染机制在系统中的效果进行模拟，测试不同网络结构的脆弱性。

另外，也有学者侧重于同业网络的演化与风险的扩散情况。Anand 等（2012）研究了网络拓扑结构与决定整个系统危机的金融机构的资金结构之间的相互影响，当发生危机时金融体系从一个密集的信用关系网络向一个稀疏的信用关系网络急剧转变，而且信用关系的重建存在滞后效应。Benazzoli 等（2016）利用图论中关于随机图分析的方法，结合数值模拟来研究高度连接的金融网络中违约的扩散情况。Babus（2016）模拟了银行系统中的网络形成过程，得出银行能够成功形成有弹性的网络，并且在一个均衡的网络中，传染的概率几乎为 0。Zhang 等（2018）基于内生性选择与随机性选择的借贷规则生成动态银行业同业网络，研究对手违约路径下各类因素以及借贷规则对风险传染的影响。

与此同时，也有许多学者将网络模型拓展到实证，研究不同国家或地区的银行业同业网络中对手违约路径下风险传染情况：瑞士（Sheldon 和 Maurer，1998），英国（Wells，2002），日本（Inaoka 等，2004），德国（Upper 和 Worms，2004；Craig 和 Von，2014），奥地利（Boss 等，2004；Elsinger 等，2006；Puhr 等，2012），比利时（Degryse 和 Nguyen，2007），加拿大（Li，2009），美国（Bech 和 Atalay，2010），墨西哥（Serafin 等，2014），巴西（Santos 和 Cont，2010；Tabak 等，2014），欧洲（Glasserman 等，2015；Bonaldi 等，2015；Paltalidis 等，2015），意大利（Mistrulli，2010；Fricke 和 Lux，2015），俄罗斯（Leonidov 和 Rumyantsev，2016），亚

洲（Mensah 和 Premaratne，2017），荷兰（Van 和 Liedorp，2006；Francisco 等，2018），巴西和拉丁美洲（Rivera‐Castro 等，2018）。针对银行业双边数据的不可得性，大多数学者采用最大熵信息方法进行估算，而 Grzegorz 和 Kok（2013）提出基于随机区块模型的连接预测算法计算银行节点间的联系程度；Anand 等（2015）结合信息理论与经济诱因提出，银行与最大的交易对手的连接概率与每家银行的总借贷额是一致的，从而形成最小密度的银行业同业网络；Anand 等（2018）又选取 13 个国家和地区的 25 个不同的市场数据，采用多种不同的方法生成网络结构，并根据不同方法对网络结构的重塑能力进行排序。

在国内研究中，马君潞等（2007）最早对我国银行资产负债表数据使用矩阵法估算双边传染风险，分析了不同损失水平下单个银行倒闭及多个银行同时倒闭所引起的传染性。近年来，李守伟等（2010，2011，2012，2014）、邓晶等（2013）、陈庭强等（2014）、鲍勤等（2014）、徐涛等（2017）、隋聪等（2014，2015，2016）在银行同业网络的对手违约风险研究中都取得了颇为显著的研究成果。

（2）共同资产持有路径

关于共同资产持有路径的研究，起步稍晚于对手违约路径，但目前已形成了许多关键的研究成果，该路径对于风险传染的放大作用已被许多研究所证明。由于资产价格为盯市价值且金融机构受到偿债能力指标监管，当非流动性资产的市场需求不是完全弹性时，危机主体的资产抛售会使资产价格下降，造成银行总资产小于总负债，由于偿付能力不足，进一步产生内生性的资产抛售，导致资产价格的不断下跌与抛售，最终形成系统风险（Cifuentes 和 Ferrucci，2005；Allen 等，2008）。虽然资产多样化能够降低银行个体的违约风险，但银行个体的资产多样化策略导致了银行系统多样化的降低，所有银行持有的相似的资产组合使得系统复杂性与脆弱性不降反升（Acharya，2009；Haldane，2009；Wagner，2009，2010，2011；Ibragimov 等，2011；Allen 等，2012；Battiston 等，2012；Bimpikis 和 Tahbaz‐Salehi，2012；Cabrales 等，2017）。Elsinger（2009）和 Elliott 等（2014）从不同的机制出发，研究表明交叉持有不同组织的股份或债务可能导致风险传染的发生。Biswas 和 Gómez（2018）从银行贷款客户重叠导致的共同资产持有路径出发，结合银行的监督激励机制研究银行业的风险传染过程。Paulin 等（2019）针对重叠资产的聚集程度对危机的闪电式蔓延进行研究，发现资产聚集程度较高有利于系统稳定，并对危机期间的干预政策效果进

9

行分析。

英格兰中央银行的研究人员将共同资产持有路径与对手违约路径相结合，发现"流动性效应"与"资产市场流动性"（两者的实质为共同资产持有路径下资产价格变化）的存在显著扩大了风险的传染范围与传染窗口（Nier 等，2008；Gai 和 Kapadia，2010）。Caccioli 等（2013）的研究发现同业银行金融网络暴露可以显著地放大资产组合重叠风险传染，通过对奥地利银行业网络在 2006—2008 年的数据进行压力测试，结果显示单独考虑对手风险传染和展期风险传染造成的银行破产数量较少，但加入资产组合重叠传染路径会显著性地增加系统风险。在进一步的研究中，Caccioli 等（2014）分析了资产重叠风险对于银行网络稳定性的影响，分别从杠杆、分散投资、聚集因素三方面考虑，通过分支过程来计算资产组合的稳定性。Greenwood 等（2015）专注于共同资产持有路径下危机银行的折价出售（fire sales）过程对于其余持有关联性资产的银行所造成的风险传染，并利用欧洲银行数据进行实证分析。Chen 等（2016）制定了一个包含共同资产持有与对手违约路径的银行约束优化规则，通过分块算法求解，识别两者的区别，发现共同资产持有路径极有可能引发系统风险，并对欧洲银行的数据进行了分析与验证。Banwo 等（2016）在 Caccioli 等（2013、2014）的研究基础上，进一步拓展了重叠资产的分布异质性对于共同资产持有路径下风险传染的影响。

近年来国内也出现了一些该路径下的创新性研究，基于 Greenwood 等（2015）的研究方法，方意等（2016）引入中国的银行数据进行了相应的研究。吴宜勇等（2017）研究了共同资产持有的价格波动对银行违约的影响并提出了政府救助策略。隋聪等（2017）结合对手违约与共同资产持有路径，分析了两种路径的叠加效应。沈沛龙等（2019）结合银行业同业网络中的对手违约与共同资产持有路径，分析了不同网络结构中两种传染路径导致的风险传染概率、范围、损失程度与资产多样化程度、初始冲击程度的关系。

（3）流动性展期路径

流动性展期路径下的风险传染与对手违约路径密切相关，区别为对手违约路径表现为债权方资产损失导致的风险传染，而流动性展期路径表现为债权方的流动性储存导致的风险传染，因此大多数研究都是将同业借贷网络中的资产负债关系从对手违约与流动性展期两个路径进行研究。Diamond 和 Rajan（2005）研究了流动性不足与偿付危机的交叉影响进而引发系统风险。Afonso 等（2011）对 2008 年金融危机期间美国银行业隔夜市场的流动性储存与对手违约风险的重要性进行研究，结果表明对手违约风险的角色重要性高于流动性储存。Fourel 等（2013）通过建立包含对手违约路径和流动性展期路径的风险传染模型，运用法国数据研究银行流动性囤积行为对金融系统稳定性的影响，发现在潜在的违约风险传染基础上，市场冲击导致的流动性囤积将对其余银行的短期融资造成严重影响进而造成违约数量的增加。Amini 等（2016）进一步将结合两路径的研究由均匀无向随机网络扩展至异质有向有权网络，对不同网络特征的弹性进行研究，并验证风险传染程度可以由网络的弹性决定。Capponi 等（2016）通过优化序在负债矩阵中的应用来刻画金融网络的关联程度，对金融网络中的流动性集中度进行研究，并采用欧洲银行网络进行实证分析。

另外，也有学者结合流动性展期路径与共同资产持有路径的风险传染进行研究，例如，Allen 等（2012）研究了银行网络具有不同资产结构特征时共同资产持有路径与流动性展期路径相互叠加引发系统风险，发现在聚合结构中全体银行统一陷入危机而在非聚合结构中危机银行较为分散。Doh（2016）结合流动性展期与资产抛售所带来的价值损失在风险传染中的均衡过程，发现流动性展期能够提高资产清算价格从而缓解金融风险的传染。降刚与沈沛龙（2018）从资产抛售价格视角对我国银行业系统流动性风险进行研究，结果表明同业借贷、金融资产和交易性负债业务使得银行系统流动性风险总体增大。

在展期风险的其他方面也有许多研究，例如网络结构复杂性与集中性对流动性风险传染的影响（Gai 等，2011），金融机构融资的网络拓扑关系如何影响系统风险以及信贷网络的转变（Anand 等，2012），金融系统透明度对展期风险与金融危机的影响（Bouvard 等，2015），王晓婷与沈沛龙（2017）从资本角度对系统流动性风险的管控进行研究。

（4）综合研究

近年来，许多研究者开始综合分析以上三种传统金融风险传染路径，相关研究成果陆续出现在各大金融监管机构的工作论文中。Peralta 和 Crisóstomo（2016）构建了区分同业借贷抵押属性的双层次金融网络，同时考虑金融机构间重叠资产的减值出售与流动性囤积，研究风险传染的演化过程，并分析相关多重复杂性、监管指标要求、顺周期资产估值折扣率、市场流动性对于风险传染的影响。Montagna 和 Kok（2016）构建了包含短期同业借贷、长期同业借贷、共同资产持有的三层次网络模型，分别代表流动性展期、对手违约和共同资产持有传染路径，发现多层次网络下各种传染路径的存在使得风险的传染远高于单层次网络下的单一传染路径，并基于该模型提出了能够更好地测度系统重要性的指标。Aldasoro 等（2017）结合三种传染路径构建银行业风险传染模型，形成了中心边缘、异配行为、低密度的银行业网络，并在此基础上分析宏观审慎政策在稳健性与高效性之间的平衡效果。

国内研究中，最为瞩目的当为方意（2016）将系统风险的传染渠道作为研究对象，包含银行业负债违约渠道、银行业主动去杠杆渠道、银行业负债流动性挤兑渠道和破产银行导致的负债流动性挤兑渠道，对我国银行业在四种渠道下的系统风险进行了模拟，从宏观审慎角度提出了对策，其四类渠道分类与本书虽然不同，但内在的传染路径是一致的。

1.2.3 关于行为金融因素的研究

当前，对行为金融学的研究绝大多数都集中在资产定价和市场异象方面，相对传统金融学理论中的风险因素而言，将行为金融学理论中的因素纳入金融风险管理领域的研究并不多见。在传统金融学假设前提下的银行业风险传染研究能够正确地预测是否会发生风险传染，但由于理论上的假设极为严格以及缺少行为基础，无法对危机期间的政策选择进行研究（Upper，2011）。但随着系统风险研究的深入以及行为金融学的发展，行为金融学理论中的情绪传染、信息溢出、异质信念等因素对于风险传染以及系统风险形成的影响越来越受到研究人员的关注，将行为金融风险因素纳入风险传染模型的研究逐渐浮现。其中，绝大多数关于行为金融学因素对风险传染的研究都集中在股票市场的股价风险传染（Ahmadu‐Bello，2014；Kohn 等，2017；Talbi 等，2017），从银行业风险传染来看，相关研究主要分为三种类型：信息溢出，异质信念，投资者情绪。

（1）信息溢出

各类场外交易市场的网络中各主体之间存在明显的信息传播（Duffie等，2009；Duffie，2011；Gofman，2017），银行业同业市场又存在显著的信息不对称问题（Freixas 等，2005；Cappelletti 等，2017），20 世纪 80 年代以来，大量实证研究表明在银行业中坏消息会对其他银行产生显著的消极影响，导致跨时期银行破产（Hasan 和 Dwyer，1994；Schoenmaker，1996）、银行债务风险溢出（Carron，1982；Saunders，1987；Cooperman，Lee 和 Wolfe，1992；Jayanti 和 Whyte，1996）、存款流动（Saunders 和 Wilson，

1996；Schumacher，2000）、生存时间（Calomiris 和 Mason，1997，2003），以及股价反应（Aharony 和 Swary，1983；Swary，1986；Slovin，Sushka 和 Polonchek，1992，1999；Lang 和 Stulz，1992）等现象。2007 年的次贷危机中，由于对市场中相互交织的各类主体风险信息的缺失，市场参与者无法得知自身资产的风险情况，由此导致了银行同业市场的冻结以及资产抛售带来的价格急速下跌（Gorton，2008）。Caballero 等（2008，2013）的研究表明，针对单一资产的初始冲击会增加其他资产信息的不确定性，在危机期间放大银行对于风险的感知，扩大银行的流动性储存行为，由此带来更为严重的系统风险。Jiang 等（2018）基于非对称信息网络建立信用风险传染模型，有效地刻画了银行个体的风险传染程度以及网络中的银行危机程度，进一步分析网络结构、信息网、个体风险态度、金融监管强度、个体风险承受能力对风险传染的影响。

另外，关于金融机构以及储户信息不对称的信息交互以及挤兑行为研究也层出不穷，大量研究表明信息不对称的存在以及信息交互机制对于银行以及投资者行为产生显著影响（Jacklin 等，1988；Bikhchandani 等，1992；Chen 等，2006；王怡等，2012；邓晶等，2012；Pritsker，2013；邬松涛，2017；Ahnert 和 Kakhbod，2017；Ahnert 和 Georg，2018）。Acharya 和 Yorulmazer（2008）的研究表明，单一银行的破产会降低存款人对其他银行的信心，从而要求更高的存款利率或者收回银行存款，因此信息传染的可能性导致了利润最大化银行所有者以及其他银行的羊群行为。Admati 和 Pfleiderer（2000）的研究表明信息溢出使得信息强制披露是有利于福利提升的。Alvarez 和 Barlevy（2015）研究发现当市场冻结时针对银行资产负债表的信息强制披露能够显著提高福利，但只有银行业存在充足的风险传染时这种干预才是可行的。黄玮强等（2018）通过信息溢出构建网络模型，利用网络节点特征值表研究我国金融机构间风险传染，对信息溢出路径下的风险传染做出了新的拓展。Wang 等（2019）基于传染病模型，结合行为金融学与信息经济学，构建包含投资者行为与信息披露机制的网络模型来研究信用风险传染机制，从信息披露策略、信息噪音、信息传递比例以及信息披露的时间与趋势等方面对风险传染的影响进行了研究。

（2）异质信念

相较于其他因素的研究而言，异质信念在金融风险传染中的研究少之又少。从历史上的数次资产泡沫与经济危机经验来看，存在着很多共性：伴随着技术或金融创新、狂热的交易行为、脆弱的资产供给、毫无征兆的泡沫破裂。一方面，卖空限制、非基本面风险、资金限制导致的套利限制使市场机制无法及时消除价格泡沫；另一方面，信息不对称、先验异质性、心理偏差、扭曲的信息传递导致的异质信念使交易者对资产价格存在不同的预期。套利限制与异质信念的存在，使资产买方为获得将来转卖资产的投机机会而以高于自身预期价格去购买资产，进而导致了资产价格泡沫。即使在能够有效套利的完全市场中，异质信念的存在也会诱使投资者彼此投机导致内生的财富与价格的波动，进而导致系统风险的产生（Xiong，2013）。在有限的关于异质信念对风险传染的研究成果中，最具代表性的当为 Fischer 和 Riedler（2014）所做的工作，他们站在金融机构角度建立了有限理性主体模型，通过金融机构的资产交易行为，研究由于异质信念作用下，金融市场资产价格变化导致风险传染进而造成的系统风险，发现杠杆率、信用摩擦、流动性危机对系统风险的发生具有显著影响。

（3）投资者情绪

心理因素以及其中的情绪，在决策过程中起着重要作用，经济学、心理学、神经系统学等多种学科彼此交织，来决定情绪如何影响整个决策过程，要认识这一决策过程，重要的是观察和研究情绪以及情绪与认知决策的相互联系（Virlics，2013）。从神经系统学角度来讲，情绪因素（恐惧与贪婪）与风险承担行为密切相关，市场参与者并非永远保持理性或感性，而是随市场环境因素变化而变化的，市场在环境条件稳定时有效而在波动时无效，巨大冲击下的经济环境使得参与者更易作出非理性行为（Lo，2011）。目前在风险传染领域，涉及投资者情绪的研究大多数都局限于股票市场中的情绪传染，且在相关研究中已证明情绪因素存在明显的传染效应。Barone‐Adesi，Mancini 和 Shefrin（2013）阐述了如何联合监测情绪与系统风险的共同演化，利用边际预期不足（MES）测度系统风险，并对传统核心定价理论进行行为学拓展后测度情绪，采用 2002—2009 年期间的标普500 股票和期权数据，描述全球金融危机的前中后阶段的情绪与系统风险的动态演化过程并表明了两者的统计相关性。Lee 等（2014）证实了次贷危机期间市场情绪由美国向日本、韩国、比利时、德国、荷兰以及欧元区发生传染。Wen 等（2015）对中国与美国股市投资者情绪的研究、Soebhag（2018）对新兴市场股市的研究均发现存在显著的情绪传染效应且在金融危机期间更加明显，充分证明了将情绪传染引入银行业风险传染模型的必要性。也有研究表明，情绪通过社交网络（Fei，2015）、羊群效应（Bekiros，2017）都会对风险的传染产生影响。

近年来，在情绪与风险传染内在机制的理论研究中也涌现出一些新的探索成果。刘志峰（2015）从金融危机的"纯传染"渠道角度，分别从投资者情绪与社会交互两方面出发，验证了两者间的相关性，并发现投资者情绪传染存在非对称性。Jiang 和 Fan（2018）通过对信用风险传染与情绪传染的研究，证明了情绪不仅能够增加信用风险传染的强度，还会增加信用风险传染的速度，另外信用风险的传染会进一步反作用于情绪，增加情绪强度。

1.2.4　现有研究不足与研究趋势

从上述研究成果来看不难发现，在银行业风险传染问题的研究中，绝大多数研究都集中在传统金融学理论框架下的三种风险传染路径中，并得出了许多具有重要意义的研究成果。其研究的演化方向为：由对手违约路径拓展到共同资产持有路径与流动性展期路径，近年来发展到综合考虑三种传染路径进行理论与实证研究。然而，行为金融学因素对银行业风险传染的研究成果相较而言极为稀少，建立在传统金融理论框架下的此类研究都默认金融机构是完全理性的、市场是强有效的、市场信息是完备且对称的，在研究基础上对现实中的银行与市场进行了严格的假设与简化，无法考虑和衡量现实中有限理性的市场主体以及非完备、非对称信息，非有效市场情形下的风险传染问题，对于风险的实际传染情况存在严重的偏离。

因此，不难发现国际前沿学者们自 2010 年以来已经开始关注行为金融学因素影响下的系统风险研究领域中的风险传染问题，不仅从神经科学角度对有限理性行为与系统风险的内在关系进行了研究，还在理论模型方面进行了一些初步的探索。从银行业风险传染的研究演化历程与目前的趋势来看，将行为金融学因素与现有研究中的三种传染路径相结合，通过建立银行业系统网络与主体决策行为模型，一方面通过多层次的系统网络刻画银行业资产负债关系与风险传染路径，另一方面通过有限理性的市场主体决策行为模型刻画行为金融因素的影响，同时放宽信息完备性、对称性的假设，综合考虑在非完备非对称信息、非有效的市场中非完全理性的银行业风险传染问题，进而拓展到银行业在不同市场上的风险传染研究，具有重大的理论与现实意义。与此同时，随着大数据科学与人工智能算法的不断发展，将为目前看似复杂的上述问题在技术上提供有力的支持，本书通过 Python 语言对建立的银行业风险传染模型进行编译，采用仿真模拟方法来实现银行业风险传染的整个过程与内在机理，为我们更加深刻地认识金融体系的系统风险传染，并对其进行有效监测与管理提供可能，通过进一步深入研究为"健全金融监管体系，守住不发生系统性金融风险的底线"提供政策指引。

1.3 研究内容与方法

1.3.1 研究内容

本书的研究内容主要为：结合银行业系统网络结构中的三种风险传染路径与影响市场主体有限理性行为的三类行为金融因素，分析如何由单一银行风险通过传染而形成银行业系统风险[①]，并基于对风险传染过程的研究，深入分析各种路径的叠加效应与各类行为金融因素的影响，对我国银行业进行风险传染压力测试，构建风险传染监管体系。具体来讲，本书在目前文献基础上，针对现有研究不足，进行了以下四方面的研究：

第一，对现有银行业风险传染的研究进展进行归纳总结，从本质上划分为三种风险传染路径（对手违约，共同资产持有，流动性展期），通过多层次复杂网络建模构建银行业资产负债关系来刻画三种传染路径，建立银行业系统网络模型；以行为金融学理论为依据，分析影响市场主体决策的行为金融因素（信息溢出、异质信念、投资者情绪），通过主体建模构建有限理性条件下的市场主体决策行为模型，捕捉市场主体的行为金融因素影响；结合系统网络与行为金融，提出银行业风险传染的分析框架，通过系统网络模型与银行主体决策行为模型的结合，捕捉现实金融系统中银行业的风险传染路径以及市场主体决策行为过程，构建模型化的银行业风险传染体系。

第二，基于本书提出的分析框架与银行业风险传染理论模型，采用仿真模拟方法，首先借鉴复杂网络理论形成银行业系统网络，再通过银行资产负债数值关系建立各银行资产负债结构，在此基础上，对不同初始冲击下的银行业风险传染过程进行分析，研究风险如何通过银行业的传染形成系统风险这一演化过程，对风险传染的范围、概率进行测度，探索行为金

---

① 这里所指的"系统风险"与"系统性风险"不同，根据国际清算银行（1994）的定义，"系统风险"是指一个金融机构倒闭可能会导致其他金融机构违约进而因连锁反应导致更广泛金融困境的风险（Bank for International Settlements, 64th Annual Report. Tech. Rep., BIS. 1994）。

融因素影响下银行业风险传染出现的特殊现象，以及不同传染路径、不同行为金融因素存在时的叠加效应及影响。

第三，选取我国 46 家银行 2017 年底的审计报告数据，通过对各银行的杠杆率、流动性、资产负债分配特点的分析，研究不同类型的银行对风险的吸收能力以及在各种传染路径下的风险暴露程度，进一步基于本书的银行业风险传染模型，对不同初始冲击情景下的我国银行业风险传染情况进行压力测试，分析各银行在风险传染过程中不同时期的状态变化与原因，基于压力测试结果对我国银行业监管提出对策。

第四，针对风险传染的影响因素，从宏观、中观、微观审慎的角度提出相应的银行业风险传染监管方法，并通过对不同参数和状态下的传染范围进行敏感性分析，检验监管方法的有效性；针对风险传染的演化过程，从政府救助的角度提出相应的补救措施，采用自然实验的方法对政府救助的方式、时机、目标进行研究，探索科学、有效的银行业风险传染政府救助策略；综合审慎监管与政府救助，形成银行业风险传染监管体系。

1.3.2 研究方法

本书所采用的研究方法主要包括：

第一，文献分析法。针对现有银行业风险传染的研究成果，结合传统金融学中的风险传染研究与行为金融学中的行为因素研究，寻找两者在银行业风险传染领域的契合点，根据系统网络中的传染路径与网络节点的行为金融因素建立更加实际、科学的银行系统风险传染分析框架。

第二，定性分析与定量分析。本书在大量阅读相关文献的基础上，首先利用定性分析对银行业风险传染的不同路径进行分类、解释说明，并对不同路径下的风险传染机制进行分析，然后采用公式、符号、图像等定量分析方法建立相应的数理模型，通过定性与定量相结合的方法，剖析风险传染的内在机理与影响因素。

第三，理论建模与仿真模拟。参考复杂网络理论，基于银行业资产负债关系建立多层次交互式的复杂网络模型，形成银行业系统网络，同时参考行为金融学理论，针对市场主体的决策行为建立有限理性的主体决策行为模型，结合系统网络模型与主体决策行为模型形成银行业风险传染模型，在理论模型基础上，采用仿真模拟方法实现银行业风险传染过程，通过给予不同初始冲击来模拟银行业的风险传染，研究系统风险的演化与形成过程、风险传染范围与概率。

第四，压力测试与实证分析。在我国银行业资产负债数据基础上，利用最大熵原理与改进的 RAS 方法，推算得出银行业同业借贷矩阵，建立系统网络结构，基于本书模型采用压力测试法对我国银行业在不同初始冲击情境下的风险传染进行实证分析。

1.4 主要工作和创新

1.4.1 主要工作

本书的主要工作包括以下五个方面：

第一，从现有银行业风险传染研究成果出发，从本质上将各种风险传染路径总结归纳为对手违约路径、流动性展期路径、共同资产持有路径，阐述三种传染路径的来源与概念，分析三种路径的传染机制，进一步基于理论建立基于系统网络的银行业风险传染模型。

第二，借鉴行为金融学理论，将信息溢出、异质信念、投资者情绪三类行为金融因素对市场主体有限理性行为的影响引入银行业风险传染过程，阐述三类因素的来源与概念，从分析三类因素的影响机制，进一步建立基于市场主体有限理性行为的主体决策行为模型，纳入上述银行业风险传染模型之中。

第三，运用 Python3.6 对本书提出的基于系统网络与市场主体有限理性行为的银行业风险传染模型进行编译，对不同初始冲击下的银行业风险传染过程与结果进行分析，验证各种传染路径、各类行为金融因素的影响与叠加效应。

第四，整理我国 46 家银行 2017 年的审计报告，选取银行资产负债数据及其到期日信息，对我国银行业潜在的传染风险进行分析，之后将数据嵌入本书提出的银行业风险传染模型，通过压力测试检验各类初始冲击情形下的各银行状态变化与银行业整体的风险传染程度，提出具有针对性的对策。

第五，从微观、中观、宏观角度建立审慎监管体系，并通过对相关监管指标与方法的敏感性分析验证在限制风险传染中的作用，再从政府救助策略上采用自然实验方法研究何时采取何种方式对何类银行采取救助最能有效控制风险的传染，综合上述策略形成针对银行业风险传染的监管体系。

1.4.2 主要创新

本书的主要创新体现在以下四个方面：

第一，本书在总结归纳现有研究中银行业风险传染的不同路径以及对应的资产负债关联的基础上，采用多层次复杂网络模型建立银行业系统网络，刻画银行业资产负债关联；进一步打破传统金融学中完全理性假设、有效市场假设、信息完备性与对称性假设，通过银行主体决策行为模型刻画系统网络中节点的行为金融特征；通过融合复杂网络模型与市场主体决策行为模型，构建基于系统网络与市场主体有限理性行为的银行业风险传染分析框架与理论模型，并基于该分析框架与理论模型对银行业风险传染展开深入研究。

第二，本书研究内容不仅涉及目前研究中所涵盖的银行业中观层面的传染范围、传染概率，还通过记录模拟过程中各时期的具体信息，实现对传染过程中每个时期每个银行节点的状态变化的分析。通过仿真模拟，全面、细致地刻画银行业风险传染的演化过程，分析传染概率、传染范围的相关影响因素，研究各银行节点的风险情况变化与原因，更加深入、细致地分析各银行节点在不同路径下的风险传染过程及行为金融因素的影响。

第三，在审慎监管方面，不仅结合当前的宏观与微观审慎监管策略，还在银行业风险传染路径的理论基础上，提出基于系统网络视角的中观审慎监管策略，并对其有效性进行验证；另外，通过更加微观的银行业风险传染演化过程研究，采用自然实验方法对政府救助的不同的方式、时机、目标所实现的结果进行对比，提出科学高效的政府救助策略。

第四，在信息溢出影响下的流动性展期路径风险传染中，发现并解释了流动性风险传染过程存在的一些特殊现象。在打破传统金融学中市场信息的完备性与对称性假设之后，银行业流动性调整导致的信息溢出，使得流动性展期路径下的风险传染呈现出"跳跃式"传染、"循环流动性陷阱"现象，同时发现信息溢出具备"风险发现"功能，在进行深入的分析与解释后提出相应的政策启示。

1.5 基本结构与技术路线

1.5.1 基本结构

本书的基本结构如下：

第 1 章是本书的绪论，从历史上数次金融危机的影响出发，基于当前国内外错综复杂的经济形势，分析为何系统金融风险是当前以及未来我们面临的巨大问题，结合我国的政策导向，阐明了本书的研究背景，并据此引申出对金融风险理论与实践的意义所在。

第 2 章从银行业风险传染路径出发，阐述了对手违约、共同资产持有、流动性展期三种风险传染路径的来源与概念，并对各路径下的风险传染机制与叠加效应进行分析，进一步建立基于银行业系统网络的风险传染模型，运用 Python3.6 编译银行业风险传染机制，采用仿真模拟方法刻画银行业风险传染过程，对风险传染程度、传染概率进行统计，模拟并分析验证不同风险传染路径存在时的叠加效应。

第 3 章从行为金融因素出发，阐述了信息溢出、异质信念、投资者情绪三类影响市场主体有限理性行为的行为金融因素的来源与概念，并对各因素的影响机制进行分析，在此基础上进一步建立市场主体决策行为模型，运用 Python3.6 编译银行业风险传染机制与行为金融因素的影响机制，采用仿真模拟方法刻画银行业风险传染过程，对风险传染程度、传染概率以及各时期银行风险状况的变化进行统计，模拟并分析不同行为金融因素存在时的风险传染现象以及内在原因。

第 4 章选取我国商业银行 2017 年底的财务数据，通过最大化信息熵原理与改进的 RAS 方法推断形成银行业系统网络，通过压力测试方法分析当前银行业在各类初始冲击下的风险传染情况，并提出针对性的对策。

第 5 章基于前述研究，进一步提出构建银行业风险传染监管体系，从微观、中观、宏观三个角度提出审慎监管方法，并通过对比各类监管方法或指标对风险传染结果的影响来验证其有效性，再从政府救助的方式、时机、目标三个角度验证政府救助策略的效果，通过自然实验的方法对比对照组与不同救助策略的实验组的风险传染结果，探寻科学、高效的政府救助策略。

第 6 章为本书的总结与展望，在回顾本书研究内容与成果的基础上，总结本书的结论并提出金融监管的政策建议，同时针对未来值得进一步研究的问题进行展望。

1.5.2　技术路线

本书的技术路线如图 1.1 所示，首先从长期同业借贷网络、短期同业借贷网络、金融资产重叠网络所形成的系统网络出发，阐述各种网络中的风险传染路径的来源与概念，分析三种网络中的风险传染机制以及叠加效应，建立系统网络模型；再从信息溢出、异质信念、投资者情绪影响下的市场主体行为出发，阐述各类行为金融因素的来源与概念，分析三类行为金融因素对市场主体决策行为的影响以及进一步对银行业风险传染的影响机制，建立主场主体有限理性行为模型；结合系统网络模型与市场主体有限理性行为模型，组成基于系统网络与市场主体有限理性行为的银行业风险传染模型，在此模型基础上进一步通过仿真模拟验证上述叠加效应与影响效应；随后，对我国银行业风险传染进行压力测试，分别对系统重要性银行、全国性股份制商业银行、城市商业银行、农村商业银行进行初始流动性冲击与破产冲击，结合银行的风险暴露水平和风险承受能力，对压力测试结果进行分析并提出对策；最后，从微观审慎、中观审慎、宏观审慎、政府救助角度构建银行业风险传染监管体系。

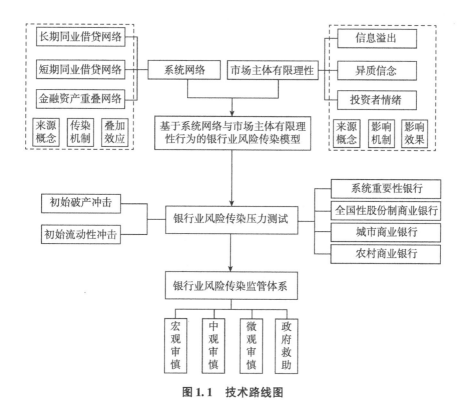

图1.1 技术路线图

第2章 系统网络中银行业风险 传染路径研究

在现代金融学理论中，一般将风险划分为信用风险、流动性风险、市场风险、操作风险、行业风险、法律风险、政治风险等。根据操作风险的定义①，其本身不存在明显的传染特性；而行业风险、法律风险、政治风险的传染更侧重宏观层面，与本书所重点研究的微观层面银行业风险传染具有较大差异；信用风险、流动性风险与市场风险由于其本身存在典型的传染特性，目前在银行业风险传染的微观层面被广泛承认并研究。因此，本书主要对银行业信用风险、流动性风险、市场风险的传染进行研究，而信用风险、流动性风险（可分为融资流动性风险与市场流动性风险）、市场风险在银行业风险传染过程中可对应为三种风险传染路径：对手违约路径（对应信用风险）、流动性展期路径（对应融资流动性风险）和共同资产持有路径（对应市场流动性风险与市场风险），其中每一种传染路径可对应一个层次的银行业网络（长期同业借贷网络、短期同业借贷网络、金融资产重叠网络），三种路径的加总形成三层次的银行业系统网络。本章基于系统网络，将首先对系统网络中三种风险传染路径的来源与概念进行说明，然后从资产负债表角度分析不同路径下的风险传染过程，再逐渐增加传染路径，由单层次网络到双层次网络再到三层次网络，逐步分析三种路径的叠加传染机制，之后从资产负债表关联与风险传染两方面建立系统网络模型，并对各种传染路径存在时的银行业风险传染过程进行仿真模拟，验证三种路径的叠加效应，最后进行本章小结。

---

① 巴塞尔委员会对操作风险的定义：操作风险是指由于不完善或有问题的内部操作过程、人员、系统或外部事件而导致的直接或间接损失的风险。这一定义包含了法律风险，但是不包含策略性风险和声誉风险。

2.1　对手违约路径

2.1.1　对手违约路径的来源与概念

银行业风险传染的对手违约路径，源于银行业对手方的信用风险，在 2007 年的美国次贷危机期间，美国保险巨头 AIG（美国国际集团）持有巨额的 CDS（信用违约互换）空头合约，其对手方涵盖美国绝大多数金融机构，研究表明若非美联储及时为 AIG 提供资金注入，AIG 的违约将导致风险传染至其所有 CDS 对手方机构，造成整个金融系统的崩溃（Financial Crisis Inquiry Commission，2011）。从更一般的层面来看，银行不同于其他工商企业，由于其特殊的金融性质，银行业普遍存在广泛的同业借贷行为，以我国目前规模最大的工商银行为例，其 2017 年底的同业拆出资金为 5720.59 亿元，占资产总额的 2.32%，占股东权益总额的 27.87%。随着近年来银行业整体资产规模的扩大，银行业同业借贷金额与对手方也不断增加，形成了复杂的银行业债权债务网络。同时，由于同业借贷业务没有任何担保或保险，一旦某银行由于内部或外部风险而发生违约，其处置成本会分摊至不同的债权方（Bennett 和 Unal，2015），将直接导致其债权方银行产生损失，在极端情形下，若这种损失超过债权方银行的吸收能力，将导致信用风险通过银行业的同业借贷网络不断扩散，最终形成波及整个银行业的系统风险。

本书所指的对手违约路径，是指银行同业借贷业务中债权方银行由于债务方银行的违约，导致同业资产无法收回，从而使得债权方银行产生信用风险，进而通过同业借贷网络向其他更多的银行传染。

2.1.2　对手违约路径下的风险传染机制

为了区分对手违约路径与流动性展期路径下的风险传染机制，参照目前研究中的共识，由长期同业借贷与短期同业借贷分别代表对手违约路径与流动性展期路径。对手违约路径下的风险传染机制可以从资产负债表与系统网络中的银行业长期同业借贷网络两个角度进行分析。

从资产负债表角度来看，当一家银行遭受的损失超过其权益资本，那么该银行由于资不抵债将面临破产，在银行清算阶段，将被迫从债务方银行收回所有的资产，并将非现金资产转换为现金，与储备现金一起分配给全体债权方。当银行所持有的资金无法全额偿还同业债权方银行时，无论按照同比例同时偿还还是优先级先后偿还，都将导致债权方银行产生损失，损失金额即债务总额与实际偿还金额的差额。当这一损失超过债权方银行的权益资本时，意味着超出其风险吸收能力，则该银行也将面临破产。同时，由于银行同业资产与同业负债往往存在多个对手方银行，那么若某银行的多个同业债务方银行同时破产将导致损失金额的不断累加，对该银行造成巨额损失，其破产风险也直线上升。

如图 2.1 所示，假设银行的资产包括现金、长期同业资产、短期同业资产、金融资产、客户贷款，负债包括长期同业负债、短期同业负债、客户存款。6 家银行 A、B、C、D、E、F 存在单向的同业借贷业务，这里只考虑长期同业借贷带来的信用风险，其资金的流向为箭头所示，例如银行 B 将资金存放在银行 A 时，银行 B 的长期同业资产即为（箭头指向）银行 A 的长期同业负债。根据图中的债务关系来看，当银行 A 因破产而违约时，将无法全额偿还银行 B 和银行 C 的长期同业负债，导致银行 A 的信用风险传染至银行 B 与银行 C；若银行 B 的损失超过其所有者权益，将会面临破产，分别对银行 D、银行 E 和银行 F 的同业负债产生违约，导致信用风险再次传染至银行 D、银行 E 和银行 F；而假定银行 C 的损失并未超过所有者权益，那么即使与银行 D、银行 E、银行 F 存在同业借贷，信用风险也不会由银行 C 向其债权方银行传染；银行 D、银行 E 和银行 F 面临的对手违约路径下的风险传染仅来自银行 B 的违约损失，若损失超过所有者权益，那么信用风险将继续向其他银行传染。从资产负债表角度可以看出，对手违约路径下的风险是由长期同业业务的债务方银行向债权方银行传染，风险源头是同业借贷的债务方银行，是一种基于银行业长期同业借贷关系的单向的传染过程。

在多个银行的不断破产过程中，对手违约路径下的风险传染是最基础的传染路径，而这一路径下风险在银行业的具体扩散过程，则取决于长期同业借贷网络结构。

从系统网络角度来看，银行业的长期同业借贷业务可以看作网络结构，将单个银行看作网络上的不同节点，将银行业的长期同业借贷关系看作节点间的连线，将资金的流转方向看作连线的指向。由于对手违约路径的风险传染就是长期同业借贷业务信用风险的传播，因此银行业长期同业借贷的网络结构直接决定了对手违约传染路径下风险的扩散过程。

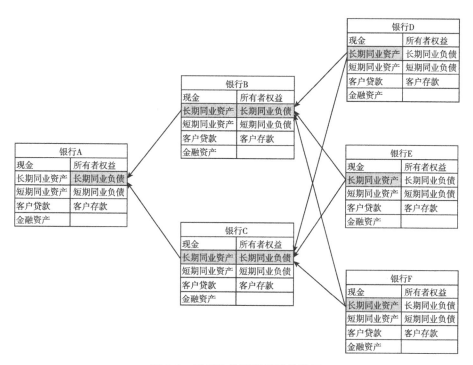

图 2.1　对手违约路径风险传染图

　　总体来看，随着长期同业借贷对手方银行数量的增加，网络结构中的节点联系将更加密集，对手违约路径下的风险传染效应增强，单一银行的信用风险通过对手违约路径将传染至更多的债权方银行，也使得破产银行的损失被更多的债权方银行所分担；同时银行也将会受到更多的债务方银行的信用风险通过对手违约路径产生的影响，也使得单一银行更容易因其他银行的风险传染而破产。因此，银行业长期同业借贷网络结构对对手违约路径下风险传染的过程与结果具有较大影响。下面以几种简单的单层次的规则网络为例来说明，如图 2.2 所示，四种规则网络分别为：（a）环状网络，（b）完全连接网络，（c）区域型网络，（d）中心边缘网络。

　　环状网络，也称为信用链，如图 2.2（a）所示，在此网络结构中银行 A 是银行 B 的唯一同业债权方银行，银行 B 是银行 C 的唯一同业债权方银行，以此类推。在环状网络中，全部银行依次进行一对一同业借或贷，形成最简单的同业借贷关系。当某银行破产时，对手违约路径下的信用风险依照环状顺序发生传染，损失绝对量依次影响单个银行，直至被某银行吸收或传染至全体银行。从该网络的特征可以发现，只要在众多银行中存在一些具有较强损失吸收能力的健康银行，就可以将风险的传染阻断，避免系统风险的发生。

完全连接网络，如图2.2（b）所示，与环状网络的单一化债权债务关系相反，该网络中所有银行互相之间进行借贷，形成具有高度关联的同业借贷网络。在完全连接网络中，由于任一银行与全体银行存在同业借贷关系，整个银行业会形成一个有机整体，当某银行破产时，对手违约路径下的信用风险同时传染至全体银行，但对于每个单独的银行来说只分担到很小的一部分损失，风险会被全体银行分散吸收。因此，该网络结构具有"稳健但脆弱"的特性（Acemoglu等，2013），在损失小于某一临界值时风险传染导致的损失会被立即吸收而避免更多的银行破产，但损失一旦超过这一临界值将导致大量银行破产。

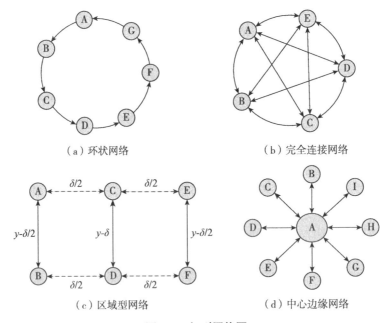

（a）环状网络 　　　　　　　　（b）完全连接网络

（c）区域型网络 　　　　　　　　（d）中心边缘网络

图2.2　规则网络图

若银行集M满足：（1）M外的所有银行对于M内任意银行的债务总和至多为δ；（2）M内的所有银行对于任意M外银行的债务总和至多为δ，则银行集M在金融网络中形成一个相对独立的小区域，包含一个或多个此类区域型银行集的网络为区域型网络。如图2.2（c）所示，假定金融网络中包含3个区域型的银行集（银行A与银行B、银行C与银行D、银行E与银行F），同一区域内的银行同业借贷用实线表示，不同区域间的银行同业借贷用虚线表示。在区域型网络中，各个区域的银行业同业借贷关系较为密切，体现在区域内的银行业借贷金额远高于区域外银行业的借贷金额，当某银行破产时，对手违约路径下的信用风险主要在区域型的银行集内进行传染，δ越小则对区域外银行影响越小，风险很容易被局限在单个区域内，从而避免发生影响整个银行业的系统风险。

中心边缘网络，存在少数中心银行与大量边缘银行，边缘银行彼此之间不存在借贷关系，边缘银行仅与中心银行存在借贷关系。如图 2.2 （d）所示，图中包含 1 家中心银行 A 与 8 家边缘银行 B – I。在中心边缘网络中，由于中心银行的系统重要性地位，其规模与实力远大于边缘银行，因此当某边缘银行发生风险时，对手违约路径下的风险仅会向中心银行传染，只要中心银行自身具有较强的损失吸收能力就不会使风险进一步传染；而若中心银行发生破产，其损失将通过对手违约路径传染至全部边缘银行，极易使得大量损失吸收能力较弱的边缘银行破产，引发系统风险。在中心边缘网络中，中心银行的稳健性对整个银行业起着至关重要的作用，因此许多研究认为其存在"太大而不能倒"的特性。

与规则网络相对应的是随机网络，以及由随机网络发展而来的小世界网络、无标度网络，由于其构造方法较为复杂，且对手违约路径下的风险传染机制与规则网络相同，因此这里不进行举例说明，而在仿真模拟的网络模型中进行介绍。

2.2 流动性展期路径

2.2.1 流动性展期路径的来源与概念

银行业风险传染的流动性展期路径，源自银行业短期同业债务的融资流动性风险。从近年来隔夜 Shibor （上海银行业同业拆放利率）来看，2012 年 1 月 18 日与 2013 年 6 月 20 日分别达到 8.1667% 与 13.4440%，虽然两次同业拆放利率异常大幅波动并未造成银行危机，但其中蕴含的银行业短期同业债务的融资流动性风险不得不引起重视。由于银行业存在大量的同业债权债务关系，且其中短期同业融资比重很高，以我国规模最大的工商银行为例，2017 年底其存放同业及其他金融机构款项及拆出资金 18342.42 亿元，其中一个月内到期的金额为 12597.97 亿元，占比为 68.68%；同业及其他金融机构存放款项及拆入资金 27528.87 亿元，其中一个月内到期的金额为 20285.85 亿元, 占比 73.69%①。若某银行由于融资流动性风险收回并停止展期自身的短期同业债权, 融资流动性风险将通过银行短期同业借贷网络发生传染, 使得整个银行业融资流动性风险迅速提升, 导致更多的银行产生流动性风险, 直至整个银行业同业市场出现流动性冻结, 甚至导致银行由于流动性不足而破产。

本书所指的流动性展期路径, 是指当某银行存在融资流动性风险时, 将对短期同业债权进行收回并停止展期, 导致其债务方银行产生融资流动性风险, 使得风险通过银行业短期同业借贷网络不断传染。

2.2.2 流动性展期路径下的风险传染机制

流动性展期路径下的风险传染机制可以从银行资产负债表角度与系统网络中的银行业短期同业借贷网络角度出发, 在之前对手违约路径下的单层次长期同业借贷网络中加入流动性展期路径的短期同业借贷网络, 形成双层次网络, 并分析两者的叠加效应。

从资产负债表角度来看, 当银行现金储备无法满足当前的流动性需求时将面临流动性风险, 因此会收回存放在债务方银行的短期同业资产来满足自身的现金需求, 债务方银行会优先使用储备现金进行还款, 若现金不足则会进一步对自身的债务方银行收回短期同业资产, 由此对更多的银行造成流动性冲击。

如图 2.3 所示, 假设银行的资产包括现金、长期同业资产、短期同业资产、金融资产、客户贷款, 负债包括长期同业负债、短期同业负债、客户存款。6 家银行 A、B、C、D、E、F 存在单向的同业借贷业务, 这里只考虑短期同业资产负债关系, 其资金的流向为箭头所示, 例如银行 D 将资金存放在银行 A 时, 银行 D 的短期同业资产即为 (箭头指向) 银行 A 的短期同业负债。从图中的债务关系来看, 当银行 F 面临流动性风险时, 将收回存放在银行 D 和银行 E 的短期同业资产, 即要求银行 D 和银行 E 立即偿还其短期同业债务; 若银行 D 的现金无法满足银行 F 的还款要求, 则发生流动性风险, 因此会收回存放在银行 A、银行 B 和银行 C 的短期同业资产, 即要求银行 A、银行 B 和银行 C 立即偿还其短期同业债务; 而假定银行 E 的现金可以满足银行 F 的还款要求, 那么将不会发生流动性风险, 即使与银

---

① 资料来源: 中国工商银行 2017 年度财务报告 (A 股), http://v.icbc.com.cn/userfiles/Resources/ICBCLTD/download/2018/2017Ath.pdf。

行 B、银行 C 存在短期同业业务关系，风险也不会由银行 E 向其债务方银行传染；银行 A、银行 B 和银行 C 面临的还款要求仅来自银行 D，若储备现金无法满足还款要求，那么将产生流动性风险，并继续向其余的债务方银行传染。因此，流动性展期路径下的风险传染与对手违约路径下的风险传染相似，也是基于银行业同业借贷关系的单向的传染过程，但不同的是，流动性展期路径下的风险传染仅限于短期同业借贷关系，风险源头为同业借贷的债权方银行，是由同业债权方向债务方的传染。

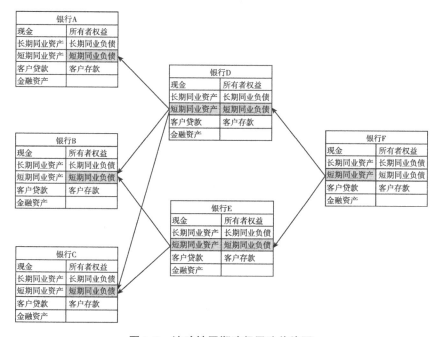

图 2.3　流动性展期路径风险传染图

从系统网络角度来看，由于流动性展期路径与对手违约路径都是基于银行业同业借贷网络发生的风险传染，因此单独的流动性展期路径下的传染机制与对手违约路径相似。为了进一步说明两者的关联性，并为后续的理论模型奠定基础，这里结合对手违约路径与流动性展期路径，从系统网络角度的双层次网络角度分析两种传染路径的叠加效应。

如图 2.4 所示，网络中包含五家银行分别为 A、B、C、D、E，图中的上层网络为银行业长期同业借贷形成的债权债务关系，下层网络为银行业短期同业借贷形成的债权债务关系，两个层次的网络结构均为在环状网络的基础上增加了银行 C 与银行 B、银行 D 的关联所形成，不同层次网络中的同一家银行用虚线连接。箭头所示方向为资金流动方向，由债权方银行指向债务方银行，如银行 A 为银行 B 的长期同业债权方和短期同业债务方。

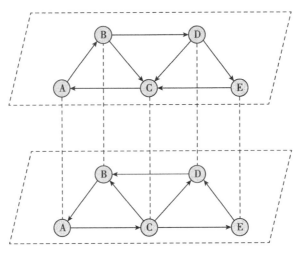

图 2.4 双层次网络图

假定银行 A 由于外生冲击而破产，在第一轮传染过程中，一方面通过对手违约路径将损失传染至其债权方银行 C 的长期同业资产，假定银行 C 由于持有少量拆出至银行 A 的长期同业资产，故产生的少量损失被所有者权益吸收，因此未发生破产；另一方面，在流动性展期路径下，银行 A 的清算将收回存放在银行 C 的短期同业资产，假定银行 C 持有大量从银行 A 拆入的短期同业负债，银行 C 由于储备现金不足以满足还款需求，首先会收回拆出至银行 B 与银行 D 的短期同业资产，但仍无法满足流动性需求，故而破产清算（金融资产的出售这里暂不考虑，将在共同资产持有路径分析中引入）。

在第二轮传染中，由于银行 C 的破产，一方面，在对手违约路径下，银行 B、银行 D 与银行 E 由于持有拆出至银行 C 的长期同业资产而产生损失，假定损失全部被各银行的所有者权益吸收而未发生破产；另一方面，在流动性展期路径下，银行 C 的破产清算将收回拆出至银行 B、银行 D 与银行 E 的短期同业资产，假定银行 B、银行 E 流动性充足，因此储备资金可以满足银行 C 的还款需求，而银行 D 则由于储备现金不足而产生流动性风险。

在第三轮传染中，由于银行 D 面临流动性风险，因此将收回存放在银行 B 的短期同业资产，银行 B 由于再次受到流动性展期路径下的风险传染而产生流动性风险。

最终，原本在对手违约路径下银行 A 的破产不会导致其余银行产生风险，但由于流动性展期路径的加入，仅有银行 E 仍保持稳健状态，银行 C 由于流动性不足而破产，银行 B、银行 D 遭受流动性风险而进行流动性储存，银行业同业市场的流动性大幅下降。

2.3　共同资产持有路径

2.3.1　共同资产持有路径的来源与概念

银行业风险传染的共同资产持有路径，源于银行普遍持有的大量金融资产本身的市场风险（如利率风险、汇率风险、价格风险、市场流动性风险等）导致的传染。以我国规模最大的工商银行为例，其 2017 年底持有的金融资产总额为 53986.49 亿元[①]，占资产总额的 21.91%，达到所有者权益总额的 262.96%[②]。金融资产本身存在市场风险，而银行持有的金融资产存在一定的重叠（如共同持有某上市公司股票、共同持有某企业债券等），利率、汇率、价格导致的资产价值损失会同时作用于该资产的所有持有方，银行遭遇流动性风险或破产清算时对所持有金融资产的大量抛售也将导致价格进一步下降，导致风险通过共同资产持有路径不断扩散，形成影响整个银行业的系统风险。

本书所指的共同资产持有路径，指由于市场中的金融资产被不止一家银行所持有，因而银行业所持有的资产存在重叠，当一家银行由于资产变现而大量抛售某项资产时，由于市场流动性有限，会导致市场上该资产价格的普遍下跌，与其持有相同资产的银行由于资产价格下跌而产生损失，导致风险在银行业发生传染。

2.3.2　共同资产持有路径下的风险传染机制

共同资产持有路径下的风险传染机制可以从风险关联角度、银行资产负债表角度以及系统网络中的金融资产与银行业形成的网络角度出发，在

---

① 其中包含：以公允价值计量且其变动计入当期损益的金融资产 3983.29 亿元，衍生金融资产 538.56 亿元，可供出售的金融资产 13588.02 亿元，持有至到期投资 34394.71 亿元，长期股权投资 1481.91 亿元。

② 资料来源：中国工商银行 2017 年度财务报告（A 股），http://v.icbc.com.cn/userfiles/Resources/ICBCLTD/download/2018/2017Ath.pdf。

之前对手违约路径与流动性展期路径形成的双层次网络基础上，加入共同资产持有路径下的资产重叠网络，形成三层次网络结构，进一步分析三种风险传染路径的叠加效应。

从风险关联角度来看，如图 2.5（a）所示。汇率风险、利率风险以及市场流动性风险都将引起金融资产价格下降，但在共同资产持有路径下起核心作用的是市场流动性风险。当银行发生破产时，会将所持有的金融资产变现，由于市场流动性的限制，银行难以短时间内以资产的实际价值进行出售，因此这种资产出售行为被称为"折价出售"（fire sales），在这一过程中该资产价格将会进一步下降，从而导致其他持有相同资产的银行遭受资产减值损失，若损失值超过所有者权益则会导致破产。在共同资产持有路径下，由于折价出售过程中的资产价格不断下降，风险会由一家银行向更多的银行传染，在危机期间大量银行破产导致的折价出售会引起资产价格急剧下降，风险通过共同资产持有路径不断扩散，引起整个银行业的系统风险。

从银行资产负债表角度来看，如图 2.5（b）所示。假设市场中存在五种金融资产 1—5 与三家银行 A、B、C，不同金融资产与不同银行的资产负债表中的金融资产间的连线代表该金融资产被银行持有，即金融资产 1、3、5 各被一家银行持有，而金融资产 2、4 则各被两家和三家银行持有，银行 A 和 B 都持有三种金融资产，银行 C 则持有两种金融资产。当银行 A 破产时，会对所持有的金融资产 1、2、4 进行折价出售，将导致金融资产 1、2、4 的价格下降；在第一轮的传染中，由于金融资产 2 被银行 B 持有，资产 4 同时被银行 B 与银行 C 持有，因此银行 C 将由于金融资产 4 的价格下降而产生少量损失，不会导致破产，银行 B 将由于金融资产 2 和 4 的价格同时下降而产生更大的损失导致破产；在第二轮的传染中，银行 B 破产导致的折价出售使得金融资产 2、3、4 的价格进一步下降，原本在第一轮传染中已经承受了少量损失的银行 C，再次由于所持有的金融资产 4 价格下降而产生损失，导致银行 C 破产。

流动性展期路径与对手违约路径都是基于银行业同业借贷网络发生的风险传染，而共同资产持有路径是基于银行业资产重叠网络发生的风险传染。为了进一步说明三者的关联性，并为后续的理论模型分析奠定基础，在这里我们将结合对手违约路径、流动性展期路径与共同资产持有路径，从三层次网络组成的银行系统网络角度分析三种传染路径的叠加效应。

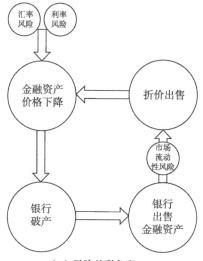

（a）风险关联角度

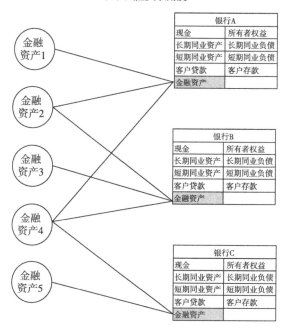

（b）资产负债表角度

图 2.5　共同资产持有路径风险传染图

如图 2.6 所示，（a）与（b）分别以资产重叠网络的不同形式表示银行系统网络，网络中包含五家银行分别为 A、B、C、D、E，三类金融资产 1、2、3，图中的上层网络为银行业长期同业借贷形成的债权债务关系，中层网络为银行业短期同业借贷形成的债权债务关系，两个层次网络结构均为在环状网络的基础上增加了银行 C 与银行 B、银行 D 的关联所形成，箭头所示方向为资金流动方向，由债权方指向债务方，如银行 A 为银行 B 的长期同业债权方和短期同业债务方，不同层次网络中的同一家银行用虚线连接。(a) 的下层网络为银行与金融资产间连接形成的资产持有角度的网络关系，银行与所持有的金融资产间用虚点线连接，而 (b) 的下层网络为由于银行持有共同资产形成的银行业资产关联性角度的网络关系，如 (a) 中银行 A 与银行 B 都与金融资产 1 连接表示两者都持有金融资产 1，因此两者存在资产关联，在 (b) 中两者由无向的实线连接。

假定银行 A 由于外生冲击而破产，在第一轮传染过程中，首先，通过对手违约路径损失传染至其债权方银行 C 的长期同业资产，假定银行 C 的损失被所有者权益吸收，因此未发生破产；其次，在流动性展期路径下，银行 A 的清算将收回存放在银行 C 的短期同业资产，银行 C 由于储备现金不足以满足还款需求，因此产生流动性风险；最后，在共同资产持有路径下，银行 A 由于破产将自身金融资产 1 变现，引起资产 1 价格下跌，导致持有资产 1 的银行 B 和银行 C 遭受损失，银行 B 吸收了金融资产减值损失未破产，而银行 C 由于处于流动性风险中，且在遭受了长期同业资产损失后再次遭受金融资产损失而陷入破产。

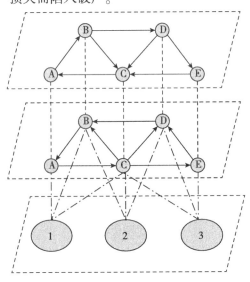

（a）资产持有角度

图 2.6　三层次的银行业系统网络图

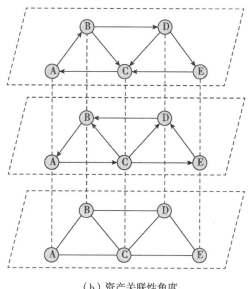

（b）资产关联性角度

图 2.6　三层次的银行业系统网络图（续）

在第二轮传染中，由于银行 C 的破产，首先，在对手违约路径下，银行 B、银行 D 与银行 E 由于持有拆出至银行 C 的长期同业资产而产生损失，假定银行 D 与银行 E 的损失被所有者权益吸收而未发生破产，此时银行 B 在第一轮的金融资产减值损失后再次遭受长期同业资产损失而处于破产边缘；其次，在流动性展期路径下，银行 C 的破产清算将收回存放在银行 B、银行 D 与银行 E 的短期同业资产，银行 B 与银行 E 由于流动性充足因此储备资金可以满足银行 C 的还款需求，而银行 D 由于储备现金不足而产生流动性风险；最后，在共同资产持有路径下，银行 C 的破产清算将变现所持金融资产 1、2、3，导致金融资产价格全部下跌，同时持有金融资产 1、2 的银行 B 由于第三次遭受损失导致破产清算，而银行 D 与银行 E 吸收了金融资产的降价损失虽未破产，但已两次遭受损失，此时也处于破产边缘。

在第三轮传染中，由于银行 B 的破产与银行 D 的流动性风险，首先，在对手违约路径下，由于银行 B 的长期同业负债的债权方银行 A 已破产，故不会导致风险传染；其次，在流动性展期路径下，由于银行 B 的短期同业资产的债务方银行 A 已破产，故不会导致风险传染，而银行 D 由于流动性风险且其短期同业资产的债务方银行 B 已破产，不得不通过抛售自身所持金融资产而满足流动性要求；最后，在共同资产持有路径下，银行 B 的破产将导致其持有的金融资产 1 与 2 价格下跌，银行 D 由于持有金融资产 2 而第三次遭受资产损失，导致破产。

在第四轮传染中，由于银行 D 的破产清算导致金融资产 3 价格下跌，而仅剩的未破产银行 E 持有金融资产 3，因此银行 E 遭受第三次资产损失而破产。最终，原本在对手违约路径下银行 A 的破产不会导致其余银行产生风险；在上小节中由于流动性展期路径的加入，仅有银行 E 仍保持稳健状态，银行 C 由于流动性不足而破产清算，银行 B、银行 D 遭受流动性风险而进行流动性储存，银行市场的流动性大幅下降；在本小节加入共同资产持有路径后，全部银行最终无一幸免，全部陷入破产。

2.4 基于银行业风险传染路径的系统网络模型

商业银行的经营模式主要为吸收存款与发放贷款，从我国银行业的现状来看：首先，营业收入仍主要来自利息收入，其中客户存贷款利差与投资收入占主要比重；其次，存放中央银行款项主要是基于监管要求，占收入的比重极低，故这里将其看作储备现金的一部分；最后，同业拆借主要是调节资产负债的流动性水平，产生的收入与成本相差无几，因此忽略其利息的影响。基于如上现状以及前述理论分析，接下来建立基于银行业三种风险传染路径的系统网络模型。

在一个初始状态良好的银行系统（即全部银行都不存在风险）中包含 N 个银行。银行的资产分为现金、长期同业资产、短期同业资产、客户贷款、金融资产，负债分为长期同业负债、短期同业负债、客户存款。该系统经历不确定但有限个时期：$t = 0$，1，$\cdots$，T。接下来，我们分别建立资产负债表关联模型与风险传染路径模型。

2.4.1 资产负债表关联模型

在金融资产方面，本书参考 Caccioli 等（2014）的方法，构建银行网络中的金融资产关联，并定义 μ 作为测度整个网络中金融资产多样化程度的指标，定义 η 作为测度市场中资产密度的指标。市场中金融资产种类为 M，银行 n 持有金融资产 m 的数量为 $S_{n,m}$。那么，金融资产多样化程度与资产密度分别为：

$$\mu = \frac{1}{N} \sum_{m=1}^{M} \sum_{n=1}^{N} S_{n,m} \qquad (2.1)$$

$$\eta = M/N \tag{2.2}$$

该银行网络的金融资产矩阵可表示为：

$$S_{n,m} = \begin{bmatrix} S_{1,1} & S_{1,2} & \cdots & S_{1,M} \\ S_{2,1} & S_{2,2} & \cdots & S_{2,M} \\ \cdots & \cdots & \cdots & \cdots \\ S_{N,1} & S_{N,2} & \cdots & S_{N,M} \end{bmatrix}_{N*M} \tag{2.3}$$

同时，将银行网络中的单个金融资产的市场价格 P_m^t 表示为：

$$P_m^t = \begin{bmatrix} P_1^t \\ P_2^t \\ \cdots \\ P_3^t \end{bmatrix}_{M*1} \tag{2.4}$$

若银行 j 在 t 时刻持有金融资产 $\{S_{j,1}, S_{j,2}, S_{j,3}, \cdots, S_{j,M}\}$ 且具有偿付能力，则此时银行 j 的金融资产价值为：

$$S_j^t = \sum_{m=1}^{M} S_{j,m} P_m^t \tag{2.5}$$

其中，$S_{j,m}$ 表示银行 j 持有资产 m 的数量，P_m^t 表示资产 m 在 t 时刻的价值。

在长、短期同业借贷方面，假定同业借贷在 $t=0$ 时生效，用两个 $N*N$ 阶矩阵 LS 与 LL 分别表示银行业长期与短期同业借贷网络：

$$LS = \begin{bmatrix} 0 & LS_{12} & \cdots & LS_{1N} \\ LS_{21} & 0 & \cdots & LS_{2N} \\ \cdots & \cdots & \cdots & \cdots \\ LS_{N1} & LS_{N2} & \cdots & 0 \end{bmatrix}_{N*N} \tag{2.6}$$

$$LL = \begin{bmatrix} 0 & LL_{12} & \cdots & LL_{1,N} \\ LL_{21} & 0 & \cdots & LL_{2N} \\ \cdots & \cdots & \cdots & \cdots \\ LL_{N1} & LL_{N2} & \cdots & 0 \end{bmatrix}_{N*N} \tag{2.7}$$

其中的元素 LS_{ij} 代表短期同业资金由银行 i 流入银行 j，形成银行 i 的短期同业资产与银行 j 短期同业负债，LL_{ij} 代表长期同业资金由银行 i 流入银行 j，形成银行 i 的长期同业资产与银行 j 的长期同业负债，由于银行对自身不存在同业借贷，因此矩阵的对角线元素一定为 0。银行 j 的短期同业资产即为短期同业借贷矩阵 LS 中第 j 行元素之和 $LSA_j = \sum_{i=1 i \neq j}^{N} LS_{ji}$，银行 j 的长期同业资产即为长期同业借贷矩阵 LL 中第 j 行元素之和 $LLA_j = \sum_{i=1 i \neq j}^{N} LL_{ji}$，

银行 j 的短期同业负债即为短期同业借贷矩阵 LS 中第 j 列元素之和 $LSD_j = \sum_{i=1 i \neq j}^{N} LS_{ij}$，银行 j 的长期同业负债即为长期同业借贷矩阵 LL 中第 j 列元素之和 $LLD_j = \sum_{i=1 i \neq j}^{N} LL_{ij}$。

同时，这里用上标 $t = 0$，1，2，$\cdots$，T 表示各项指标在不同期的变化。在 $t = 0$ 时，银行 j 持有的储备现金用 C_j^0 表示，客户贷款用 O_j^0 表示，客户存款用 I_j^0 表示，所有者权益用 E_j^0 表示，此时银行 j 资产负债关系可表示为：

$$S_j^0 + O_j^0 + C_j^0 + LLA_j^0 + LSA_j^0 = I_j^0 + LLD_j^0 + LSD_j^0 + E_j^0 \qquad (2.8)$$

在 t 时，银行 j 的总负债与总资产分别为：

$$D_j^t = LLD_j^t + LSD_j^t + I_j^t \qquad (2.9)$$

$$A_j^t = S_j^t + O_j^t + C_j^t + LLA_j^t + LSA_j^t \qquad (2.10)$$

2.4.2 风险传染路径模型

首先，在对手违约路径的风险传染方面，如果银行 j 在 t 时全部资产并不能全额支付其全部债务，即资产小于负债，必然会导致该银行破产并发生违约，此时，全部资产将在其债权方间分配（这里不考虑剩余所有者权益在股东中的最后分配和银行交叉持股的问题）。由于客户存款与短期同业负债优先级高于长期同业负债，且假定全部同业银行在长期同业借贷业务中拥有相同的偿债优先级。因此，如果银行 j 可以支付全额客户存款 I_j^t，但无法支付长期同业债务，则债权方银行将获得长期同业债务面值的一部分；如果银行 j 无法全额支付客户存款 I_j^t 与短期同业负债 LSD_j^t，那么债权方银行将一无所得。

假定 X_{js}^t 表示在 t 时银行 s 能够向银行 j 偿还的长期同业债务，根据定义有 $X_{js}^t \in [0, LL_{js}^t]$。那么，银行 j 在 t 时的全部资产可表示为：

$$A_j^t = S_j^t + O_j^t + C_j^t + LSA_j^t + \sum_{s=1 s \neq j}^{N} X_{js}^t \qquad (2.11)$$

在 t 时期，银行资产一旦小于负债，则破产。若 $A_j^t \geqslant I_j^t + LLD_j^t + LSD_j^t$，则银行 j 有能力完全支付其债务，结果为 $X_{ij}^t = LL_{ij}^t$；若 $A_j^t < I_j^t + LLD_j^t + LSD_j^t$，银行 j 破产，导致其长期同业债权方银行能够得到的偿付低于面值。其中，若 $A_j^t < I_j^t + LSD_j^t$，银行 j 将无力偿付客户存款与短期同业负债，长期同业债权银行将血本无归，即 $X_{ij}^t = 0$；若 $I_j^t + LSD_j^t < A_j^t < LSD_j^t + LLD_j^t + I_j^t$，银行 j 的长期同业债务只能够偿付面值的一部分，即：

$$X_{ij}^t = \frac{LL_{ij}^t}{LLD_j^t}\Big[S_j^t + C_j^t + O_j^t + LSA_j^t + \sum_{s=1\,s\neq j}^{N} X_{js}^t - LSD_j^t - I_j^t\Big] \quad (2.12)$$

综上，在 t 时银行 j 对银行 i 能够偿付的长期同业债务的金额为：

$$X_{ij}^t = \frac{LL_{ij}^t}{LLD_j^t}\Big[\min\{LLD_j^t, S_j^t + C_j^t + O_j^t + LSA_j^t + \sum_{s=1\,s\neq j}^{N} X_{js}^t - I_j^t - LSD_j^t\}\Big]^+$$

$$(2.13)$$

其中，$[\cdot]^+ = \max\{\cdot, 0\}$。

其次，在流动性展期路径的风险传染方面，我们引入流动性要求：

$$C_j^t \geqslant \beta \times (I_j^t + LSD_j^t) \quad (2.14)$$

该式表示，银行 j 的储备现金不得少于客户存款和短期同业负债的一定比例，若低于该比例则意味着银行面临流动性风险，首先将会收回所持有的短期同业资产来增加储备现金，以满足流动性要求。若 $LSA_j^t \geqslant \beta \cdot (I_j^t + LSD_j^t) - C_j^t$，说明通过收回短期同业资产能够满足流动性要求，那么银行将收回全部短期同业资产；若 $LSA_j^t < \beta \cdot (I_j^t + LSD_j^t) - C_j^t$，说明即使收回全部的短期同业资产也无法满足流动性要求，那么银行将出售所持金融资产来换取现金；若 $LSA_j^t + S_j^t < \beta \cdot (I_j^t + LSD_j^t) - C_j^t$，说明即使出售金融资产后银行 j 也无法满足流动性要求，银行 j 则破产违约。

最后，在共同资产持有路径的风险传染方面，其内在关联主要是通过金融资产价格变动，因此这里将金融资产价格内生化，取决于在上一时刻的价格基础上被出售资产的数量占比：

$$P_m^t = P_m^{t-1} \times \exp\left(\frac{-a \times \sum_1^N Sell_{n,m}^{t-1}}{\sum_1^N S_{n,m}^{t-1}}\right) \quad (2.15)$$

其中，$Sell_{n,m}^t \in [0, S_{n,m}^t]$ 为 t 时期银行 n 出售的金融资产 m 的数量，市场深度参数大小设定为 $a = 1.0536$ 以使得当资产抛售 10% 时价格下降 10%。

综上所述，从本章的理论分析来看，银行业风险传染的结果分为陷入流动性危机和破产清算。从风险传染路径来讲，银行的破产可能来自三种路径下的风险传染：第一，对手违约路径下，拆入自其他银行的长期同业资产遭受损失而破产；第二，流动性展期路径下，由于自身短期同业负债遭到债权方银行收回，通过收回自身的短期同业资产并出售金融资产仍无法满足流动性要求，故破产；第三，共同资产持有路径下，由于所持金融资产价值损失而破产。需要注意的是，银行破产可能仅由于其中一种路径下的风险传染，也可能由于同时发生其中的两种或三种而导致。当银行破产时，风险也将通过上述三种路径向更多的银行发生传染：第一，对手违约路径下，破产银行将在长期同业借贷中违约，导致长期同业负债的债权方银行遭受损失；第二，流动性展期路径下，破产银行将收回全部短期同业资产，导致短期同业资产的债务方银行遭受流动性冲击；第三，共同资产持有路径下，破产银行将出售所持有的金融资产，由此带来的"折价出售"效应将促使金融资产价格下跌，从而使得持有相同金融资产的银行遭受损失。

然而，相较于破产的多种风险来源，银行的流动性危机则仅可能来自流动性展期路径下的风险传染。在对手违约路径与共同资产持有路径下，长期同业资产与金融资产的损失将导致所有者权益降低直至破产，对客户存款、短期同业负债、现金项目不产生影响，因此该路径不会导致银行的流动性危机；在流动性展期路径下，银行的短期同业负债由于被债权方银行收回而导致银行现金和短期同业负债同时减少相同数量，因此现金储备无法满足流动性要求而陷入流动性危机。同时，当银行陷入流动性危机，首先会通过流动性展期路径向更多的银行传染；若在收回短期同业资产后仍无法满足流动性要求而出售所持金融资产，则会进一步通过共同资产持有路径传染风险；若出售金融资产也无法满足流动性要求，那么将导致银行破产，则风险进一步通过对手违约路径向更多的银行传染。

2.5 系统网络中三种风险传染路径的仿真模拟

接下来，本节将结合复杂网络理论，建立并生成银行业系统网络，运用本书提出的系统网络模型，对银行业的风险传染进行仿真模拟，分别演示、比较不同风险传染路径下风险传染过程与结果，验证并进一步分析各种风险传染路径的叠加效应。

2.5.1 复杂网络相关概念

网络理论旨在通过拓扑学方法描述真实世界中的关系，比如人与人之间的社会关系网络、金融机构间的业务关联网络等。而复杂网络理论则主要从统计学角度考察网络中大规模节点以及其连接之间的特征，以此反映网络的结构特点。Takehisa（2011）对复杂网络理论的研究进行了回顾与总结，这里首先选取一些基本的概念与模型进行介绍，为本书的后续研究奠定基础。

网络包含一系列的节点与边，节点与节点之间通过边相连接。根据方向，边可以分为有向和无向两类，无向边仅代表节点间的连接，有向边则还代表节点间连接的指向方向；根据权重，边可以分为有权和无权两类，无权边意味着所有的边所代表着的连接程度是一样的，而有权边则通过权重的不同代表连接程度的不同。任一网络可以用矩阵 A 表示，当网络中存在 N 个节点时，该矩阵是一个 $N \times N$ 的矩阵，当网络中的边为无权边时，对应的矩阵中的第 i 行第 j 列的元素 a_{ij} 表示节点 i 到节点 j 的连接，可表示为：

$$a_{ij} = \begin{cases} 1, \text{存在从节点 } i \text{ 指向节点 } j \text{ 的边} \\ 0, \text{不存在从节点 } i \text{ 指向节点 } j \text{ 的边} \end{cases} \tag{2.16}$$

（1）度

一个节点的度是指与该节点连接的边的数量，当网络的边为有向边时，度可以分为入度与出度，入度表示由其他节点指向该节点的边的数量，出度表示由该节点指向其他节点的边的数量，入度与出度构成该节点的总度。节点 i 的出度与入度分别为：

$$k_i^{out} = \sum_{j=0}^{N} a_{ij} \tag{2.17}$$

$$k_i^{in} = \sum_{j=0}^{N} a_{ji} \tag{2.18}$$

节点的度的大小代表了该节点在网络中的重要程度，例如在金融网络中的银行节点的度越大，代表着该银行与越多的银行存在连接，意味着其影响范围会覆盖更多的其他银行。网络的平均度可表示为：

$$\langle k \rangle = \frac{1}{N} \sum_{i=0}^{N} k_i \tag{2.19}$$

度分布是复杂网络的重要特征之一，一般用度分布函数 $P(k)$ 表示一个随机选择的节点的度为 k 的概率，那么在具有 N 个节点的网络中度为 k 的节点的个数即 $NP(k)$，度分布函数对于任一 k 满足以下条件：

$$P(k) \in [0,1] \tag{2.20}$$

$$\sum_{k=0}^{N-1} P(k) = 1 \tag{2.21}$$

（2）距离

两点间的距离是指从一点出发经过不重复的最少的点与边到达另一点的路径上所经过的边的数量，节点 i 与 j 之间的距离可表示为：

$$d_{ij} = \min_{path(i,j)} \left(\sum_{k,l \in path(i,j)} a_{kl} \right) \qquad (2.22)$$

其中，$path\,(i,\,j)$ 表示节点 i 到节点 j 的路径。某一节点与其他节点间距离最长时的距离为该节点的自我中心距离，可表示为：

$$ecc_i = \max_{[j]} d_{ij} \qquad (2.23)$$

在距离的基础上，复杂网络理论通过半径、直径、平均路径长度三个概念来刻画网络特征。半径是指最小的自我中心距离，直径是指最大的自我中心距离，平均路径长度是指任意两节点间距离的平均值，可表示为：

$$apl = \frac{\sum_{i \leqslant j} d_{ij}}{N(N+1)/2} \qquad (2.24)$$

（3）聚类

在网络结构中，与某节点相连接的几个节点可能本身也存在相互连接的情况，在复杂网络理论中用聚类系数来刻画该特征。当节点 i 有 k_i 条边与其他节点相连接，那么这个 k_i 边所连接的节点之间存在的边数 H_i 与总的可能的最大边数 $k_i \cdot (k_i + 1)/2$ 之比称作节点 i 的聚类系数 J_i：

$$J_i = \frac{H_i}{k_i \cdot (k_i + 1)/2} = \frac{\sum_{j<k} a_{ij}\, a_{ik}\, a_{jk}}{k_i \cdot (k_i + 1)/2} \qquad (2.25)$$

且 $0 \leqslant J_i \leqslant 1$，那么整个网络的聚类系数 J 即所有节点的聚类系数的均值，可表示为：

$$J = \frac{1}{N} \sum_{i=0}^{N} J_i \qquad (2.26)$$

若 $J=0$ 则网络中的所有节点都是孤立的，若 $J=1$ 则网络中任意两点都是相连接的，即完全连接网络。

（4）权重

在有权网络中，节点间的边根据连接程度的不同赋予不同的权重，矩阵 F 中的元素 F_{ij} 表示节点 i 与节点 j 之间的边的权重，那么在有权网络中任意一条边的权重 $F_{ij} = f$ 的概率即为该网络的边权分布函数 $P\,(f)$。

在边的权重的基础上，每个节点自身所连接的边的权重之和即为该节点的权重，节点 i 的权重为：

$$G_i = \sum_{j=0 j \neq i}^{N} F_{ij} \qquad (2.27)$$

在有向有权网络中，节点 i 的权重包括入权与出权，节点 i 的入权表示由其他节点指向 i 的所有边权之和，节点 i 的出权表示由节点 i 指向其他节点的所有边权之和，分别为：

$$G_i^{in} = \sum_{j=0 j \neq i}^{N} F_{ji} \qquad (2.28)$$

$$G_i^{out} = \sum_{j=0 j \neq i}^{N} F_{ij} \qquad (2.29)$$

2.5.2　复杂网络模型

在复杂网络理论的研究中，基于上述网络结构的不同特征，出现了许多不同种类的网络模型，大体可以分为规则网络、随机网络、小世界网络以及无标度网络，规则网络在本章中已经进行了介绍，因此这里分别选取其中具有代表性的随机网络、小世界网络、无标度网络模型进行介绍。

ER 网络模型，也称作随机图模型，是最基础的最具代表性的随机网络模型，最早由 Eröds 和 Rényi（1959，1960）提出。假定存在 N 个独立的节点，以概率 p 将任意两个节点连接，可以得到 ER 网络。每个节点拥有 z 条边的概率为：

$$p^z (1 - p)^{N(N-1)p/2-z} \qquad (2.30)$$

每 $N(N-1)/2$ 对的节点都有 p 的概率相连接，因此 ER 网络的平均边数为 $pN(N-1)/2$，网络的平均度即为：

$$\langle k \rangle = N(N-1)p \qquad (2.31)$$

WS 网络模型，是由规则网络向随机网络转变的网络模型，是由 Watts 和 Strogatz（1998）所提出的同时具有小世界与高聚类系数两大特征的网络模型。假定存在 N 个节点，且每个节点仅与相邻的最近的 $\langle k \rangle$ 个节点相连接，以 p 的概率随机重新连接网络中的每个边，即保持某条边的一个节点不变同时更换另一个节点为随机的其他新节点（禁止重复连接任意两个节点，禁止节点与自身连接），就形成了 WS 网络模型。Barrat 和 Weigt（2000）研究表明当 $p=1$ 时 WS 网络的度分布 $P(k)$ 服从泊松分布，当 $p<1$ 时度分布 $P(k)$ 在 $\langle k \rangle/2$ 处存在下限。

BA 网络模型，由 Barabási 和 Albert（1999）提出，度分布函数具有幂律形式，即网络中的大多数节点的度都较低，但存在一些少数的节点度很高的中心节点，而且这些节点是无标度的，因此称这种节点度具有幂律分布的无标度特征的网络为无标度网络模型，BA 网络就是典型的无标度网络模型之一。假设在一个完全连接网络中初始状态存在 z_0 个节点，任意两个节点都是相互连接的；在接下来的每个时期，都会有一个新的节点加入该网络，并选择 z 个已经存在的节点相连接，在众多节点中，节点 i 被新节点连接的概率 $\Pi(k_i)$ 与其本身的节点度相关，可表示为：

$$\Pi(k_i) = \frac{k_i}{\sum_{j=0}^{N} k_j} \tag{2.32}$$

这一概率分布意味着节点度越高的节点被新加入的节点连接的概率越高；持续加入新的节点直到节点数达到 N，就形成了 BA 网络模型。与其他网络模型不同，BA 网络模型的两大特殊规则为网络节点的增长性与新节点的偏好连接性。

2.5.3 银行业复杂网络生成

根据本章提出的系统网络模型，其基本框架与数据基础为银行业同业借贷以及共同资产持有所形成的网络结构，因此，这里基于复杂网络理论与现实中银行网络的特征，采用复杂网络的生成规则，通过数值模拟方法生成银行业网络，并验证银行业网络的各项特征，为后续的风险传染研究奠定基础。

（1）生成规则

对于共同资产持有网络模型，在银行风险传染过程中，将通过金融资产的价格变化而影响银行资产价值，而非类似于同业借贷网络的直接传染，因此共同资产持有网络模型的生成将在后续部分基于金融资产持有矩阵生成，在这里暂不讨论。

由于银行业同业借贷业务的金额大小、资金借贷方向不同，因此根据复杂网络理论，银行业同业借贷网络必然是有权有向网络。在一个包含 N 个银行的系统中，用 $N \times N$ 矩阵来表示银行网络关系，矩阵元素 F_{ij} 表示方向由银行 i 指向银行 j 的边的权重，代表银行 j 从银行 i 拆入的长期或短期资金的金额，其中 $i,j \in (1,2,3,4,\cdots,N)$，由于银行与自身不存在任何同业借贷关系，因此该矩阵的对角线元素全部为 0。根据复杂网络理论与本书的银行业风险传染模型，节点 i 的入权 G_i^{in} 即银行 i 的同业负债，节点 i 的出权 G_i^{out} 即银行 i 的同业资产。

近年来越来越多学者发现，现实中的银行业网络具备典型的无标度特征（Soramaki 等，2007；Becher 等，2008；Edson，2010；Martinez - Jaramil-lo，2014），因此基于复杂网络理论中的无标度网络，这里根据由基本的 BA 网络模型演化而来的 BBV 网络模型（Barrat 等，2004）分别建立银行业长期与短期借贷网络，为了更好地刻画在银行网络生成过程中新加入节点对已有节点造成的影响，同时参考谭春枝（2017）使用的由王桂英等（2010）提出的有向有权 BBV 网络模型，在新节点加入时旧节点的边权、点权也会发生变化，从而对后续新节点加入时的连接偏好产生影响，使得生成的银行业网络更加贴近真实世界中的银行业市场关系。该网络模型的生成步骤与规则如下：

第一步，设定初始网络为包含 n_0 个节点组成的完全连接网络，即任意两个节点间均存在双向的边相连接，且每条边的初始权重都为 f_0。

第二步，根据银行网络的生长发展特性，设定在每个时期发生如下两类生长：以 q 的概率在网络中增加一个新节点 s，伴随新节点 s 的加入，产生 n 条新的边连接 s 与其他已存在的旧节点，且 $n \leqslant n_0$，在新产生的 n 条新边中，出边数服从二项分布 $B(m, p)$，入边数服从二项分布 $B(m, 1-p)$，且 $p \in [0,1]$；以 $1-q$ 的概率在网络中已存在的旧节点中增加 n 条新的边，且 $n \leqslant n_0$。

第三步，根据新节点的连接偏好特性，设定第二步中的第一类情况下，新节点 s 的出边在众多已存在的旧节点中选择节点 i 相连接的概率为：

$$\Pi(s \rightarrow i) = \frac{G_i^{in}}{\sum_{j=0}^{N} G_j^{in}} \tag{2.33}$$

新节点 s 的入边在众多已存在的节点中选择节点 i 相连的概率为：

$$\Pi(i \rightarrow s) = \frac{G_i^{out}}{\sum_{j=0}^{N} G_j^{out}} \tag{2.34}$$

第二步中的第二类情况下，新边的出节点与入节点选取也遵循上述偏好特性。

第四步，新银行加入会对网络中现有银行关系产生影响，设定每次新加入的边初始权重为 f_0，当新节点 s 生成出边时，即该边由新节点 s 指向旧节点 i，对于旧节点 i 来说为新的入边，那么节点 i 的点权以及边权演化规则为：

$$G_i^{in} \rightarrow G_i^{in} + f_0 \tag{2.35}$$

$$\Delta F_{ij} = \delta_i \, F_{ij} \diagup G_i^{out} \qquad (2.36)$$

$$F_{ij} \rightarrow F_{ij} + \Delta F_{ij} \qquad (2.37)$$

$$G_i^{out} \rightarrow G_i^{out} + \delta_i \qquad (2.38)$$

$$G_j^{in} \rightarrow G_j^{in} + \Delta F_{ij} \qquad (2.39)$$

其中，节点 j 为节点 i 的已存在连接的节点，δ_i 为节点 i 入边权重的增加导致出边权重的增加量；当新节点 s 生成入边时，即该边由旧节点 i 指向新节点 s，对于旧节点 i 来说为新的出边，那么节点 i 的点权以及边权演化规则为：

$$G_i^{out} \rightarrow G_i^{out} + f_0 \qquad (2.40)$$

$$\Delta F_{ji} = \delta_i \, F_{ji} \diagup G_i^{in} \qquad (2.41)$$

$$F_{ji} \rightarrow F_{ji} + \Delta F_{ji} \qquad (2.42)$$

$$G_i^{in} \rightarrow G_i^{in} + \delta_i \qquad (2.43)$$

$$G_j^{out} \rightarrow G_j^{out} + \Delta F_{ji} \qquad (2.44)$$

其中，节点 j 为节点 i 的已存在连接的节点，δ_i 为节点 i 出边权重的增加导致入边权重的额外增加量；当新增边时，仅会导致已存在的两个节点权重变化，而不会造成额外增加量，因此若新增的边为由旧节点 i 指向旧节点 j，则权重演化规则为：

$$G_i^{out} \rightarrow G_i^{out} + f_0 \qquad (2.45)$$

$$G_j^{in} \rightarrow G_j^{in} + f_0 \qquad (2.46)$$

$$F_{ji} \rightarrow F_{ji} + f_0 \qquad (2.47)$$

第五步，不断加入新的节点以及相应的边，更新原有边权与点权，直至节点总数达到 N，BBV 网络生成演化过程结束，记录最终矩阵 F。

本书使用 Python 3.6 对上述演化过程进行模拟，具体代码详见附录 1。

（2）特征检验

关于利用该模型生成的有向有权 BBV 网络特征，王桂英等（2010）证明了节点的出度、入度均满足幂律分布规律，谭春枝（2017）证明了节点的出权、入权满足幂律分布规律，这里我们对本书实际生成的有向有权 BBV 网络的上述特征进行验证，取权重初始赋值以及被动增量 $\delta_i = f_0 = 1.0$，初始节点与每次新增边数 $n = n_0 = 3$。图 2.7 – 2.10 显示了 p、q、N 取不同值时，节点的出度 k_i^{out}、入度 k_i^{in}、出权 G_i^{out}、入权 G_i^{in} 分布，由图中结果可以看出，采用该模型所演化产生出的有向有权 BBV 网络中节点出入度、出入权的分布呈现较明显的幂律分布特征，且在不同的 N、p、q 取值下呈现稳健性，因此该网络模型具备典型的无标度性质，为本书后续的研究奠定了基础。

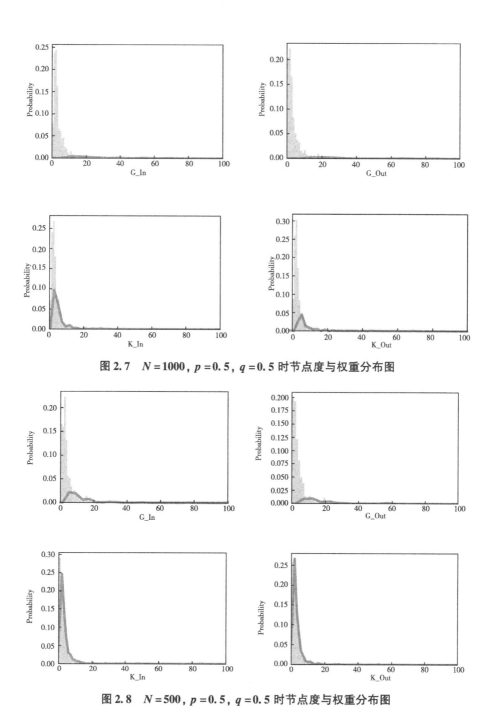

图 2.7　$N = 1000$，$p = 0.5$，$q = 0.5$ 时节点度与权重分布图

图 2.8　$N = 500$，$p = 0.5$，$q = 0.5$ 时节点度与权重分布图

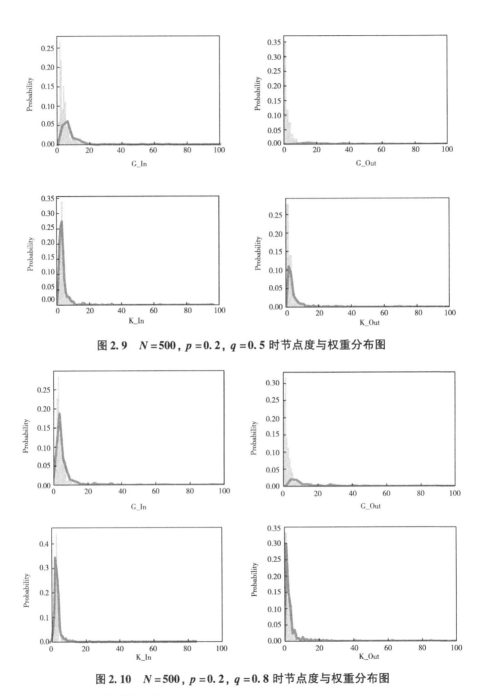

图 2.9　$N=500$，$p=0.2$，$q=0.5$ 时节点度与权重分布图

图 2.10　$N=500$，$p=0.2$，$q=0.8$ 时节点度与权重分布图

（3）银行业同业网络

采用上述有权有向 BBV 网络模型的演化规则，分别生成银行业长期、

短期同业借贷网络。由于银行数量的增加将使得风险传染模拟的复杂程度呈几何倍数增加，而银行节点的增加并不会改变风险传染的相对程度，因此这里将银行节点总数取 $N = 25$，同时为了使银行节点的资产负债表的数量级相对合理，取权重初始赋值以及被动增量 $\delta_i = f_0 = 10$，初始节点与每次新增边数 $n = n_0 = 3$，演化概率参数 $p = 0.5$，$q = 0.5$。在对长期、短期同业借贷网络分别进行演化模拟后，根据结果中节点的权重大小排序，按照从大到小的顺序重新将两个网络的银行节点编号为 $0 \sim 24$，以保证银行的长期同业借贷规模与短期同业借贷规模相对大小的一致性。这一调整符合现实中银行期限错配的原则，使得银行合理分配自身同业资产负债的期限，避免出现某节点银行短期同业与长期同业借贷间悬殊巨大的情况。调整后的银行业同业借贷网络结果如图 2.11 所示，其中（a）图为长期同业借贷网络，（b）图为短期同业借贷网络，图中编号为 $0 \sim 24$ 的共计 25 个节点表示 25 家银行，节点间的连线表示银行业同业借贷关系，加粗的一端表示箭头所指方向，即同业借贷的资金流向，例如在图 2.11（a）中节点 19 的其中一条出边指向节点 9，节点 18 的唯一一条出边指向节点 4，意味着银行 19 的一部分长期同业资产拆出至银行 9，而银行 18 的全部长期同业资产拆出至银行 4。从图中长期与短期同业借贷网络的整体来看，网络中节点编号较小的出入边较多，意味着节点度较高，经过调整后的任一银行同业借贷规模及对手方银行数量的排序在长期与短期网络中基本一致。

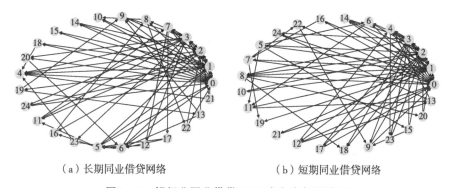

（a）长期同业借贷网络　　　　　（b）短期同业借贷网络

图 2.11　银行业同业借贷 BBV 有向有权网络图

2.5.4　仿真模拟的参数设置

在银行业同业借贷网络生成结果的基础上，可以获取每家银行的长期与短期同业资产与负债数值，在此基础上，通过设定资产负债间的数值关系，进一步确定 25 家银行的各项初始资产负债金额：

第一，根据我国目前商业银行业的存贷比 70.55%[①]设定模型中银行的客户贷款与客户存款数值关系为：$O_j^0 = 0.7 \cdot I_j^0$，这一设定使得本书仿真模拟更加贴近现实中的银行业资产情况。

第二，假定银行的客户贷款、金融资产投资的资金只来自客户存款与同业拆入资金，即：

$$S_j^0 + O_j^0 = I_j^0 + LLD_j^0 + LSD_j^0 \tag{2.48}$$

由此得出，

$$C_j^0 + LLA_j^0 + LSA_j^0 = E_j^0 \tag{2.49}$$

即在 $t = 0$ 时，所有者权益一分为二，一部分拆出给其他银行（包括长期与短期），另一部分留存为现金。这一假设的合理之处在于：商业银行作为存款机构，收入的主要来源为资产中的客户贷款和金融资产，其资金来源主要应当为客户存款，可通过同业拆入资金来进行期限错配的调整；而自身的权益资本主要用途并非投资，而是作为现金储备或类似功能的存款准备金等资产，多余资金可以选择拆出至同业来获取收益且能保持极低的风险水平。

第三，参照 Peralta 与 Crisóstomo（2016）的研究，设定流动性要求为 $\beta = 5\%$，权益资本占总资产的 6%（即杠杆率）。

根据上述数值关系的设定，建立单个银行初始时期各项资产负债关系为：

$$\begin{cases} S_j^0 + O_j^0 = I_j^0 + LLD_j^0 + LSD_j^0 \\ C_j^0 + LLA_j^0 + LSA_j^0 = E_j^0 \\ C_j^t = 5\% \cdot (I_j^t + LSD_j^t) \\ E_j^0 / (S_j^0 + O_j^0 + C_j^0 + LLA_j^0 + LSA_j^0) = 6\% \\ O_j^0 = 0.7 \cdot I_j^0 \end{cases} \tag{2.50}$$

其中，$LLD_j^0, LSD_j^0, LLA_j^0, LSA_j^0$ 可以通过银行业同业借贷矩阵 LL 与 LS 的行或列元素求和得出，因此五个未知数值 $S_j^0, O_j^0, I_j^0, C_j^0, E_j^0$ 可以通过上述方程组解得，最终得到 25 家银行在 $t = 0$ 时的资产负债表金额，具体数值详见附录 2。

现有的银行业风险传染研究对银行资产负债表数据的生成主要通过假定各项资产负债服从某分布，利用钩稽关系及权益值进行调平，相比之下，

---

① 《中国金融稳定报告（2018）》，http：//www.pbc.gov.cn/goutongjiaoliu/113456/113469/3656006/index.html。

本书首先基于银行业同业借贷网络性质，利用 BBV 有权有向网络演化规则生成长期与短期同业借贷矩阵关系，并得到每家银行的长期与短期同业资产负债数值，进而通过流动性要求、杠杆率要求设定，结合现实中银行资产负债数值关系，通过求解得出每家银行的资产负债表数据，该方法不仅更加贴近现实情况，而且在网络结构上具有一定的灵活性，为后续关于流动性、杠杆率的进一步研究奠定了基础。

　　同时，设定标准参数状态下，金融资产多样化程度 $\mu = 5$，资产密度 $\eta = 1$，因此市场中存在 25 种不同的金融资产，银行平均持有的金融资产种类为 5；在初始时期的银行资产中，金融资产矩阵 S 中元素 $S_{n,m}^0$ 代表银行 n 持有金融资产 m 的数量，在已求得的金融资产总价值的基础上，假定初期各项金融资产价格都为 1，银行的金融资产选择策略服从随机均匀分布，且任一银行的金融资产金额平均分配于所持的各类金融资产，由此可以获取 25 家银行的金融资产持有矩阵 S，共同资产持有网络如图 2.12 所示，图中相连的银行节点表示两者存在金融资产重叠，例如银行 9 与银行 3、23 等 13 家银行存在资产重叠，另外可以看出共同资产持有网络的节点连接程度十分密集，意味着即使设定较低（$\mu = 5$）的金融资产多样化程度，资产重叠带来的关联程度也远高于长期与短期同业借贷网络。同时，假定每家银行对应的投资者群体持有与该银行相同的金融资产投资组合，且持有该银行全部的客户存款。

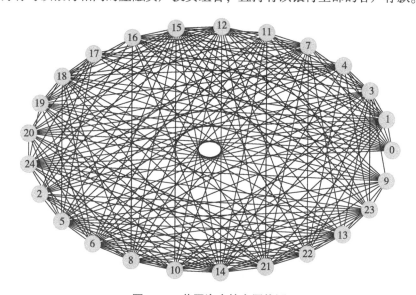

图 2.12　共同资产持有网络图

　　至此，基于 BBV 银行业有权有向网络演化以及银行业资产负债关系与参数设定，银行节点、投资者节点、银行业同业网络、金融资产投资网络中所涉及的各项数值都已确定，将该套数值确定为标准参数状态进行银行业风险传染仿真模拟。

2.5.5 三种路径下银行业风险传染过程与结果

接下来，基于银行业风险传染模型，分别对对手违约、共同资产持有、流动性展期三种路径下的风险传染以及三者的叠加效应进行仿真模拟，验证三种路径存在的重要性。

根据生成的银行资产负债数据，选择规模处于行业中上游的 6 号银行作为初始冲击银行（改变初始冲击银行会影响风险传染的最终程度，但对三种传染路径下的叠加效应无影响）。为保证结果的稳健性，将模拟次数设定为1000 次，风险传染结果为 1000 次模拟中发生风险传染时（即除初始冲击银行外，还有其他银行由于风险的传染而陷入破产或流动性危机）的数据均值，而其中未发生风险传染时意味着仅初始冲击银行陷入危机，因此不纳入统计范围；同时，1000 次模拟中发生风险传染的次数也可作为银行业风险传染的指标之一，次数越多则表明发生风险传染的概率越高，银行系统越脆弱。

第一，当仅存在对手违约路径时，初始破产冲击导致的传染结果如图 2.13 所示，其中，横轴"time"表示时间，纵轴"Proportion"表示陷入危机的银行数量占比（下同），"Broken"表示破产，两条线分别代表银行数量占比的累计量与新增量（下同）。由于 1000 次模拟中发生风险传染的次数为 0，意味着初始破产冲击下并未造成银行业风险的传染，初始冲击银行的长期同业负债违约损失会被其债权方银行完全吸收。

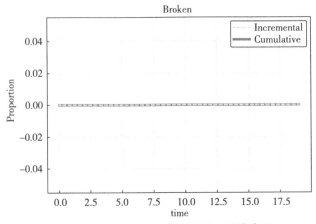

图 2.13　对手违约路径存在时的风险传染图

第二，当仅存在共同资产持有路径时，初始破产冲击导致的传染结果如图 2.14 所示，由于共同资产持有路径主要表现为金融资产价格的变化，因此增加表示金融资产平均价格的图像，在图中用"Financial Assets"的"Price"表示（下同）。1000 次模拟中发生风险传染的次数为 38 次，从传染概率来看处于极低水平；同时金融资产价格下跌幅度为 10%，导致12.5% 的银行陷入破产，且在第 0—2 期金融资产价格迅速下跌，伴随着破产危机的爆发高峰。

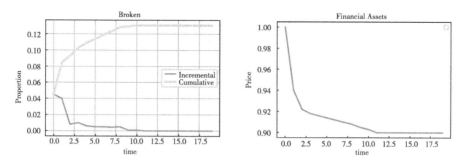

图 2.14 共同资产持有路径存在时的风险传染图

第三，当仅存在流动性展期路径时，初始流动性冲击导致的传染结果如图 2.15 所示，图中纵轴为陷入流动性危机的银行数量占比。在 1000 次模拟中发生风险传染的次数为 830 次，从传染概率来看处于极高水平；同时陷入流动性危机的银行约占到 42%，且流动性危机爆发高峰集中在第 0—4 期。

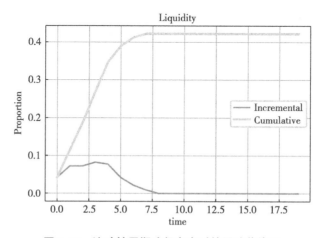

图 2.15 流动性展期路径存在时的风险传染图

第四，当对手违约和共同资产持有路径同时存在时，初始破产冲击导致的传染结果如图 2.16 所示。在 1000 次模拟中发生风险传染的次数为 33 次，与仅共同资产持有路径存在时极为接近；但从传染结果来看，两路径的共同作用导致近 15.5% 的银行陷入破产，大于两路径单独存在时的风险传染结果之和（12.5% + 0% = 12.5%），金融资产价格下跌幅度为 12%，高于仅共同资产持有路径存在时的 10%，表明对手违约路径与共同资产持有路径在银行业破产风险传染中存在显著的叠加效应。

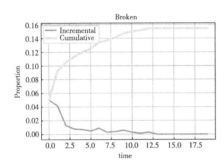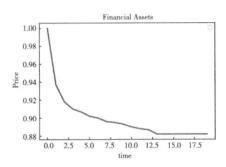

图 2.16　对手违约和共同资产持有路径存在时的风险传染图

第五，当流动性展期和共同资产持有路径同时存在时，初始破产冲击与初始流动性冲击导致的传染结果分别如图 2.17（a）与（b）所示。在 1000 次模拟中发生风险传染的次数为 807 次（破产冲击）和 835 次（流动性冲击），流动性冲击下与仅流动性展期路径存在时极为接近（830 次），但破产冲击下远大于仅共同资产持有路径存在时（38 次）；且从传染结果来看，两路径的共同作用导致破产冲击下 17.5% 的银行陷入破产，大于共同资产持有路径单独存在时的风险传染结果（12.5%），而流动性冲击下 42% 的银行陷入流动性危机，与流动性展期路径单独存在时几乎一致（42%）；从传染过程来看，此时的流动性风险爆发高峰与流动性展期路径单独存在时几乎一致（第 0—4 期），而破产危机爆发高峰在流动性危机爆发高峰后的第 5—6 期出现；充分表明对手违约路径与共同资产持有路径在银行业破产风险传染中存在显著的叠加效应，且叠加效应主要体现在：由于流动性展期路径下的风险传染，流动性危机银行的金融资产变现进一步恶化了折价出售的范围及程度，导致共同资产持有路径下的破产风险发生更大规模的传染。

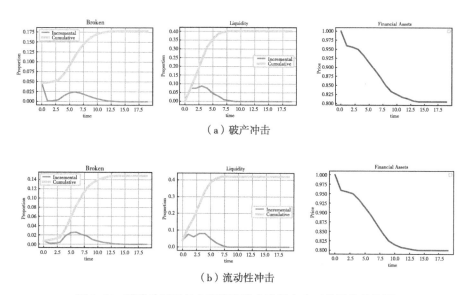

（a）破产冲击

（b）流动性冲击

图 2.17   流动性展期与共同资产持有路径存在时的风险传染图

第六，当流动性展期和对手违约路径同时存在时，初始破产冲击与初始流动性冲击导致的传染结果分别如图 2.18（a）与（b）所示。在 1000 次模拟中发生风险传染的次数为 811 次（破产冲击）和 828 次（流动性冲击），流动性冲击下的传染结果与仅流动性展期路径存在时极为接近（830次），但破产冲击下的传染结果远大于仅对手违约路径存在时（0 次）；且从传染结果来看，两路径的共同作用导致破产冲击下 4% 的银行陷入破产，由于银行总数为 25 家，因此实际上仅初始冲击银行陷入破产，其发生风险传染时实质仍为流动性风险的传染，而流动性冲击下约 43% 的银行陷入流动性危机，与流动性展期路径单独存在时几乎一致（42%）；从传染过程来看，此时的流动性风险爆发高峰与流动性展期路径单独存在时几乎一致（第 0—4 期），而破产危机方面仅在第 0 期初始冲击银行陷入破产；表明对手违约路径与流动性展期路径在银行业破产风险与流动性风险的传染中不存在显著的叠加效应。

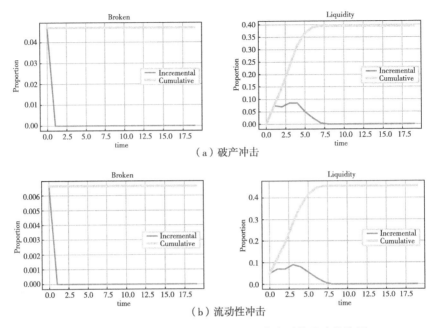

（a）破产冲击

（b）流动性冲击

图2.18　流动性展期与对手违约路径存在时的风险传染图

第七，当对手违约、共同资产持有、流动性展期三种路径全部存在时，初始破产冲击与初始流动性冲击导致的传染结果分别如图2.19（a）与（b）所示。从传染概率来看，在1000次模拟中发生风险传染的次数为835次（破产冲击）和819次（流动性冲击），流动性冲击下与仅流动性展期路径存在时（830次）、流动性展期与对手违约路径存在时（828次）、流动性展期路径与共同资产持有路径存在时（835次）极为接近；但破产冲击下远大于仅对手违约路径存在时（0次）、仅共同资产持有路径存在时（38次）、对手违约与共同资产持有路径存在时（33次），接近流动性展期与共同资产持有路径存在时（807次）①。从传染结果来看，三种路径的共同作用导致破产冲击下19%的银行陷入破产，大于仅对手违约路径存在时（0）、仅共同资产持有路径存在时（12.5%）、对手违约与共同资产持有路径存在时（15.5%）、流动性展期与共同资产持有路径存在时（17.5%），而流动性冲击下约43%的银行陷入流动性危机，与流动性展期路径单独存在时（42%）、流动性展期与对手违约路径存在时（43%）、流动性展期路径与共

① 由于前述仿真模拟与分析已知流动性展期与对手违约不存在叠加效应，两者的共同存在仅为单独存在时的单纯加总，因此在三种传染路径同时存在时的传染结果不与该情况进行单独比较。

同资产持有路径存在时（42%）极为接近。从传染过程来看，并未发现三种路径存在时风险传染各时期的爆发特点与前述两种路径存在时有显著区别。因此，从破产范围来看，三种路径共同存在时的风险传染相比其中任意两种路径存在时还存在额外的叠加效应，三种路径的共同作用与交叉影响会进一步增大破产银行占比。

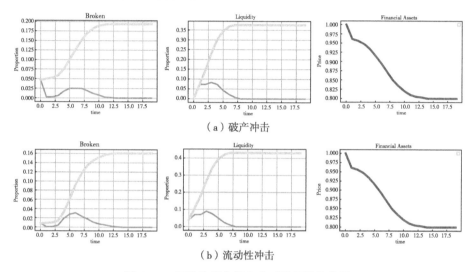

（a）破产冲击

（b）流动性冲击

图 2.19　三种路径全部存在时的风险传染图

综上所述，三种风险传染路径间存在的叠加效应如下：流动性展期与共同资产持有路径存在显著的叠加效应，流动性展期与对手违约路径不存在显著的叠加效应，共同资产持有与对手违约路径存在显著的叠加效应，三种路径共同存在时产生额外的叠加效应，且上述的叠加效应主要体现在破产风险的传染范围与概率上，与理论分析的结果保持一致。

2.6　小结

本章基于系统网络视角，按照银行业系统网络中的三层次网络对应的对手违约、流动性展期、共同资产持有三种风险传染路径，从各种风险传染路径的来源出发，进而引出各种风险传染路径的概念，随后分别阐述不同路径下风险的资产负债表传染过程，再逐渐增加传染路径，由单层次网络到双层次网络再到三层次网络，分析三种路径的叠加传染机制，最后在上述分析基础上建立理论模型，结合银行业资产负债关联与风险传染路径，建立系统网络模型，并采用仿真模拟方法，对系统网络中银行节点给予初始冲击,通过实现银行业风险的传染来观测、记录系统风险的形成,通过对三种风险传染路径存在时的风险传染结果的分析,验证了三种路径间的叠加效应,说明在银行业风险传染研究中三种路径缺一不可,为后续研究奠定基础。

第3章　市场主体有限理性行为对银行业风险传染影响研究

在第 2 章中，基于系统网络的银行业风险传染机制完全遵从现代金融学理论的分析框架与假设，在三种路径的风险传染过程中，所有的行为都是完全理性的，例如银行只有在遭受风险时才会进行流动性储存、金融资产变现，而且市场信息是完全的、对称的，例如全部银行都能够获取完全的、相同的信息并作出客观、理性的决策。然而，自 20 世纪 80 年代以来，越来越多的研究发现金融市场中存在许多现代金融理论无法解释的异象，因此一些研究人员将心理学的理论融入金融学研究，对理性人假设、有效市场假说、完全市场理论提出了挑战，并涌现出大量的新兴理论，在套利限制、股票收益与股权溢价、过度反应和反应不足、投资者行为、公司金融等方面做出了许多重要成果。随着行为金融学的不断发展，其主要成果都集中在对资产定价与市场异象的研究中，鲜有涉及金融风险传染的研究。本章将基于市场主体的有限理性行为，从信息溢出、异质信念、投资者情绪三类行为金融因素出发，首先阐述其来源与概念，然后深入分析不同因素影响下市场主体的有限理性行为对银行业风险传染的影响机制（这里的市场主体包含银行同业市场中的银行主体以及金融资产交易市场与储蓄市场中的投资者主体，其中信息溢出仅影响银行主体，异质信念对银行主体与投资者主体均存在影响，投资者情绪仅影响投资者主体），在此基础上进一步建立市场主体有限理性行为模型，并通过仿真模拟验证三类行为金融因素影响下市场主体的有限理性行为对银行业风险传染的影响，最后进行本章小结。

3.1　信息溢出因素

3.1.1　信息溢出的来源与概念

信息的完备性与对称性是现代金融学理论中完全竞争市场的经典假设之

一，也是绝大多数银行业风险传染研究的假设前提。然而，信息的不完备与不对称广泛存在于各类市场中，不同的市场主体由于获取到不同程度的信息必然采取不同的反应。在银行同业市场中，当某银行由于流动性紧缺而停止展期时，传统金融学理论认为，由于全部银行掌握完全的对称的信息，因此其余银行能够充分认识到该银行的风险情况与停止展期的动机，并且理性地根据自身流动性现状作出反应；但是，在现实的银行同业市场中，由于信息溢出的不完全（或理解为不同银行在信息交互过程中的信息损失），关于停止短期同业资产展期的债权方银行所面临的流动性风险状况，市场中其他银行必然获得不同程度的信息，同时债务方银行与债权方银行所拥有的信息也是不对称的，那么在债权方银行停止展期后，债务方银行将根据自身所获得信息调整同业借贷策略，该行为对其他银行产生的信息溢出导致了更多的银行受到影响，在危机期间，这种信息溢出的不完全性与其带来的信息不对称性将会对银行同业市场中的流动性风险传染造成巨大的推动作用。

本章所指的信息溢出，是指在银行业短期融资市场①中，银行遭遇流动性风险时采取流动性储存行为的信息溢出，导致债务方银行根据获得的信息而改变同业借贷策略，使得本身不存在流动性风险的债务方银行由于担心未来自身流动性不足而减少同业借贷的展期，造成市场流动性进一步下降；同时这一行为所带来的信息溢出继续影响更多的银行，导致原本活跃的同业市场流动性恶化，引发更多的银行流动性风险甚至系统流动性风险②以及银行违约。

3.1.2　信息溢出对银行业风险传染的影响机制

信息溢出影响下的风险传染主要基于流动性展期路径，这里将从资产负债表角度与网络角度出发，类比流动性展期路径，分析信息溢出影响下风险的传染机制，并从中发现一些风险传染的特殊现象。

在第2章的流动性展期路径下，风险通过银行业短期融资市场，由同业借贷的债权方银行向债务方银行传染。从微观层面的资产负债表角度来看，信息溢出影响下的风险传染与流动性展期路径一致，也是通过银行业短期融资市场由债权方向债务方传染，但不同的是，在传染过程中并非信息溢出路

①　针对本书的研究重点为银行业风险传染，因此仅考虑短期融资市场中的信息溢出因素，具体的原因将在理论模型部分详细解释。
②　IMF（2011）将系统流动性风险定义为多个金融机构无法通过普遍混乱的货币市场和资本市场进行短期债务展期或获取新的资金时，同时面临困境而发生的风险。

径上的每个银行都会产生风险，因此风险会呈现一种特殊的"跳跃式"传染。

如图 3.1 所示，在银行业短期融资市场中存在七家银行 A、B、C、D、E、F、G，箭头连接方向代表资金的流向，接下来通过与流动性展期路径下风险传染的类比，说明信息溢出影响下风险传染机制及其特点。当银行 A 与银行 B 陷入流动性危机时，将分别收回拆出至银行 C 与银行 D 的短期同业资产，假定在流动性展期路径下，银行 C 与银行 D 由于自身流动性充足而未因此产生流动性风险，风险不会通过流动性展期路径继续传染；然而，在信息溢出影响下，银行 C 与银行 D 面对债权方银行突然进行的流动性储存行为，会根据自身能力尽可能获取银行 A 与 B 的准确信息，但由于此时信息溢出的不完全，银行 C 与 D 出于对未来流动性的不确定性担忧而减少自身的短期同业资产展期；银行 E 与 G 分别受到了来自银行 C 与 D 的流动性收回，银行 F 由于同时遭受银行 E 与银行 F 的流动性收回而陷入流动性危机。在信息溢出影响下的风险传染过程中，流动性风险由银行 A 与 B 通过银行 C 与 D 传染至银行 F，而银行 C 与 D 并未产生风险，从表面来看，即风险由银行 A 与 B "跳跃式"传染至银行 F。

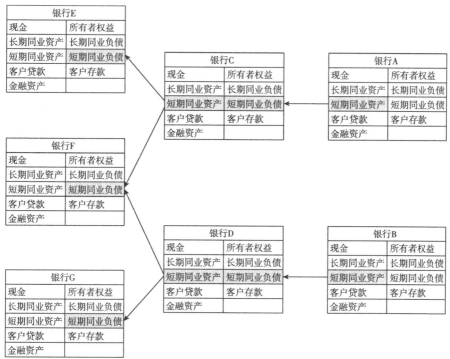

图 3.1　信息溢出影响下的风险传染图

　　这种"跳跃式"风险传染在现实中往往呈现出让我们难以理解的现象，一家银行发生流动性危机后，与其存在直接融资业务关联的银行仍保持稳健状态，但在与其不存在直接融资业务关联的另外一家银行却随之出现流动性风险，这种"跳跃式"的风险传染为银行系统风险的监管带来了巨大的挑战。学界目前单纯按照传统金融学的流动性展期路径进行研究，很难发现这种"跳跃式"风险传染的理论依据，而行为金融视角下信息溢出的影响在此给出一个合理的解释。

　　从银行业短期同业借贷网络来看，信息溢出影响下的风险沿着网络中的箭头方向进行传染，从上述微观层面的分析得知，即使银行未发生流动性风险，也会由于信息获取的不完全而减少自身的流动性展期，从而导致风险向更多的债务方银行传染，因此在短期同业借贷的环形网络中会存在另一个可怕的特殊现象，这里称之为"循环流动性陷阱"。

　　如图 3.2 所示为银行业短期同业借贷网络，网络中存在 A、B、C、D、E 五家银行，从图中可以看出，银行 A、C、B 间的短期融资形成了一个环状网络，假定环外的银行 D 由于流动性风险而停止自身短期同业资产的展期，那么在信息溢出影响下，银行 B 也将减少自身短期同业资产的展期，进而导致银行 A 减少自身短期同业资产的展期，再导致银行 C 减少自身短期同业资产的展期，经过一轮的循环后，信息溢出再次导致银行 B 进一步减少自身短期同业资产的展期，这样的循环信息溢出导致流动性风险在银行 A、C、B 所形成的环状网络中不断积累，直至全部银行停止所有短期同业资产的展期甚至全部银行陷入流动性危机，同时环状网络的短期同业市场陷入流动性冻结状态。另外，随着银行 A、C、B 的短期同业借贷环状网络内这种"循环流动性陷阱"的形成，同时将向环状网络外部的直接关联银行造成一轮接一轮的流动性收回，例如每当银行 C 由于银行 A 的流动性收回产生信息溢出而减少短期同业资产展期时，都会对银行 E 带来流动性冲击，这种冲击的不断累加也很可能导致银行 E 产生流动性风险。

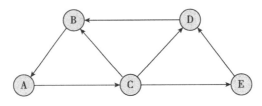

图 3.2　短期同业借贷网络图

从上述"循环流动性陷阱"的形成来看，信息溢出影响下风险会在未发生流动性风险的银行所形成的短期同业借贷环状网络中不断循环传染，直至环状网络中银行的短期同业借贷流动性全部消失，甚至导致环状网络中银行全部陷入流动性危机，同时对环状网络外部也带来巨大的流动性压力，极易形成系统流动性风险甚至大面积破产。

3.2　异质信念因素

3.2.1　异质信念的来源与概念

有效市场理论是现代金融学与投资组合理论的核心与基础，该理论认为有效市场可以分为弱有效市场、半强有效市场和强有效市场，在弱有效市场中技术分析将失效，在半强有效市场中基本面分析将失效，在强有效市场中任何内部信息都无法获得超额收益。在现有的金融风险传染研究中，模型往往默认市场是强有效的，因此忽略了市场主体的投资交易行为会通过金融资产价格影响金融风险的传染。在第 2 章的共同资产持有路径下，传统金融学中的风险传染理论认为，银行在破产清算或面临流动性危机时会进行资产变现，折价出售金融资产导致价格不断下跌，从而造成其他资产持有者的损失，很明显，这种理论仅考虑了危机期间存在的特有性质。然而，不论在危机或非危机期间，由于现实金融市场无法达到理想的有效市场状态，市场主体的投资交易行为对金融资产价格也会产生巨大的影响，这种影响在危机期间与折价出售效应的相互叠加必然引起更为严重的风险传染。

本章所指的异质信念，是指由于市场的无效性，基本面分析、技术分析等策略存在获取超额收益的机会，因此包括银行与投资者在内的市场主体会采用不同的投资策略进行金融资产交易，健康的银行与非恐慌的投资者在面对金融资产价格波动时，会购买或出售金融资产，而采取不同策略的银行与投资者会根据市场行情实施差异化的交易行为，由此带来的金融资产价格不确定性会引起资产价值的进一步波动，当资产价格下跌带来的损失超过银行的吸收能力时就会导致破产，损失继续在银行业传染而形成系统风险。

3.2.2　异质信念对银行业风险传染的影响机制

异质信念影响下的风险传染机制可以从资产负债表角度与银行—金融

资产—投资者网络角度进行分析说明。

从资产负债表角度来看，异质信念影响下风险的传染主体包括银行与投资者，其中银行资产中的金融资产与投资者所持有的金融资产可能存在资产重叠，银行与投资者在有限理性前提下，根据自身的投资策略在市场上进行交易，当买入的数量超过出售的数量时金融资产价格上升，反之当出售的数量高于买入的数量时金融资产价格下跌。在非危机期间，金融资产价格在各类市场参与者的交易行为影响下围绕自身基本价值上下波动，而当系统风险由某处产生后或处于危机期间时，由于破产银行的清算、流动性危机银行的资产变现，以及恐慌情绪下投资者的资产抛售，金融资产价格将产生下跌趋势，此时其余市场参与者若买入资产则会有助于资产价格的稳定，若卖出资产则会助推资产价格进一步下跌，对持有相同资产的银行造成损失，并导致更多的投资者卖出该资产，风险不断扩大并传染至更多的银行。

如图 3.3 所示，系统中存在三名投资者甲、乙、丙，三家银行 A、B、C，同时这里为说明存在异质信念的市场参与者对不同资产的不同交易行为，再次引入三种金融资产 1、2、3，投资者、银行与金融资产间的连线表示持有该类金融资产，接下来分析异质信念影响下所发生的风险传染。假定整个系统期初处于健康状态，金融资产价格围绕基本价值上下波动，无银行破产也无投资者陷入恐慌情绪，此时假定银行 A 遭受流动性冲击而不得不变现所持的金融资产 1 与 2，导致这两种金融资产价格下跌，银行 B 与 C 由于持有金融资产 2 而产生损失。在第一轮传染中，投资者甲与银行 B 认为金融资产 1 与 2 的价格下跌后低于其基本价值，因此选择买入从而持有更多的金融资产 1 与 2，然而投资者乙、丙与银行 C 却认为金融资产 1 与 2 的价格将进一步下跌因此选择出售所持有的金融资产 2，整体上金融资产 2 的供给大于需求，导致其价格进一步下跌，此时银行 B 由于自身交易策略而增持更多的金融资产 2 导致遭受大量损失而破产。在第二轮传染中，银行 B 的破产清算导致金融资产 2 与 3 的价格下跌，银行 C 由于在第一轮传染中已出售了所持的金融资产 2，因此仅遭受金融资产 3 减值带来的少量损失；此时，银行 C 认为金融资产 3 的价格下跌后低于其基本价值因此买入，而投资者乙、丙认为金融资产 3 的价格将继续下跌因此卖出，整体上金融资产 3 的供给大于需求，导致其价格进一步下跌，此时银行 C 由于自身交易策略而增持更多的金融资产 3 导致遭受大量损失而破产。

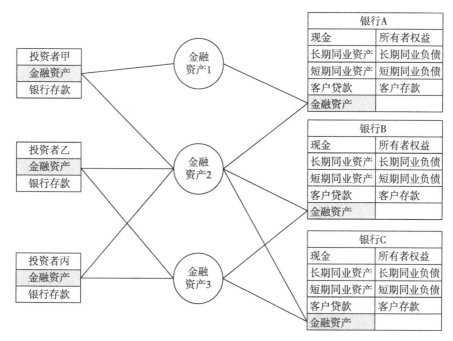

图 3.3　异质信念影响下的风险传染图

接下来，引入银行—金融资产—投资者网络来对网络中市场参与者的异质信念如何影响网络中风险的传染进行分析。如图 3.4 所示，在加入异质信念影响后，风险传染的研究将存在更为复杂的网络交叉关系。上部分是银行业资产负债双层次网络，其中包含上层的长期同业借贷网络和下层的短期同业借贷网络，网络连接为有向有权的同业借贷资金流向；下部分是投资者交互网络，投资者间的连接为无向无权的交互关系；中部分是金融资产投资市场中的各类金融资产，在金融资产间不存在连接关系，由于金融资产被银行、投资者持有而分别形成三层次的银行—金融资产网络（上部分与中部分）、双层次的投资者—金融资产网络（下部分与中部分）；上部分与下部分组成了银行—投资者网络，银行与投资者间的虚线连接表示投资者持有银行的存款；总体来看，上、中、下三部分共同组成了银行—金融资产—投资者网络。

从图 3.4 中的银行—金融资产—投资者网络来看，异质信念的影响机制如下：首先，异质信念的作用源于投资者—金融资产网络与银行—金融资产网络，表现为投资者与银行在金融资产市场中根据自身投资策略对金融资产价格趋势作出判断；其次，这种作用通过中部的金融资产作为媒介，表现为投资者与银行基于自身判断进行某项金融资产的交易，引起市场中的资产供需变化而推动价格涨跌；最后，这种作用进入银行—金融资产网络产生影响，表现为对网络内银行所持有的金融资产价格产生影响，导致银行产生资产价值损失甚至发生破产。

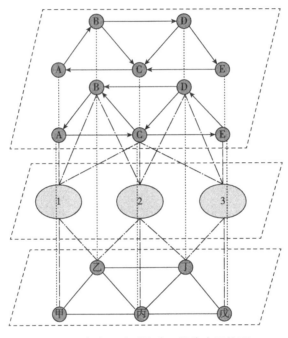

图 3.4 银行—金融资产—投资者网络图

3.3 投资者情绪因素

3.3.1 投资者情绪的来源与概念

从 16 世纪中期的荷兰郁金香狂热，到 1929 年和 1987 年的美国股市两次大崩盘，再到 2008 年的美国次贷危机引发的全球经济危机，在每一次的危机爆发与扩散过程中，投资者情绪都经历了由高涨到恐慌的转变过程，投资者情绪的高涨会带来资产价格泡沫产生，投资者情绪的恐慌又会造成资产的大规模抛售从而刺破泡沫。不难发现，由于金融资产市场上的投资者通过股票、债券、基金等形式持有的金融资产与银行持有的金融资产存在一定的重叠，因此在投资者情绪的推波助澜下，银行持有的金融资产会经历更加频繁深刻的价格波动，因此，在银行业风险传染的研究领域中，行为金融学中的投资者情绪因素，对共同资产持有路径中的风险传染会产生直接的放大作用。

2007 年 9 月，受到美国次贷危机影响，英国第五大抵押贷款机构北岩银行发生挤兑事件，在不到一周的时间内由该银行流出的英镑总额达到 30 多亿，占到其存款总量的 12%，受此影响，其股价下跌幅度接近 70%。虽然本次挤兑由于政府的积极干预未造成北岩银行破产以及更严重的系统风险的发生，但足以说明危机期间投资者恐慌情绪导致的储户挤兑行为会对银行的生存产生巨大挑战，若恐慌情绪继续传染导致更大面积的挤兑，政府也很难控制系统风险的发生。

本章所指的投资者情绪，主要指储蓄市场和金融资产市场上的投资者由于市场恐慌情绪或周边投资者恐慌情绪而受影响，使得自身陷入恐慌，进而导致存款挤兑、金融资产抛售行为。投资者恐慌情绪与银行业风险传染存在两方面的关联与影响：一方面，金融资产价格急剧下跌会导致市场中的投资者恐慌情绪蔓延，使得更多投资者在市场上抛售所持金融资产，造成金融资产价格的进一步下跌，对持有相同金融资产的银行造成损失①；另一方面，银行的流动性紧缺以及破产会引起储蓄市场上储户恐慌情绪传染，进而导致挤兑的发生，引发其他银行的融资流动性风险甚至破产风险。

3.3.2　投资者情绪对银行业风险传染的影响机制

投资者情绪对银行业风险传染的影响机制可以从资产负债表角度与银行—投资者网络角度进行分析。

从资产负债表角度来看，投资者情绪影响的风险传染主体为银行与投资者，其中银行资产中的金融资产与投资者所持有的金融资产可能存在资产重叠，由于共同持有市场上的金融资产，投资者恐慌情绪蔓延所带来的金融资产抛售行为将导致金融资产价格进一步急速下跌，从而对银行造成资产价值损失；而银行负债中的客户存款即来自投资者在储蓄市场中持有的银行存款，当投资者产生恐慌情绪时，会担心所持有的银行存款无法兑现，因此会主动提取银行存款，而当恐慌情绪蔓延时就会导致挤兑行为的发生，原本健康的银行也将面临巨大的融资流动性风险甚至破产风险。

如图 3.5 所示，系统中存在三家银行 A、B、C 与四位投资者甲、乙、

---

① 由于本书主要关注风险产生后的传染所导致的系统风险的形成，因此对于投资者情绪高涨时资产价格泡沫的形成超出了本书的研究内容，在这里不进行分析。

丙、丁，其中银行与投资者间的直线连接表示银行的客户存款对应投资者持有的银行存款，箭头方向为资金的流动方向，例如投资者甲持有的银行存款（资产）即为银行 A 的客户存款（负债）；而银行与投资者间的曲线连接表示银行持有的金融资产与投资者持有的金融资产存在重叠，例如银行 A 与投资者甲共同持有某股票，这里投资者与银行的资产重叠原理与上一章中银行业的资产重叠完全相同，因此为了更加简洁地表示投资者情绪影响下的风险传染过程，这里省略金融资产的具体种类。

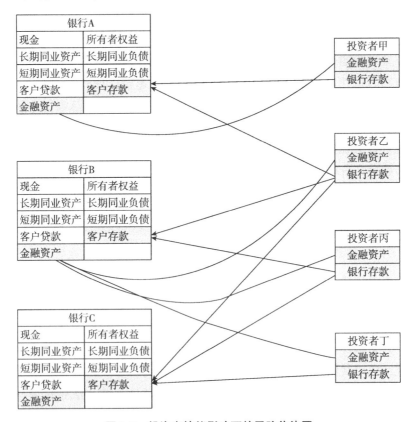

图 3.5　投资者情绪影响下的风险传染图

当银行 A 遭受外部冲击而破产时，投资者甲会由于银行 A 的破产而陷入恐慌情绪，进而对所持金融资产进行抛售，造成金融资产市场上恐慌情绪蔓延，其余投资者会有一定概率被该恐慌情绪感染；当投资者乙由于情绪的传染也陷入恐慌时，将抛售持有的金融资产，进一步导致银行 B 产生损失陷入破产，此时投资者乙作为储户在三家银行存放的银行存款已有两家银行 A 与 B 破产，其恐慌情绪将促使其收回原本处于健康状态的银行 C

的存款；接下来，投资者丙与丁由于持有与破产银行 B 重叠的金融资产而遭受损失，受恐慌情绪感染而提取存放在银行 C 的存款，银行 C 即使未遭受任何损失，但由于其客户存款遭遇投资者乙、丙、丁的挤兑而陷入流动性风险甚至破产，至此，三家银行全部陷入危机之中。

在上述关于投资者情绪影响下风险如何在银行业传染的说明后，接下来通过网络模型对投资者情绪在投资者中的传染机制进行分析。这里在上一章三种风险传染路径所形成的三层次网络中加入投资者交互网络，同时在上述关于投资者情绪影响下的风险传染分析基础上，为了将投资者情绪传染网络与银行业风险传染网络相结合，假设如下：每家银行在储蓄市场上都拥有一个投资者群体（以下简称投资者），投资者持有对应银行的存款，且持有与该银行相同的金融资产；投资者间存在情绪交互网络，且该网络继承于银行业同业借贷网络关系。另外，投资者的情绪受存款所在银行状态、情绪交互网络中相连投资者情绪状态，以及金融资产市场的整体情绪氛围三方面影响。

上述假设的合理性在于：第一，不同银行由于自身业务特点、所处地理位置，以及主要客户群体的不同，在储蓄市场的投资者群体中本身具有一定的区分性，因此同一银行的储户之间存在比外部银行储户更加紧密的联系，信息的分享更加便利且频繁，由此带来行为以及情绪具有较强的一致性，因此这里由储蓄市场的不同银行的投资者来作为投资者情绪交互网络的节点；第二，银行业由于同业借贷形成的网络关系在一方面加强了银行业联系的同时，也加强了银行业的信息交互，由于银行业的业务关联密切也为银行的投资者间提供了更多的交流机会，由此带来其各自投资者间也会存在交互关联，因此投资者情绪的交互网络继承银行业网络的关系来反映投资者的情绪关联程度是合理的；第三，投资者的存款所在银行若破产，必然对其产生强烈的情绪影响而陷入恐慌；第四，在投资者网络中存在情绪交互关联，任一投资者的情绪波动一定程度上取决于与其产生交互的投资者情绪状态；第五，投资者在同一投资市场上买卖金融资产，因此任一投资者固然会受到市场中情绪氛围的影响。

如图 3.6 所示，在银行 A、B、C、D、E 所形成的银行业三层次网络下方，存在相应的投资者甲、乙、丙、丁、戊所形成的投资者交互网络，投资者之间的连线表示两者存在情绪交互。当投资者甲受到市场的恐慌情绪影响而自身主动陷入恐慌时，将抛售所持金融资产并对银行 A 的客户存款造成挤兑；基于投资者交互网络，投资者情绪会在存在交互的投资者间发生传染，因此投资者甲的恐慌情绪会有一定概率传染给投资者乙和丙，当投资者乙和丙由于投资者甲的情绪传染而陷入恐慌时，也将抛售所持金融资产并对银行 B 和 C 的客户存款造成挤兑；投资者丁由于同时与已陷入恐慌情绪的投资者乙、丙产生交互，具有较大概率也会被恐慌情绪传染，投资者戊同理也将具有较大概率被投资者丙、丁的恐慌情绪传染，造成银行 D 和 E 也面临挤兑。金融资产的价格被陷入恐慌情绪投资者的资产抛售行为进一步压低，对银行造成更大的资产价值损失，同时储户对银行存款的挤兑也使得银行面临更加严峻的流动性风险甚至破产。

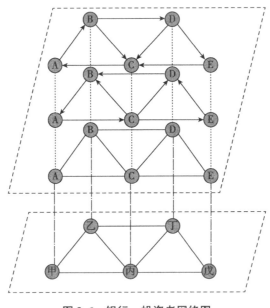

图 3.6　银行—投资者网络图

3.4　行为金融因素影响下的市场主体有限理性行为模型

从上述理论分析中可以发现，在三类行为金融因素的影响下，市场主体的决策与行为呈现出明显的有限理性特征，基于上述影响机制，本节将分别建立三类行为金融因素的影响模型，构成市场主体有限理性行为模型，在后续研究中与系统网络模型共同组成基于系统网络与市场主体有限理性行为的银行业风险传染模型。

3.4.1　信息溢出因素影响模型

从银行业风险传染来看，信息溢出影响下的风险传染可能存在于银行业长期借贷市场、短期借贷市场以及金融资产投资市场，但这里主要侧重于短期借贷市场的信息溢出，理由如下：首先，长期借贷市场在本书中对应对手违约路径下的风险传染，其传染的效应即为资产的损失，当损失超出银行吸收能力即导致破产，并继续沿对手违约路径进行传染，破产的银行将进入法律程序，由法院组织股东以及有关的机关与专业人员进行清算，此时的信息是公开透明的，因此信息溢出是完全的，风险传染不会受信息溢出因素影响；其次，短期借贷市场在本书中对应流动性展期路径，然而当银行陷入流动性危机时，并不会被要求或主动地公开信息，而只是通过收回短期同业资产并停止展期来满足流动性要求，此时的风险通过流动性展期路径传染至债务方银行时，关于危机银行的信息溢出是不完全的，债务方银行无法获取完全的债务银行信息，并且不同的债务方银行的信息获取能力不同，因此在信息溢出影响下各债务方银行将不同程度地降低自身流动性展期意愿，导致风险进一步传染；最后，金融资产市场中的信息不对称与不完全往往导致了内幕交易，而不会直接作用于风险在银行业的传染过程，针对金融资产市场中投资者间的信息溢出，本书主要从投资者交互带来的情绪传染角度进行分析，因此这里不再针对该类似影响机制重复考虑。

在银行业短期同业借贷市场中，当某银行停止短期同业资产展期时，可能存在两种动机：存在流动性风险时为满足流动性要求而停止展期，不存在流动性风险时由于短期同业负债被债权方银行收回时的信息溢出而停止展期。这两种动机下的停止展期行为会对债务方银行产生信息溢出，而债务方银行的信息获取能力决定了是否能够清晰地判断债权方银行的动机，由此导致的债务方银行停止展期的程度不同，因此这里建立基于债权方银行动机与债务方银行信息获取能力的银行主体决策行为模型。

表 3.1　债务方银行停止展期程度决定因素表

债务方银行		债务方银行信息获取能力	
流动性储存程度		较强	较弱
债权方银行停止展期动机：是否存在流动性风险	是	较大	中
	否	较小	中

如表 3.1 所示，当债务方银行的信息获取能力较强时，能够更准确地判断债权方银行停止展期的动机，因此当债权方银行存在流动性风险时，债务方银行出于对未来流动性状况的悲观预期而较大程度地停止自身流动性展期，而当债权方银行不存在流动性风险时，债务方银行也就无须担心未来的流动性状况，因此会较小程度地停止展期；当债务方银行信息获取能力较弱时，无论债权方银行是否存在流动性风险，债务方银行都难以得知，因此出于对未知状况下未来的担忧将适度地停止流动性展期。

为了量化这种信息溢出因素影响的流动性停止展期程度，这里假定当银行 i 在 $t-1$ 时期停止短期同业资产展期后，其债务方银行 j 在 t 时期从其他银行 s 收回的自身短期同业资产为：

$$Y_{js}^t \neq \neq = \begin{cases} LS_{js}^t, \cdots, \dfrac{C_j^t}{I_j^t + LSD_j^t} < \beta \\ LS_{js}^t \cdot \rho_j^t, \cdots, \dfrac{C_j^t}{I_j^t + LSD_j^t} \geq \beta \end{cases}, s = 1,2,3,\cdots,N \text{ 且 } s \neq i \neq j$$

(3.1)

上式表示，当银行 j 存在流动性风险时，将根据第 2 章流动性展期路径下的流动性要求来收回短期同业资产；当银行 j 不存在流动性风险时，将根据本章的信息溢出因素影响下由于债权方银行停止流动性展期行为所带来的信息而调整自身流动性展期策略，对当前的短期同业资产进行部分收回，其中 ρ_j^t 表示此时的收回比例：

$$\rho_j^t = \begin{cases} \dfrac{1 + \sqrt{\sigma_j}}{2}, \cdots, \dfrac{C_i^t}{I_i^t + LSD_i^t} < \beta \\ \dfrac{1 - \sqrt{\sigma_j}}{2}, \cdots, \dfrac{C_i^t}{I_i^t + LSD_i^t} \geq \beta \end{cases}, \sigma_j \in (0,1)$$

(3.2)

其中，$\sigma_j \in (0,1)$ 表示银行 j 的信息获取能力，σ 越大表示银行的信息获取能力越强。与表 3.1 的分析相对应，当银行 i 存在流动性风险时，银行 j 的信息获取能力越强，则收回比例越接近 1；当银行 i 不存在流动性风险时，银行 j 的信息获取能力越强，则收回比例越接近 0。同时这里设定银行信息获取能力的提高在决策中的效果呈现边际递减规律，即随着信息获取能力的提升，流动性收回的变化幅度逐渐降低。银行资产规模越大，意味着该银行无论在内部管理水平还是行业地位上都处于领先，信息获取能力必然越强，因此假定银行信息获取能力与其本身的资产规模成正比。

3.4.2　异质信念因素影响模型

在放宽传统金融学中关于有效市场的假定后，由于市场价格不能立即完全反映公开信息以及历史信息，投资者将期待通过自身交易策略来获得收益。而在前述的分析中我们已知，当银行陷入严重的流动性危机或破产时，将不得不出售所持有的金融资产，此时银行行为是被动的；另外，陷入恐慌情绪的投资者在抛售所持金融资产时，处于非理性状态。因此这两种情形下的投资者行为仅遵循前述理论与模型，在这里不再讨论，而这里仅将健康的银行与非恐慌的投资者看作有限理性的交易主体，对异质信念所导致的不同行为建立主体决策行为模型。

假定在股票市场中，由于异质信念的存在，投资者可以遵循不同的投资策略：基本面分析策略与技术分析策略，且投资者在初期确定投资策略后不再发生变化[①]。

遵循基本面分析策略的主体认为金融资产价格将会回复至基本价值，主体 j 在 t 期时对未来基本价值的预期是不断基于历史价值与新信息所作出的调整：

$$E_j^t(P_m^{t+1}) = P_m^t + \mathrm{Inf}_m^t \tag{3.3}$$

其中，Inf_m^t 为以随机过程表示的新信息带来的影响。主体 j 若预期新信息将导致价格升高则购买（$W_j^t = +1$），若预期新信息将导致价格降低则出售（$W_j^t = -1$）：

$$W_j^t = \mathrm{sgn}(E_j^t(P_m^{t+1}) - P_m^t) = \mathrm{sgn}(\mathrm{Inf}_m^t) \tag{3.4}$$

遵循技术分析策略的主体 i 在决策时首先根据移动平均法则判断某项金融资产的出售或购买，这里分别取五天与十天的移动平均线，若短期的移动平均数高于长期的移动平均数则认为资产价格存在上涨趋势而购买（$W_i^t = +1$），若短期的移动平均数低于长期的移动平均数则认为资产价格存在下跌趋势而出售（$W_i^t = -1$）：

$$W_i^t = \mathrm{sgn}\left(\frac{1}{5}\sum_{s=0}^{4} P_m^{t-s} - \frac{1}{10}\sum_{l=0}^{9} P_m^{t-l}\right) \tag{3.5}$$

由于基本面交易主体的存在，在第 2 章中仅考虑金融资产出售所带来的

---

① 这里不同于大多数人工股票市场模型中假定"投资者所遵循的策略不断变化"，由于本书主要考量的是异质信念导致的风险传染，而交易者策略变化造成的风险传染变化并非本书研究重点，考虑这一变化所带来的复杂性并不能提升研究的效果。

价格变化将存在新的意义:

$$P_m^t = P_m^{t-1} \times \exp\left(\frac{- a \times \sum_1^N Sell_{n,m}^{t-1}}{\sum_1^N S_{n,m}^{t-1}}\right) \tag{3.6}$$

式中的 $Sell_{n,m}^t$ 代表投资者或银行 n 在 t 时期对金融资产 m 的净出售数量。假定市场不允许卖空,那么银行或投资者在完成针对每项金融资产买卖的决定后,可以卖出所持有的全部金融资产,同时忽略主体的资产配置行为,卖出金融资产的价值与买入金融资产的价值需保持平衡,以确保金融资产的整体价值不因交易行为而变化。

3.4.3 投资者情绪因素影响模型

在第 2 章建立的三层次银行业系统网络的基础上,结合本章中的理论分析与假设,加入投资者交互网络,那么市场中存在的 N 个投资者分别对应 N 家银行,投资者交互网络中的连接是无向无权的,仅代表投资者间由于所对应的银行业存在资产负债关联而形成的投资者交互关系。

关于情绪在投资者交互网络中的传染,这里参考目前情绪传染研究领域普遍采用的病毒传染模型,并根据本书研究框架进行修订。在最简单的传染病模型中,Anderson 和 May(1991)将个体分为两种状态——易感者(代表未被病毒感染)与感染者(代表已被病毒感染)。病毒感染者能够通过与易感者的交互将病毒传染给易感者,该传染概率定义为 θ;感染者无论与感染者还是易感者交互,都有一定的恒定概率 γ 主动地恢复为易感者。在经典的 SIR 病毒传染模型中,当感染者恢复为易感者时,将获得对病毒的免疫能力,因此成为免疫者。然而根据情绪的特征,投资者会多次出现恐慌情绪,因此在情绪传染研究中更多地采用 SIS 模型的理论基础,当感染者恢复后再次与感染者交互时仍有 θ 概率转变为感染者。Hill(2010)提出情绪的产生并不完全依赖于与外界的交互,而可能来自自身情绪自发的波动,因此在传统的 SIS 模型中加入了易感者能够以 α 的概率主动转变为感染者,从而将新的模型命名为 SISa 模型。

SISa 模型的转换机制如图 3.7 所示,其中 S 表示易感者,I 表示感染者。(a)中的转换情形表示了三种情形下的转换,第一种为易感者在与感染者交互后由于传染而转换为感染者;第二种为易感者自身主动转换为感染者;第三种为感染者自身主动转换为易感者。从(b)中的转换概率来看,易感者转换为感染者的概率为 $\alpha + \theta \times n_I$,其中 n_I 表示该易感者交互的感染者数量；感染者转换为易感者的概率为 γ 。

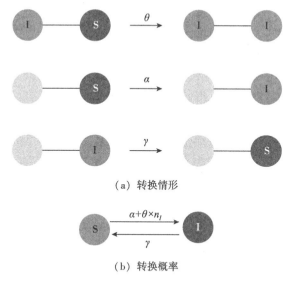

(a) 转换情形

(b) 转换概率

图 3.7　SISa 模型图

　　上述 Hill（2010）所提出的 SISa 模型为我们研究情绪的传染提供了一个标准化的模型，这里直接沿用上述主体模型，将投资者的恐慌情绪作为病毒，将易感者作为未陷入恐慌的投资者，将感染者作为陷入恐慌的投资者。针对三种投资者情绪转换情形来讲，第一种情形意味着正常投资者由于与恐慌投资者交互而陷入恐慌；第二种情形意味着正常投资者虽然未与恐慌投资者交互，但由于市场整体的恐慌情绪氛围而陷入恐慌；第三种情形意味着恐慌情绪投资者的情绪恢复正常。然而，上述模型运用在这里仍存在明显的不足，因此我们针对以下问题，结合本书的理论模型框架，进行一些修订与完善。

　　首先，该模型中将易感者主动转换为感染者的概率设定为固定值 $\alpha = 0.04$ 。然而，当投资者不与任何其他投资者交互时，情绪的自身波动首先会受到市场情绪的影响，投资者自身情绪变化的关键源头必然是投资市场中金融资产价格的波动情况，当金融资产遭受大面积抛售而降价时，将对投资者情绪产生巨大影响，且影响程度与资产价格下跌的广度、幅度正相关。因此这里将概率值 α 设定为随金融资产市场中整体价格变化而变化，使得资产价格的迅速下跌将导致投资者更容易由易感者转变为感染者：

$$\alpha^t = 0.04 + \left(1 - \frac{\sum_1^M P_m^t}{\sum_1^M P_m^{t-1}}\right) \times 0.04 \tag{3.7}$$

其次，本书假定投资者一旦陷入恐慌情绪将立即抛售持有的金融资产并收回银行存款，因此对于感染者恢复为易感者的转变与本书投资者情绪路径下的风险传染无关，故这里不考虑情绪转换的第二种情形，即投资者从恐慌情绪中恢复的概率以及相应的行为变化。

最后，该模型中认为初始状态下处于各类状态的人群是相等的，且经过情绪传染过程各类状态人群达到均衡，这与本书中研究的初始状态与均衡状态存在明显的违背，因此这里设定的初始状态为全部投资者处于易感状态，而一旦陷入感染状态则保持到最后，最终的均衡结果则取决于整个系统风险传染情况，由于我们主要关注风险传染对银行系统产生的影响，因此一旦银行网络进入均衡状态，即没有新的银行破产或陷入流动性危机，那么将不再考虑投资者情绪的进一步传染。

除此之外，θ 参数的设定参考 Hill 等（2010）的估算设定为 $\theta = 0.04$；当存款银行破产时，对持有存款的投资者产生巨大影响，导致投资者陷入恐慌情绪；采用投资者交互网络中单个投资者与其他投资者的连接数量定义每个处于易感状态的投资者的 n_1 值。

综上所述，信息溢出、异质信念、投资者情绪三类行为金融因素影响下的市场主体有限理性行为对于对手违约、流动性展期、共同资产持有三种传染路径的风险传染存在多方面的交叉影响。首先，金融资产价格的决定不再单单取决于传统金融学下的共同资产持有路径，投资者情绪传染导致的资产抛售以及异质信念带来的资产持续性交易都会影响金融资产价格波动，对银行业的风险传染产生积极或消极影响；其次，投资者情绪传染带来的挤兑行为也将促使原本健康的银行面临严重的流动性危机甚至破产；最后，银行的流动性水平变化不再单单取决于陷入流动性危机银行的流动性储存，即使银行未面临流动性危机，但还会受到其他银行停止展期行为带来的信息溢出的影响，主动调整自身流动性展期程度，进而对市场流动性产生消极影响。因此，将第 2 章中的系统网络模型与本章的市场主体有限理性行为模型相结合，构成了基于系统网络与市场主体有限理性行为的银行业风险传染模型，为后续研究奠定基础。

在综合考虑传统金融学理论与行为金融学理论的基础上，本书所提出的三种风险传染路径以及三类行为金融因素将对该领域现有研究中银行业市场、金融资产市场的特性产生巨大影响，三种路径与三类因素的综合作用使银行业风险传染过程变得更加贴近现实，但也更系统化、复杂化，很难用常规的计量方法进行分析，因此本书将在上述分析框架与理论模型的基础上，在后续研究中继续采用仿真模拟方法对上述银行业的风险传染进行进一步研究。

3.5 行为金融因素影响下有限理性行为对风险传染的影响模拟

经过上述分析，明确了三类行为金融因素影响下市场主体有限理性行为对银行业风险传染的影响机制，并建立了市场主体有限理性行为模型。接下来，本节将进一步通过仿真模拟，验证各类行为金融因素影响下市场主体有限理性行为对银行业风险传染的影响，同时对行为金融因素影响下银行业风险传染过程中的一些特殊现象进行深入研究。

3.5.1 仿真模拟思路

根据本书对于银行业风险传染三种路径的传染机制以及三类行为金融因素的影响机制的分析与模型，基于上述建立的银行资产负债矩阵、银行业同业借贷矩阵以及金融资产持有矩阵，接下来对标准参数状态下的银行业风险传染进行数值模拟，在此之前，首先对该模拟过程的整体思路进行解释说明。如图 3.8 所示，整个仿真模拟流程图划分为四个部分：初始冲击与循环判断、风险传染路径、行为金融因素、结果输出。

首先，假定在一个稳健的银行网络中，在第 0 期，选择某初始冲击银行，分别给予两类不同的初始冲击：第一类，客户贷款损失严重导致破产，长期同业负债全部违约；第二类，陷入流动性危机，现金降至 0。对银行的风险情况进行判断，若未破产、未陷入流动性危机，则结束本次模拟；若破产或陷入流动性危机，则进入风险传染过程。

其次，进入风险传染过程，根据银行业风险传染的三种路径，分别考虑破产影响以及流动性危机影响，破产影响导致长期同业负债违约、金融资产抛售、短期同业资产收回，进而从对手违约路径、共同资产持有路径、流动性展期路径影响其他银行；流动性危机影响导致短期同业资产收回，若危机程度严重则还会导致金融资产抛售，若由于流动性不足而破产则转为破产影响。

在进一步的风险传染中，行为金融因素将发挥各自的影响，异质信念影响下的金融资产交易行为、陷入恐慌情绪的投资者的资产抛售行为将与银行破产或流动性危机导致的金融资产抛售行为共同影响金融资产价格，进而对持有相同金融资产的银行造成损失；破产导致的长期同业负债违约将单独导致债权方银行的损失；流动性危机导致的短期同业资产收回将与信息溢出影响下的短期同业资产收回，以及恐慌投资者的存款提取行为共同影响其余银行的流动性情况。

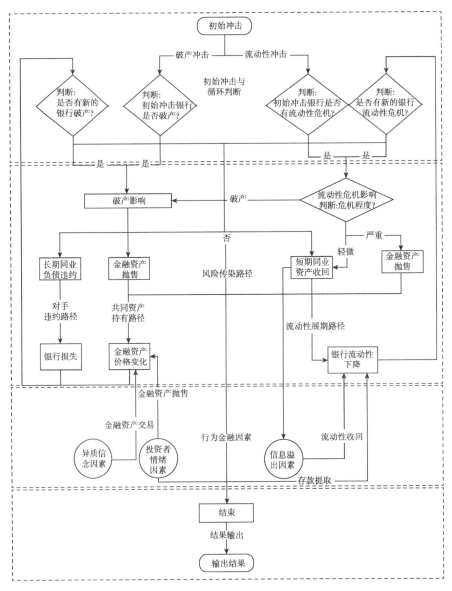

图 3.8　模拟流程图

至此，第 0 期的风险传染结束，进入第 1 期，首先对 0 期的风险传染结果进行判断，若有新的银行陷入流动性危机或破产，则记录本次初始冲击造成了风险传染，并再次进入第 1 期的风险传染过程循环；若无新的银行陷入流动性危机或破产，则结束本次模拟，跳出风险传染过程循环，输出本次模拟的风险传染结果。

3.5.2　信息溢出因素对银行业风险传染的影响

从本章的理论分析得知，信息溢出的影响主要作用于流动性展期路径，而第 2 章研究表明三种传染路径存在叠加效应，因此首先检验信息溢出对流动性展期路径的影响，再逐渐加入共同资产持有路径与对手违约路径。

（1）信息溢出对流动性展期路径风险传染的影响

首先，模拟仅存在流动性展期路径时信息溢出对风险传染的影响。选取编号为 6 的银行节点为初始冲击银行（根据生成的银行资产负债数据，选择规模处于行业中上游的 6 号银行作为初始冲击银行，改变初始冲击银行会影响风险传染的最终程度，但对信息溢出存在的结果对比无影响），设定初始流动性冲击为该银行的现金资产降低为 0，通过 1000 次的仿真模拟，记录信息溢出的存在与否所造成的风险传染结果的均值，结果如图 3.9 所示，其中（a）代表不存在信息溢出时的风险传染结果，（b）表示存在信息溢出时的风险传染结果。

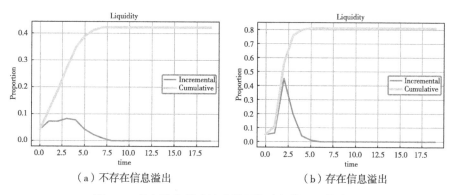

（a）不存在信息溢出　　　　　（b）存在信息溢出

图 3.9　信息溢出影响流动性展期路径的风险传染图

从传染结果来看，当不存在信息溢出时约 42% 的银行陷入流动性危机，而存在信息溢出时超过 80% 的银行陷入流动性危机，说明信息溢出的存在使得最终陷入流动性危机的银行数量显著增加，风险的传染范围更广；从传染过程来看，当不存在信息溢出时流动性危机的爆发高峰为第 3—4 期，而存在信息溢出时流动性危机的爆发高峰为第 2 期，此时危机爆发峰值的银行数远大于信息溢出不存在的峰值，说明信息溢出的存在使得流动性危机的爆发更快、更广；与此同时，在 1000 次模拟中，信息溢出不存在时共有 830 次发生风险传染，而信息溢出存在时共有 989 次发生风险传染，表明信息溢出的存在使得风险的传染概率更高。

（2）信息溢出对流动性展期与共同资产持有路径风险传染的影响

然后，模拟流动性展期与共同资产持有路径存在时信息溢出对风险传染的影响。选择银行 6 为初始冲击银行，设定两类初始冲击：流动性冲击（该银行的现金资产降低为 0）与破产冲击（该银行客户贷款降低为 0）。通过 1000 次的仿真模拟，记录信息溢出的存在与否所造成的风险传染结果的均值，结果如图 3.10 所示，（a）与（c）表示不存在信息溢出时的风险传染，（b）与（d）表示存在信息溢出时的风险传染；根据不同的初始冲击类型，（a）与（b）为破产冲击，（c）与（d）为流动性冲击；由于共同资产持有路径的加入，图中增加金融资产的均价。

从传染结果来看，在破产冲击下，不存在信息溢出时有 17.5% 的银行破产，38% 的银行陷入流动性危机，金融资产价格下跌 20%，信息溢出的加入使得流动性危机的银行占比增至 70%，导致市场上金融资产价格普遍下跌 50%，由此带来破产银行占比增至 50%；在流动性冲击下，不存在信息溢出时约 15% 的银行破产，42% 银行陷入流动性危机，金融资产价格下跌 20%，信息溢出的加入使得接近 80% 的银行陷入流动性危机，导致市场上金融资产价格下跌 60%，由此带来破产银行占比增至 48%；说明信息溢出的存在使得最终陷入流动性危机的银行数量显著增加，处于严重的流动性危机情形的银行对金融资产的变现使得风险通过共同资产持有路径继续传染，导致更多的银行破产，因此风险的传染范围更广，影响更严重且深远。另外，这里陷入流动性危机与破产危机的银行占比之和超过 100%，说明有部分银行在遭遇流动性危机后通过资产变现转危为安，但又由于随后资产价值的损失而陷入破产。

从传染过程来看，当不存在信息溢出时流动性危机的爆发高峰为第 1—5 期，破产危机的爆发高峰为第 5—7 期，而存在信息溢出时流动性危机的爆发高峰为第 2 期（流动性冲击时）或第 3 期（破产冲击时），破产危机的爆发高峰为第 3—5 期（流动性冲击时）或第 4—6 期（破产冲击时），且危机爆发峰值的银行数量显著增加，说明信息溢出的存在显著加速了流动性危机与破产危机的爆发。另外，由于共同资产持有路径的加入，流动性危机爆发高峰过后紧接破产危机爆发高峰，再次表明流动性展期路径的风险传染直接放大了共同资产持有路径的风险传染。

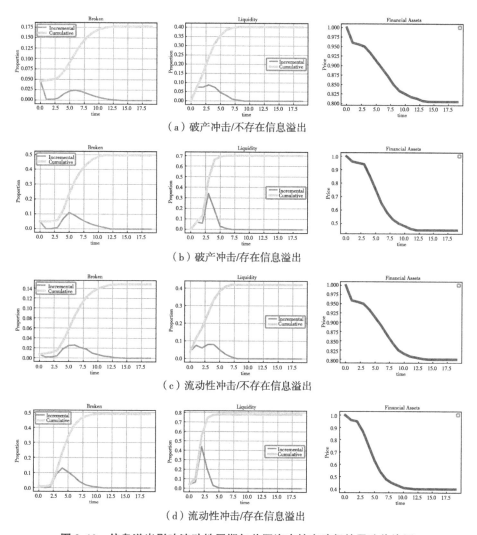

（a）破产冲击/不存在信息溢出

（b）破产冲击/存在信息溢出

（c）流动性冲击/不存在信息溢出

（d）流动性冲击/存在信息溢出

图 3.10 信息溢出影响流动性展期与共同资产持有路径的风险传染图

具体来看，初始冲击下第 0 期受冲击银行必然破产或陷入严重的流动性危机，该银行一方面会收回短期同业资产并停止展期，风险通过流动性展期路径发生传染，导致更多银行陷入流动性危机；另一方面会将金融资产变现，由此带来金融资产价格下跌，开始出现更多的银行由于金融资产价值损失而破产。陆续的破产与流动性危机导致更多的金融资产变现以及价格下跌，风险通过共同资产持有路径发生传染，两路径的叠加效应使得风险迅速蔓延，危机爆发更为迅速，直至没有新的银行破产或陷入流动性危机后系统才趋于稳定，这也再次验证了两种风险传染路径的叠加效应。

与此同时，在 1000 次模拟中，破产冲击下，不存在信息溢出时发生 807 次风险传染，存在信息溢出时发生 851 次风险传染；流动性冲击下，不存在信息溢出时发生 835 次风险传染，存在信息溢出时发生 994 次风险传染，表明信息溢出的存在使得风险的传染概率更高。

（3）信息溢出对三种路径风险传染的综合影响

最后，当对手违约、流动性展期、共同资产持有三种路径都存在时，信息溢出对银行业风险传染的影响对比如图 3.11 所示，加入对手违约路径后，信息溢出存在与否对流动性危机、破产危机的影响并未发生明显变化，因此不再重复说明。除此之外，对比图 3.10 与图 3.11 可以发现，在同样的冲击类型下，对手违约路径的加入，使得破产银行占比相较于仅存在流动性展期与共同资产持有路径时有明显的提升，且不存在信息溢出时的增量多于存在信息溢出时的增量，验证了现有研究中关于对手违约路径与共同资产持有路径、流动性展期路径在银行业风险传染中的叠加效应，同时信息溢出的影响下这一叠加效应相对减弱；而陷入流动性危机的银行占比有略微的降低，说明对手违约路径的传染使得部分可能存在流动性危机的银行直接陷入了破产。

从上述影响结果的对比来看，信息溢出的存在显著推动了三种风险传染路径下银行业风险传染过程，使得风险爆发更快、更广、更频繁、更集中。与此同时，通过逐渐加入风险传染路径的比较，验证了信息溢出存在时，三种风险传染路径的叠加效应仍然存在。另外，在本部分进行的仿真模拟中发现，没有任何银行因为流动性不足而破产，因此不在此展示流动性不足而破产的传染结果，这意味着银行的金融资产变现足以满足危机时期的流动性风险（此处仅考虑本书的流动性要求下的流动性风险）。

经过上述仿真模拟验证，充分说明在银行业风险传染研究中加入信息溢出的重要性，接下来从更细微的视角，发现并探讨一些信息溢出影响下的风险传染存在的特殊现象。

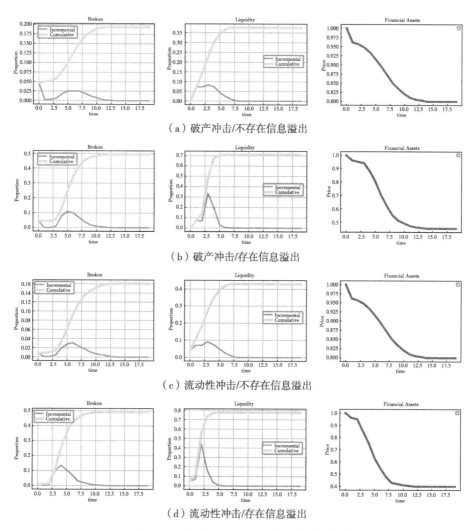

图 3.11　信息溢出影响三种路径的风险传染图

（4）"跳跃式"风险传染

为了寻求理论分析中提出的"跳跃式"风险传染在仿真模拟中的证据，这里将单次仿真模拟中的传染过程以及对应的银行业短期同业借贷网络提取出来，如图 3.12 与表 3.2 所示。其中，图 3.12（a）为该银行系统的短期同业借贷网络，节点 0—24 代表 25 家银行，节点间连线代表短期同业借贷的资金流向，黑色加粗部分为箭头方向；图 3.12（b）为银行节点 24 遭受初始流动性冲击后流动性风险的传染过程（更改为节点 24 作为初始冲击银行的原因：出入度低的节点连线少，前期流动性收回路径单一，在图中容易观察连线方向,便于读者理解),为了更精准地描述传染过程中各时期节点状态变化,图(b)中的纵轴更改为各时期陷入危机的银行数量"Number",以对应表 3.2 中各个时期的流动性危机银行节点。

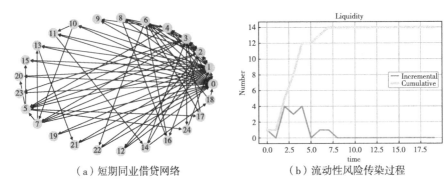

(a)短期同业借贷网络   (b)流动性风险传染过程

图 3.12 "跳跃式"风险传染的网络结构与风险传染图

表 3.2 "跳跃式"风险传染的各时期银行节点状态表

时期	0	1	2	3	4	5	6	7
流动性危机银行节点	24		11, 13, 20, 21	8, 9, 14	10, 15, 18, 23		17	1

从上述图表中可以看出,初始冲击银行 24 在第 0 期陷入流动性危机后,将停止短期同业资产展期,由于银行 24 的短期借贷只有一条连线指向银行 1,因此在第 1 期仅银行 1 受到流动性冲击,但未陷入流动性危机;然而,由于信息溢出的影响,银行 1 在第 2 期将收回部分短期同业资产,而在短期同业借贷网络中存在大量连线由银行 1 指向其他银行,其中的 11、13、20、21 由于流动性不足在第 2 期陷入流动性危机。显然,在第 0—2 期,流动性风险由银行 24 经银行 1 传染至银行 11、13、20、21,而在此期间银行 1 并未陷入流动性危机。表明信息溢出因素影响下,流动性风险由银行 24 "跳跃式"传染至银行 11、13、20、21。

(5)"循环流动性陷阱"

从信息溢出的影响机制得知,信息溢出影响下的流动性风险会沿着银行短期同业借贷网络中的资金流向由债权方向债务方进行传染,即使银行未发生流动性危机,也会由于信息溢出而减少自身的流动性展期,导致风险向更多的债务方银行传染。那么,当银行网络中存在环状网络结构时,将发生一个可怕的现象,这里称之为"循环流动性陷阱"。

为了说明这种现象的形成及影响,这里选取银行业短期同业借贷网络的一部分,如图 3.13(a)所示,该部分的 3 家银行 0、1、6 形成了一个环形网络（短期同业借贷由银行 0 拆出至银行 1，由银行 1 拆出至银行 6，由银行 6 拆出至银行 0），且环形网络外部存在银行 2、4、5、11、13、14、15、18、23 作为银行 0、1、6 的债权债务方银行。

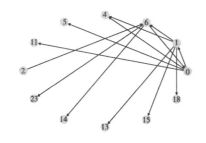 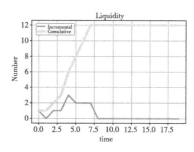

（a）短期同业借贷网络　　　　　　（b）流动性风险传染过程

图 3.13　"循环流动性陷阱"的网络结构与风险传染图

表 3.3　"循环流动性陷阱"的各时期银行节点状态表

时期	0	1	2	3	4	5	6	7
陷入流动性危机而停止展期的节点	2		23	11	6, 4, 15	0, 14	1, 5	8, 13
由于信息溢出影响减少展期的节点		6	0	1				

选择环形网络中节点 6 的外部债权方银行 2 作为初始冲击银行，传染过程如图 3.13（b）所示，表 3.3 为对应的每个时期陷入流动性危机的银行节点以及由于信息溢出影响而减少短期同业资产展期的银行节点。从中可以看出，银行 2 在第 0 期遭受初始冲击后陷入流动性危机，因此会停止自身短期同业资产的展期，虽然未导致银行 6 陷入流动性危机，但是在信息溢出影响下，银行 6 在第 1 期将减少短期同业资产的展期，之后导致银行 0 在第 2 期减少短期同业资产的展期，再导致银行 1 在第 3 期减少短期同业资产的展期；经过一轮的循环后，银行 6 在第 4 期再次遭受流动性冲击而陷入危机，因此会对短期同业资产停止展期，从而导致银行 0 在第 5 期陷入流动性危机，再导致银行 1 在第 6 期陷入流动性危机；至此，环形网络中三家银行由于信息溢出影响下的循环流动性收回行为全部陷入危机，同时在这一过程中，环形网络外的 9 家银行由于作为银行 0、1、6 的债务方，受到环形网络内银行流动性收回的溢出效应也陆续陷入危机。

在现实中，这样的信息溢出与流动性收回的循环往复，会导致流动性风险在环状网络中不断积累，直至银行陷入流动性危机，且短期同业市场陷入流动性冻结状态，同时将向环状网络外部的直接关联银行造成一轮接一轮的流动性冲击（例如，每当银行 1 由于银行 0 的流动性收回产生信息溢出而减少短期同业资产展期时，都会对银行 13 带来流动性冲击，这种冲击的不断累加也最终导致银行 13 陷入流动性危机）。

（6）特殊情形："风险扩大"还是"风险发现"？

在本小节（1）、（2）、（3）的仿真实验中，呈现出的结果为 1000 次模拟的风险传染均值，显示信息溢出对银行业风险传染具有显著的风险放大作用，然而事实并非全部如此。在单次模拟实验中发现，在很小的概率下会发生一种特殊的现象：信息溢出的存在使得最终陷入流动性危机的银行数量有所减少。提取该特殊情形的传染过程，图 3.14（a）为该银行系统的短期同业借贷网络，图 3.15 为风险传染过程，其中图 3.15（a）代表不存在信息溢出时的情形，图 3.15（b）代表存在信息溢出时的情形，表 3.4 展示了两种情形下的各时期陷入危机的银行节点。由于信息溢出的存在最终导致银行 4 成功避免陷入危机，因此为更好地理解银行 4 的网络关系特点，图 3.14（b）单独刻画了该节点的网络连线以及相连节点。

对比信息溢出存在与不存在的两种情形下结果可以看出，信息溢出因素的加入主要从第 2 期开始起作用，将原本流动性风险爆发的时期由第 2—6 期提前至第 2—3 期。从图 3.14 中可以看出，初始流动性冲击银行 12 在短期同业借贷网络中指向 8、16、0 三家银行，银行 12 的流动性收回导致银行 8 与 16 在第 1 期陷入流动性危机。信息溢出不存在时，银行 0 将不产生任何行为，风险由银行 8 与 16 在第 1 期向其短期同业债务方银行传染；而信息溢出存在时银行 0 在第 1 期所进行的流动性收回就会使得风险向更多的银行传染，因此在第 2 期的流动性危机节点中，除了 6、9、11 以外，其余 10 家银行全部是由于银行 0 的风险传染所造成的，并在此时达到流动性危机爆发高峰。

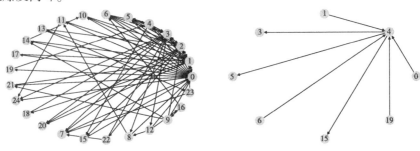

（a）短期同业借贷网络　　　　　　　　（b）节点 4 涉及的网络关系

图 3.14　"风险发现"功能的网络结构图

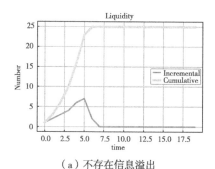

（a）不存在信息溢出

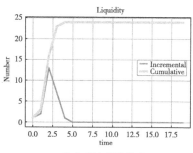

（b）存在信息溢出

图 3.15　"风险发现"功能的风险传染图

表 3.4　"风险发现"功能的各时期银行节点状态表

	时期	0	1	2	3	4	5	6
流动性危机银行节点	图 3.15（a）	12	8, 16	6, 9, 11	3, 14, 21, 24	0, 2, 5, 7, 10, 20	1, 4, 13, 15, 17, 19, 22	18, 23
	图 3.15（b）	12	8, 16	2, 3, 5, 6, 9, 10, 11, 13, 14, 17, 19, 21, 24	1, 7, 15, 18, 20, 22, 23	0		

那么为何信息溢出的加入使得银行 4 规避了原本的流动性危机呢？本书认为原因如下：根据本章的理论分析，银行陷入流动性危机会收回全部短期同业资产，而由于信息溢出仅会收回部分短期同业资产，从图 3.14（b）中可以看出，银行 4 的短期同业负债来源于银行 0、1、6、19，银行 6 与 19 在第 2 期陷入流动性危机，银行 1 在第 3 期陷入流动性危机，银行 0 在第 4 期陷入流动性危机，由此发现银行 4 的债权方银行的流动性收回行为分散在各个时期，为银行 4 的流动性调节提供了充足的时间；与此同时，银行 0、1 作为网络中聚集系数较高的节点，在流动性危机从第 0、1 期开始传染时就会由于信息溢出而主动收回自身流动性，银行 4 受其影响也会提前调节（收回）自身流动性，这就为银行 4 在信息溢出影响下提前发现流动性风险，改变自身流动性策略，防止未来真正到来的流动性危机提供了可能。因此，银行 4 由于自身短期同业借贷关系特点，以及该网络下的结构特殊性，成功地通过信息溢出的"风险发现"功能规避了流动性危机。

3.5.3　异质信念因素对银行业风险传染的影响

根据异质信念的理论分析，其影响主要产生在金融资产交易及其价格变化上，因此主要作用于共同资产持有路径下的风险传染，因此这里首先模拟仅存在共同资产持有路径时的风险传染，之后陆续加入其他风险传染路径，分析异质信念对三种传染路径的影响。

（1）异质信念对共同资产持有路径风险传染的影响

首先，模拟仅共同资产持有路径存在时银行业风险传染情况。选择编号为 6 的银行节点为初始冲击银行，设定初始冲击为该银行客户贷款降低为 0。通过 1000 次的仿真模拟，记录风险传染结果的均值，结果如图 3.16 所示，其中（a）为不存在异质信念时的风险传染结果，（b）为存在异质信念时的风险传染结果[①]。

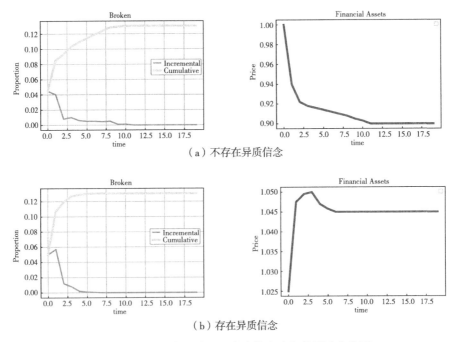

（a）不存在异质信念

（b）存在异质信念

图 3.16　异质信念影响共同资产持有路径的风险传染图

从传染结果来看，当不存在异质信念时，金融资产价格下跌幅度为 10%，约 12.5% 的银行陷入破产，而当异质信念存在时，金融资产价格最终上涨 4.5%，仍为 12.5% 的银行陷入破产，说明异质信念对共同资产持有

---

① 由于异质信念因素影响下的主体决策行为模型中，技术分析者需要基于金融资产 10 天的历史价格走势数据作出决策，这里在初始价格基础上通过随机过程生成初始冲击的第 0 期之前 10 天的金融资产价格，因此本部分加入异质信念后金融资产价格图中的 0 期价格会有略微不同，但不会影响金融资产价格的整体趋势及本书的分析重点。

路径下破产风险的传染范围未产生显著影响；与此同时，在1000次仿真模拟中，不存在异质信念时发生风险传染的次数为38次，存在异质信念时的风险传染次数为49次，表明异质信念的存在对风险的传染概率影响不大。

　　从传染过程来看，异质信念不存在时，金融资产价格在第0—2期急速下跌后在第2—13期缓慢下跌，对应银行破产在第0—2期为破产高峰而第2—13期陆续有银行破产；而异质信念存在使得金融资产价格在第1期急速上涨，随后在第2—5期略微波动，从第6期后保持平稳，对应银行破产集中在第1期爆发，随后破产银行增量在第2—5期陆续减少，至第6期进入均衡。说明异质信念的存在虽然对最终的风险传染结果与概率并无影响，但会加速风险的传染与爆发，增加初始冲击后短期的破产银行增量，减少较长期的破产银行增量。分析原因如下：由于标准参数状态下银行初始时平均仅持有5类金融资产，因此异质信念导致的金融资产交易中，对资产的买入行为将直接拉高该资产价格，第0期至第1期的效果尤为明显，而后由于初始冲击银行破产引发的部分金融资产价格下跌，导致第1期持有重叠资产的银行破产，增加当期资产被变现的数量和范围，导致金融资产价格在第2期后开始小幅波动，进入第5期后由于没有新的银行破产，且市场中的银行及投资者金融资产的多样化程度趋于稳定，因此金融资产价格也趋于稳定，不会造成银行的巨额损失。另外，在第0期初始冲击银行抛售金融资产必然导致该类金融资产价格下跌，那么在第1期由于市场主体在异质信念影响下对该资产的卖出，一方面降低了这类银行在未来长期遭受更大的损失而破产的可能性，另一方面也进一步放大了该资产的短期抛售程度，加速了该资产价格的下跌速度，因此对于持有该类资产但并未及时卖出的银行，其原本在未来发生的破产也被加速引爆。

　　（2）异质信念对共同资产持有和对手违约路径风险传染的影响

　　其次，模拟对手违约和共同资产持有路径存在时银行业风险传染情况。选择编号为6的银行节点为初始冲击银行，设定初始冲击为该银行客户贷款降低为0。通过1000次的仿真模拟，记录风险传染结果的均值，结果如图3.17所示，其中（a）为不存在异质信念时的风险传染结果，（b）为存在异质信念时的风险传染结果。

　　从传染结果来看，当不存在异质信念时，金融资产价格下跌幅度为12%，约15.5%的银行陷入破产，而当异质信念存在时，金融资产价格略微上升至7%，经过小幅波动后趋于稳定，14%的银行陷入破产，说明当共同资产持有和对手违约路径同时存在时，异质信念的影响使得风险传染范围降低，金融资产价格不降反升。异质信念不存在时，对手违约路径的加入，使得风险传染范围更广（由 12.5% 上升到 15.5%），金融资产下跌幅度更大（由 10% 增加到 12%）；而异质信念存在时，对手违约路径的加入，使得风险传染范围更广但增量减小（由 12.5% 上升到 14%），金融资产价格不降反升；其中金融资产价格的反转原因在上一部分已经说明，而这里风险传染范围增幅的降低主要是由于金融资产价格升高，使得持有金融资产的银行盈利，降低了对手违约路径的长期同业资产损失导致破产的概率。与此同时，在 1000 次仿真模拟中，不存在异质信念时发生风险传染的次数为 32 次，存在异质信念时的风险传染次数为 38 次，再次表明异质信念对风险传染概率无显著影响。

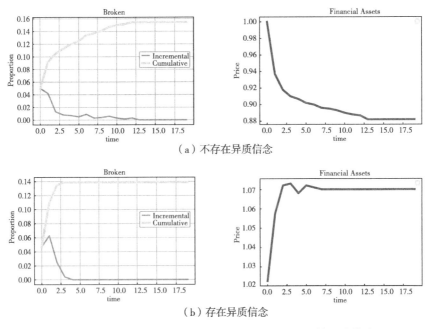

（a）不存在异质信念

（b）存在异质信念

图 3.17　异质信念影响共同资产持有和对手违约路径的风险传染图

从传染过程来看，金融资产价格与破产银行增量的变化趋势与仅存在共同资产持有路径时一致，异质信念的存在产生的影响也一致，在图 3.16 的分析中已进行解释，因此这里不再赘述。

（3）异质信念对三种路径风险传染的综合影响

然后，模拟三种路径存在时银行业风险传染情况。选择编号为 6 的银行节点为初始冲击银行，设定两类初始冲击：（a）与（b）为破产冲击（银行客户贷款降低为 0），（c）与（d）为流动性冲击（银行现金资产降低为

0)。通过 1000 次的仿真模拟，结果如图 3.18 所示，（a）与（c）表示不存在异质信念时的风险传染结果，（b）与（d）表示存在异质信念时的风险传染结果。

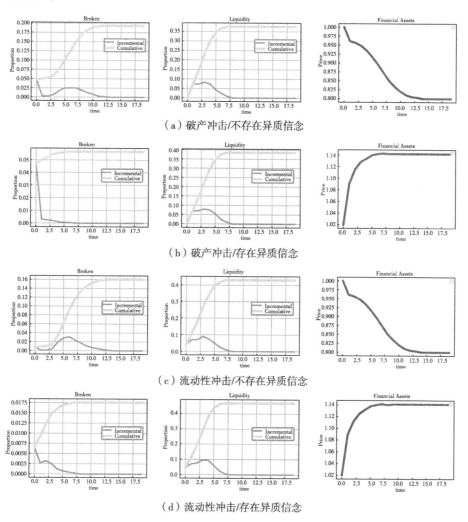

（a）破产冲击/不存在异质信念

（b）破产冲击/存在异质信念

（c）流动性冲击/不存在异质信念

（d）流动性冲击/存在异质信念

图 3.18　异质信念影响三种路径的风险传染图

从传染结果来看，异质信念不存在时金融资产价格下跌 20%，造成的破产银行占比分别为 19%（破产冲击）与 16%（流动性冲击），而异质信念存在时金融资产价格却上涨 14%，破产银行占比大幅减少至 5.5%（破产冲击）与 1.75%（流动性冲击）；同时异质信念对流动性危机的银行占比影响相对较小，仅从 37% 上升至 38%（破产冲击）、从 43% 上升至 47%（流动性冲击），说明三种传染路径同时存在时，异质信念导致的金融资产交易行为对破产风险的传染产生强烈影响，而对流动性展期路径的流动性风险传染造成较小影响。在 1000 次模拟中，四种情况下的风险传染发生次数全部为 830 次左右，说明三种传染路径存在时，异质信念对于风险传染的概率仍然无显著的影响。

从传染过程来看，流动性展期路径的加入大体上并未改变异质信念对传染过程的影响效果。唯一的区别在于，对比图 3.18 与图 3.16、图 3.17 可以发现，流动性展期路径的存在，使得陷入流动性危机的银行由于流动性不足提前卖出金融资产，降低了由于共同资产持有路径下金融资产损失导致的未来破产概率，导致整体破产风险的传染范围进一步降低，因此资产抛售程度相对减小，促使金融资产价格持续上涨至均衡状态，只伴随着轻微的上下波动。

3.5.4 投资者情绪因素对银行业风险传染的影响

由于对手违约与共同资产持有路径下风险传染会导致银行破产，而流动性展期路径下的风险传染往往导致银行陷入流动性危机，甚至由于流动性不足而破产，从理论分析得知，投资者情绪对破产风险与流动性风险都存在影响，因此接下来分别从破产风险与流动性风险角度验证投资者情绪对银行业风险传染的影响。

（1）投资者情绪对破产风险传染的影响

首先，模拟对手违约和共同资产持有路径存在时银行业风险传染情况。选择银行 6 为初始冲击银行，设定初始冲击为该银行客户贷款降低为 0。通过 1000 次的仿真模拟，记录风险传染结果的均值，结果如图 3.19 所示，其中（a）为不存在投资者情绪时的风险传染结果，（b）为存在投资者情绪时的风险传染结果；图中纵轴增加了陷入恐慌情绪的投资者占比，在图中用"Panic"表示。

从传染结果来看，当不存在投资者情绪时，对手违约和共同资产持有路径下的银行业风险传染程度较低，仅有 15.5% 的银行陷入破产，金融资产价格下跌 12%，而当投资者情绪存在时，80% 以上的投资者陷入恐慌，金融资产价格下跌 60%，且 80% 以上的银行陷入破产，说明投资者情绪的存在使得最终陷入破产的银行数量显著增加，金融资产价格下跌程度显著增加，风险的传染范围更广；与此同时，在 1000 次仿真模拟中，不存在投资者情绪时发生风险传染的次数为 33 次，存在投资者情绪时的风险传染次数为 803 次，表明投资者情绪的存在使得风险的传染概率由极低转变为极高。

从传染过程来看，投资者情绪存在时，1—2 期的恐慌投资者增量明显高于破产银行增量，而 4—5 期的破产银行增量明显高于恐慌投资者增量，由于当期恐慌的投资者将抛售金融资产并提取银行存款，导致银行在下一期陷入流动性危机甚至破产，因此结果表明 1—3 期的大规模恐慌情绪传染直接导致 3—5 期金融资产价格的急速下跌以及 3—5 期的大规模银行破产。

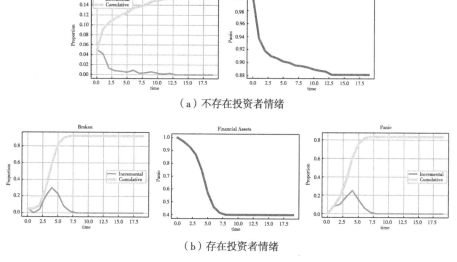

（a）不存在投资者情绪

（b）存在投资者情绪

图 3.19　投资者情绪影响对手违约与共同资产持有路径的风险传染图

具体来看，由于破产原因可能为对手违约路径长期同业资产损失、共同资产持有路径金融资产损失，而投资者恐慌可能来源于银行破产、其他投资者情绪传染，以及金融资产价格下降导致的市场恐慌情绪氛围，那么可以得出以下结论：1—4 期内每期银行破产增量高于上期的恐慌投资者增量，同时发现该时期内金融资产价格急剧下跌而恐慌投资者数量相对较少，因此表明该期间恐慌情绪主要来源于市场恐慌氛围，进而与对手违约路径、共同资产持有路径下的风险传染产生叠加效应，显著放大了银行业风险的传染；5—8 期内每期银行破产增量低于上期的恐慌投资者增量，同时发现该时期金融资产价格下跌幅度开始降低而恐慌投资者数量相对较多，因此表明该时期内的恐慌情绪主要来源于上期的破产银行与其他投资者的情绪传染，进而在下期造成的新增破产随之降低。

（2）投资者情绪对流动性风险传染的影响

　　然后，模拟流动性展期路径存在时银行业风险传染情况。选择银行 6 为初始冲击银行，设定初始冲击为该银行现金降低为 0。结果如图 3.20 所示，其中（a）为不存在投资者情绪时的风险传染结果，（b）为存在投资者情绪时的风险传染结果；纵轴增加了因流动性不足而破产的银行占比，用 "Liquidity Broken" 表示。

　　从传染结果来看，当不存在投资者情绪时，流动性展期下的银行业风险传染程度较低，仅有 42% 的银行陷入流动性危机，几乎无银行因流动性不足而破产，而当投资者情绪存在时，60% 以上的投资者陷入恐慌，且 70% 的银行陷入流动性危机，20% 以上的银行因流动性不足而破产，说明投资者情绪的存在使得最终陷入危机的银行数量显著增加，风险的传染范围更广。与此同时，在 1000 次仿真模拟中，不存在投资者情绪时发生风险传染的次数为 830 次，存在投资者情绪时的风险传染次数为 952 次，表明投资者情绪的存在使得风险的传染概率更高。

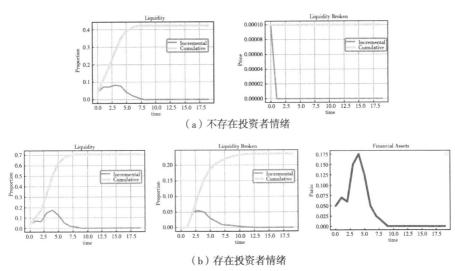

（a）不存在投资者情绪

（b）存在投资者情绪

图 3.20　投资者情绪影响流动性展期路径的风险传染图

　　从传染过程来看，投资者情绪存在时，相较于之前对手违约与共同资产持有路径存在时，恐慌情绪的传染过程相对平缓，从 1—13 期陆续有投资者陷入恐慌，分析其原因主要为：首先，由于暂不考虑共同资产持有路径，因此不再由于金融资产价格的急速下跌而导致市场恐慌情绪恶化，也不会促使投资者恐慌情绪的传染爆发；其次，由于暂不考虑对手违约与共同资产持有路径导致的银行破产，因此破产导致的投资者恐慌仅限于因流动性不足而破产引起，破产数量相对较少故恐慌情绪爆发程度有限。然而，投资者恐慌情绪的平稳传染依旧造成银行的流动性危机在 2—4 期加速爆发，同时这一持续性的恐慌蔓延使得流动性危机以及破产的增加一直持续到 12 期之后才趋于缓解，可见恐慌情绪的存在对流动性展期路径下的风险传染也造成严重而深远的影响。

（3）投资者情绪对破产风险与流动性风险的综合影响

最后，模拟对手违约、共同资产持有与流动性展期三种路径同时存在时银行业风险传染情况。选择银行 6 为初始冲击银行，设定两类初始冲击：（a）与（b）为破产冲击（银行客户贷款降低为 0），（c）与（d）为流动性冲击（银行现金资产降低为 0）。通过 1000 次的模拟仿真，结果如图 3.21 所示，（a）与（c）表示不存在投资者情绪时的风险传染结果，（b）与（d）表示存在投资者情绪时的风险传染结果，金融资产价格因流动性不足而破产的银行占比与第（1）、（2）部分中的模拟结果一致，因此这里不再显示。

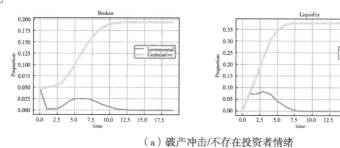

（a）破产冲击/不存在投资者情绪

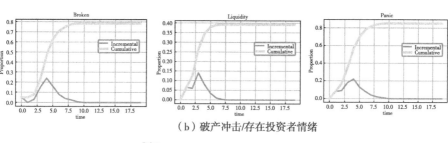

（b）破产冲击/存在投资者情绪

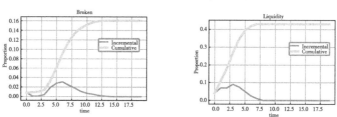

（c）流动性冲击/不存在投资者情绪

图 3.21　投资者情绪影响三种路径的风险传染图

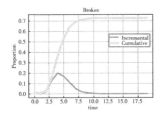 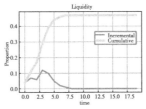 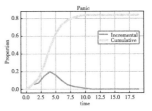

（d）流动性冲击/存在投资者情绪

图3.21　投资者情绪影响三种路径的风险传染图（续）

　　在三种路径同时存在时，银行业风险传染过程的内在复杂性与交互性大大提升，但风险的传染机制仍保持不变，因此从传染结果可以发现，投资者情绪的存在一方面使得发生破产、流动性危机的银行占比上升，另一方面使得风险传染概率也有所提升（破产冲击下风险传染次数由835提升至962，流动性冲击下风险传染次数由819提升至942），与前述结论大体一致。

　　然而从传染过程来看，当三种路径同时存在时，可以发现投资者情绪具有更加明显的加速风险爆发的作用。在两类初始冲击下，投资者情绪的存在使得破产危机爆发高峰由5—7期提前至3—5期且更集中在第3期，流动性危机爆发高峰也集中在第3期，同时，危机爆发的高峰期与投资者情绪的传染高峰期几乎重叠，因此投资者情绪的存在与传染，极大地加速了原有三种风险传染路径下的银行业风险传染，导致破产风险、流动性风险更迅速爆发，并更倾向于集中在单一时期。

3.5.5　三类行为金融因素影响下有限理性行为对风险传染的影响

　　将三类行为金融因素同时加入三种风险传染路径中，在两类初始冲击下的仿真模拟结果如图3.22所示，其中（a）与（b）为破产冲击，（c）与（d）为流动性冲击，（a）与（c）为不存在行为金融因素，（b）与（d）为存在行为金融因素。

　　从传染结果来看，破产冲击下行为金融因素的加入使金融资产价格平均跌幅由20%上升至30%，70%的投资者陷入恐慌，造成银行破产占比由19%略微降低至13%、流动性危机银行占比由37%大幅升高至70%、由于流动性不足而破产的银行由0上升至20%；流动性冲击下三类行为金融因素的加入使金融资产价格平均跌幅由20%上升至40%，78%的投资者陷入恐慌，造成银行破产占比由16%略微降低至10%、流动性危机银行占比由43%大幅升高至80%、由于流动性不足而破产的银行由0上升至13.5%。因此，行为金融因素的存在整体上扩大了银行业风险传染的范围、金融资产的下跌程度。

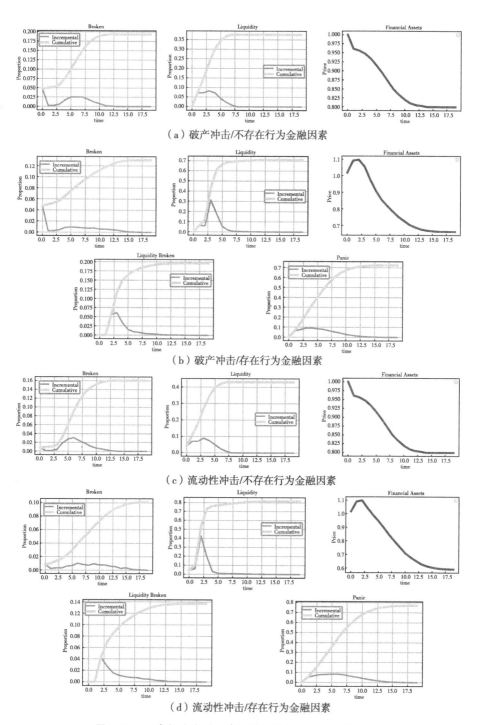

图 3.22　三类行为金融因素影响三种路径的风险传染图

在1000次模拟中，行为金融因素不存在时发生风险传染的次数为835次（破产冲击）与819次（流动性冲击），而行为金融存在时发生风险传染的次数为957次（破产冲击）与999次（流动性冲击），因此，行为金融因素的存在提高了风险传染的概率。

从传染过程来看，破产冲击与流动性冲击下，不存在行为金融因素时，金融资产价格一路下跌，伴随着银行陆续陷入破产，且4—7期的银行破产高峰期伴随着流动性危机的迅速爆发以及资产价格的急速下跌；行为金融因素的加入，使得金融资产价格经历了先上涨后下跌的过程，在异质信念的仿真模拟分析中得知，这种初期的价格上涨的关键动力为异质信念下银行及投资者基于不同策略所作出的金融资产买入行为，而价格的上涨使得部分银行获利，导致破产的爆发过程趋于平缓，不存在明显的破产高峰，银行在0—17期陆续陷入破产，但由于信息溢出以及恐慌情绪的存在，大幅加速了流动性风险的爆发，且使得流动性风险的爆发大幅集中在第2期或第3期，同时新增了大量由于流动性不足而破产的银行。因此行为金融因素的存在对流动性风险传染起到强烈的推动作用，使得金融资产价格波动更为强烈，但也略微降低了破产风险的传染。

3.6 小结

本章基于行为金融学理论，结合银行业风险传染过程中市场主体有限理性行为，分别从信息溢出、异质信念、投资者情绪三方面的行为金融因素影响下的市场主体有限理性行为来分析对银行业风险传染的影响。首先从三类因素的来源出发，界定各类因素的概念以及与银行业风险传染的关联之处，随后分析不同因素影响下风险在资产负债表角度的传染过程，再分析三类因素对网络中银行业风险传染的影响机制，最后在上述分析基础上对三类因素的影响机制建立量化模型，形成市场主体有限理性行为模型，结合第2章的系统网络模型组成银行业风险传染模型，并通过仿真模拟方法，发现行为金融因素对三种路径产生的显著影响，整体来看导致风险传染的概率、范围显著提升。在更为细致的研究中，发现信息溢出影响下的"跳跃式"风险传染、"循环流动性陷阱"以及"风险发现"三种特殊现象并对原因进行剖析。

第4章　我国银行业风险传染
压力测试研究

本章在对银行业风险传染的三种路径与三种行为金融因素影响下的市场主体有限理性行为的理论分析基础上，建立了基于系统网络与市场主体有限理性行为的银行业风险传染模型，并对不同路径、不同因素的叠加效应与影响进行了仿真模拟。在上述研究过程中为了保证计算实验过程的灵活性，实验数据全部采用数值仿真，并充分验证了三种风险传染路径与三类行为金融因素的重要性。那么，本章所建立的银行业风险传染模型在实际中如何应用，对于现实中银行业的潜在风险传染以及可能导致的系统风险结果如何，是本章试图解决的问题。鉴于此，本章采用现实中银行业2017年底的资产负债数据，通过最大信息熵方法与改进的 RAS 方法（Biproportional Scaling Method，又名适时修正法、双比例尺度法）构建银行业系统网络，采用压力测试方法对我国银行业潜在的风险传染结果进行仿真模拟，基于压力测试结果针对目前银行业监管进行分析并提出对策。

4.1　压力测试样本与数据

4.1.1　样本说明与分析

本章所采用的数据全部来源于2017年各银行年报中审计报告部分的合并资产负债表与财务报表附注中流动性风险状况的到期日分析表，其中，模型中的银行各项资产负债与财务报表中的分类对应如下：资产包括现金（现金及存放中央银行款项），客户贷款（客户贷款及垫款），长期同业资产（一个月以上到期的同业及其他金融机构存放款项、拆入资金、买入返售款项），短期同业资产（一个月以内到期的同业及其他金融机构存放款项、拆入资金、买入返售款项），金融资产（以公允价值计量且其变动计入当期损益的金融资产、衍生金融资产、可供出售的金融资产、持有至到期投资、应收款项类投资、长期股权投资），除此之外，未涉及的财务报表中资产项统一纳入其他资产（贵金属、固定资产、在建工程、递延所得税资产）；负债包括存款（客户存款），长期同业负债（一个月以上到期的存放同业及其他金融机构款项、拆出资金、卖出回购款项），短期同业负债（一个月以内到期的存放同业及其他金融机构款项、拆出资金、卖出回购款项），除此之外，未涉及的财务报表中的负债项统一纳入其他负债（向中央银行借款、衍生金融负债、存款证、应付职工薪酬、应交税费、已发行债务证券、递延所得税负债）。

由于数据可得性限制，本章最终整理的金融机构个数为 46 家，其中包括大型国有商业银行 6 家、全国性股份制商业银行 11 家（恒丰银行 2017 年报迟迟未披露，故弃用）、上市的全部城市商业银行 21 家与农村商业银行 8 家（未上市银行的资产划分在各银行年报中标准不一，且并未完整披露具体的资产到期日分析，故弃用），具体的各银行名称、编号以及资产负债数据参见附录 3，表 4.1 显示了全部样本数据的描述性统计。

表 4.1　描述性统计表　　　　　　　　　（单位：百万元）

	权益	现金	金融资产	贷款	存款	长期同业资产	短期同业资产	长期同业负债	短期同业负债	其他资产	其他负债	总资产
均值	270853	433684	1117489	1829804	2486322	87236	131332	222303	283042	115738	452763	3715285
中位数	58208	94684	428518	314658	539030	19695	43399	67528	75886	21083	187084	955333
最大值	2141056	3613872	6181254	13892966	19226349	613069	1259797	1417281	2028585	867805	2307467	26087043
最小值	8388	10199	25450	47462	70544	0.0000	1758	0.0000	6599	2160	7964	95270
标准差	490511	840557	1588555	3352050	4635646	152024	236752	314037	448576	202991	613601	6268500
偏度	2.58	2.63	1.99	2.50	2.53	2.32	3.15	2.01	2.14	2.38	1.77	2.37
峰度	8.81	8.89	6.02	8.27	8.27	7.51	13.81	6.97	7.20	8.11	5.10	7.68
JB 统计量	116.13	120.02	48.07	101.36	102.44	80.38	300.50	61.43	69.21	93.54	32.80	85.08
P 值	0.00	0.00	0.00	0.00	0.00	0.00	0.00	0.00	0.00	0.00	0.00	0.00
样本量	46	46	46	46	46	46	46	46	46	46	46	46

首先，从 46 家银行的资产规模来看，工商银行以 26.09 万亿元居首，在金融稳定理事会最新公布的 29 家全球系统重要性银行中位列第 2 级别，是资产规模最小的吴江农商银行 952.70 亿元的 274 倍，可见本章样本中既包含了银行业中影响力覆盖全球的巨无霸型银行，也包含了专注于区域金融服务的小微型银行，充分涵盖了各种类型的银行。其次，在长期同业资产与长期同业负债中均存在 0 值，具体为无锡农商银行不存在长期同业资产与长期同业负债，江阴农商银行与张家港农商银行不存在长期同业负债，说明江阴农商银行与张家港农商银行的长期资金来源稳定，不需要通过同

业市场进行融资，无锡农商银行同业借贷业务更注重短期的拆出与拆入，这就导致在银行业系统网络的长期同业网络中无锡农商银行、江阴农商银行、张家港农商银行的节点入度与入权重为 0，无锡农商银行的出度与出权重为 0。再次，其他资产的均值为 1157. 38 亿元，总资产均值为 37152. 85 亿元，其他资产平均只占到总资产的 3. 12%，意味着本章压力测试中涉及的各风险传染路径对应的资产约涵盖银行总资产的 97%，包含了银行资产损失导致的破产危机的绝大多数因素。最后，从 JB 统计量及对应的 P 值来看，全部样本数据拒绝正态分布的原假设，说明各变量都不服从正态分布。

4.1.2　数据处理

由于本章中的样本数据并未包含金融市场上的所有银行，为保证同业借贷市场的平衡关系，即全部银行的长期同业资产等于长期同业负债且短期同业资产等于短期同业负债，这里在压力测试中加入 1 家其他外部银行作为平衡项。为刻画银行业长期与短期同业业务关系所形成的系统网络，鉴于银行业市场双边具体数据的不可得性，本章基于银行资产负债数据，采取最大熵方法与改进的 RAS 方法对系统网络结构进行推断，与本书第 2 章中由无标度网络得到每家银行的同业资产负债值的过程相反，这里由现实中的各家银行实际同业资产负债值推断银行业的系统网络。

熵，最初为热力学中体系混乱程度的度量参数，熵越大则混乱程度越高。后来，信息论中用熵表示随机变量的不确定程度，给定离散型随机变量 X，取值为 $x_1, x_2, x_3, \cdots, x_m$，则信息熵可以表示为：

$$H(X) = \sum_{i=1}^{m} p(x_i) \times \log \frac{1}{p(x_i)} = - \sum_{i=1}^{m} p(x_i) \times \log p(x_i) \qquad (4.1)$$

最大熵模型（Maximum Entropy Model），是统计学习与机器学习中的重要模型，其思想主要是指在学习概率模型时，所有可能的模型中信息熵最大的模型优于其他模型，当存在约束条件时，则最大化信息熵方法就是在满足约束条件的集合中选择熵最大的模型。最大熵原理是指，对一个随机事件的概率分布进行预测时，预测应当满足全部已知的条件，而对未知的情况不做任何主观假设，在此时，概率分布最均匀，预测的风险最小，因此得到的概率分布的熵最大。对于银行业同业借贷网络，最大熵原理即意味着任一银行在众多同业银行之间选择同业对手的概率是均匀的，因此形成的同业借贷网络符合全连接特征，在此基础上确定银行的同业对手，并进一步采用改进的 RAS 方法计算具体借贷数值。

RAS 方法（Biproportional Scaling Method），又名适时修正法、双比例尺度法，最初由英国经济学家约翰·理查德·尼古拉斯·斯通（John Richard Nicolas Stone）提出。当已知矩阵的各行之和与各列之和时，通过矩阵数值的行、列之和与目标行、列之和的比对，可以不断调整矩阵数值以得到最终符合目标行、列之和的矩阵结果。针对银行业同业借贷网络，由于已知各银行同业资产与负债值，根据第 2 章中对银行业同业借贷矩阵的定义，各行之和即为各银行的同业资产，各列之和即为各银行的同业负债，因此可以通过 RAS 方法调整得到银行业同业借贷矩阵的具体数值。步骤如下：

第一步，根据 N 行 N 列的初始矩阵 L_0 计算初始的行之和 R_0 与列之和 C_0，显然不同于目标行之和 R 与列之和 C，因此需要分别进行行与列的调整（行与列调整的先后顺序不影响结果）；

第二步，行调整。计算行调整系数向量 $r_0 = R/R_0$，用行调整系数向量的对角矩阵左乘初始矩阵得到行更新矩阵 L_1，即：$L_1 = \hat{r}_0 L_0$。至此，L_1 中的行之和与目标行之和一致，但列之和 C_1 与目标列之和 C 并不一致；

第三步，列调整。计算列调整系数向量 $v_1 = C/C_1$，用列调整系数向量的对角矩阵右乘行更新矩阵得到列更新矩阵 L_2，即 $L_2 = L_1 \hat{v}_1$。至此，L_2 中的列之和与目标列之和一致，但行之和又产生一定偏差；

第四步，不断重复第二步的行调整与第三步的列调整，直至矩阵的行、列之和达到目标要求。

由于在同业借贷网络中银行与自身不存在任何业务关系，因此本章采用改进的 RAS 方法，进一步设定初始矩阵的对角线元素全部为 0，根据上述调整过程的原理可以发现，即使经过任意次行调整、列调整，对角线元素也仍保持为 0，以此满足银行业同业借贷网络性质。这里改进的 RAS 方法的实现采用 Python 语言编码（代码参见附录 1），将已知的银行长期与短期同业资产负债作为同业借贷矩阵的行之和与列之和的目标要求，对初始矩阵进行行调整，将最终调整结果作为长期与短期同业借贷矩阵 LL 与 LS。

在银行金融资产持有矩阵 S 的推断中，这里仍然遵循最大化信息熵原理，因此任一银行对众多金融资产的概率分布是均匀的，由此得到银行业共同资产持有网络，与长期同业借贷网络、短期同业借贷网络共同形成银行业系统网络结构，为后续 46 家银行业风险传染压力测试中的风险传染路径奠定数理关系基础。

4.2　银行业风险暴露与稳健性分析

根据整理的 46 家银行资产负债表数据，这里首先对各银行的杠杆率（所有者权益比总资产）与流动性水平（现金比总资产）进行分析，为了与本书 2.4.2 中关于违约风险与流动性风险的模型设定保持一致，即本书银行业风险传染模型中银行节点的所有者权益越高则损失承受能力越强、现金储备越多则流动性冲击承受能力越强，因此上述两项指标能够代表银行个体对违约风险与流动性风险吸收能力（若引入更为复杂的指标体系将大幅增加银行节点的模型复杂程度，但对于杠杆率与流动性水平的衡量程度提升有限，因此在权衡研究收益与成本的基础上进行简化，用现金占比代表流动性水平、权益占比代表杠杆率，保证指标简单有效且与本书模型一致）；在此之后，进一步对各银行资产负债的分配特征（即长期同业资产、短期同业负债、金融资产占总资产或总负债的比例）进行分析，由于本书的风险传染路径中对手违约路径、流动性展期路径、共同资产持有路径分别对应银行的长期同业资产、短期同业负债、金融资产，因此各项资产负债的分配代表着银行个体不同传染路径下的风险暴露程度。由于银行数量较多无法一一对比，这里根据银行的不同类型进行分析，为后续的压力测试中各银行风险传染研究奠定基础。

首先，根据本书对杠杆率的定义，即所有者权益与资产总额的比值，计算样本中 46 家银行的杠杆率水平并由高到低排序（杠杆率越高则违约风险越低），再根据本书对流动性水平的定义，即现金与资产总额的比值，计算样本中 46 家银行的流动性水平并由高到低排序（流动性水平越高则流动性风险越低），结果如表 4.2 所示，从中可以发现：

第一，大型国有商业银行的流动性水平与杠杆率水平整体较高，说明整体来看大型国有商业银行违约风险较低，现金储备充裕，对损失与流动性风险的吸收能力较强，但中国邮政储蓄银行则较为特殊，其现金储备占到了总资产的 15.67%，但杠杆率仅为 4.79%，说明其对流动性风险的吸收能力较强，而对资产损失风险的吸收能力较差。

第二，全国性股份制商业银行杠杆率水平与流动性水平整体偏低，例如，渤海银行与盛京银行杠杆率仅为 4.83% 与 5.07%，民生银行与兴业银行流动性水平仅为 7.50% 与 7.27%，其余银行杠杆率在 5.49% 至 7.68% 之间、流动性水平在 7.93% 至 11.91% 之间，现金储备相对较少，对资产损失风险与流动性风险的吸收能力相对较弱。

表 4.2 银行杠杆率与流动性表

银行名称	杠杆率	银行名称	流动性
九台农商银行	8.90%	中国邮政储蓄银行	15.67%
吴江农商银行	8.89%	广州农商银行	14.10%
中原银行	8.83%	中国工商银行	13.85%
江阴农商银行	8.55%	中国农业银行	13.76%
青岛银行	8.53%	长沙银行	13.69%
锦州银行	8.32%	中国建设银行	13.51%
中国工商银行	8.21%	九台农商银行	12.90%
上海银行	8.16%	成都银行	12.89%
张家港农商银行	8.13%	中原银行	12.33%
中国建设银行	8.12%	哈尔滨银行	12.32%
中国银行	8.10%	吴江农商银行	12.32%
重庆银行	7.68%	无锡农商银行	11.98%
招商银行	7.68%	广发银行	11.91%
郑州银行	7.67%	中国银行	11.83%
常熟农商银行	7.62%	贵阳银行	10.87%
北京银行	7.58%	江西银行	10.82%
哈尔滨银行	7.52%	甘肃银行	10.73%
交通银行	7.48%	常熟农商银行	10.72%
光大银行	7.47%	重庆农商银行	10.71%
中信银行	7.26%	九江银行	10.60%
重庆农商银行	7.20%	渤海银行	10.47%
浦发银行	7.02%	郑州银行	10.47%
平安银行	6.84%	交通银行	10.38%
无锡农商银行	6.82%	重庆银行	10.34%
中国农业银行	6.79%	徽商银行	10.17%
华夏银行	6.76%	浙商银行	10.03%
民生银行	6.60%	中信银行	10.01%
广州农商银行	6.59%	张家港农商银行	9.89%
兴业银行	6.59%	招商银行	9.79%
徽商银行	6.52%	平安银行	9.55%

续表

银行名称	杠杆率	银行名称	流动性
九江银行	6.51%	江阴农商银行	9.51%
天津银行	6.38%	南京银行	9.31%
江苏银行	6.37%	华夏银行	9.00%
江西银行	6.29%	杭州银行	8.86%
杭州银行	6.22%	青岛银行	8.85%
甘肃银行	6.13%	宁波银行	8.74%
南京银行	5.98%	光大银行	8.65%
浙商银行	5.84%	天津银行	8.17%
成都银行	5.76%	盛京银行	8.17%
宁波银行	5.54%	北京银行	7.93%
贵阳银行	5.52%	浦发银行	7.93%
广发银行	5.49%	江苏银行	7.65%
长沙银行	5.10%	上海银行	7.53%
盛京银行	5.07%	民生银行	7.50%
渤海银行	4.83%	兴业银行	7.27%
中国邮政储蓄银行	4.79%	锦州银行	7.20%

第三，城市商业银行的杠杆率水平与流动性水平高低不一，中原银行的杠杆率水平高达 8.83%，长沙银行的杠杆率水平却低至 5.10%，然而，长沙银行的流动性水平高达 13.69%，锦州银行的流动性水平却低至 7.20%，说明在众多城市商业银行中，各银行的现金储备程度与资本充足程度取决于自身不同的经营状况与风险管理水平，对流动性风险与资产损失风险的吸收能力也强弱不一。

第四，农村商业银行的杠杆率水平与流动性水平整体较好，九台农商银行、吴江农商银行、江阴农商银行的杠杆率高达 8.90%、8.89%、8.55%，且其他 5 家农商银行杠杆率均处于行业中上游水平，广州农商银行、九台农商银行流动性水平高达 14.10%、12.90%，且其他 6 家农商银行流动性水平均处于行业中上游，说明整体来看农村商业银行对流动性风险与资产损失风险的吸收能力相对较强。

另外，从风险传染的路径分类来看，长期同业资产占比越高则面临对手违约路径的风险暴露程度越高，短期同业负债占比越高则面临流动性展期路径的风险暴露程度越高，金融资产占比越高则面临共同资产持有路径的风险暴露程度越高（这里之所以不考虑长期同业负债占比与短期同业资产占比，是由于两者的高低衡量的是在风险传染视角的对手违约路径与流动性展期路径下银行自身对于系统网络内其他银行的影响程度，而非自身受到银行业风险传染影响的风险暴露程度，当然，金融资产占比不仅代表着自身的风险暴露程度，还代表着自身对其他银行在共同资产持有路径下的风险传染影响程度）。根据本书所涉及的银行业风险传染的三种路径（对手违约路径、流动性展期路径、共同资产持有路径）对应的资产负债类别（长期同业资产、短期同业负债、金融资产），分别计算各类资产与负债所占比重，并由大到小进行排序，结果如表4.3所示，从中可以看出：

第一，大型国有商业银行的金融资产占比普遍较低，最高的中国邮政储蓄银行金融资产占比为35.21%，其余五家的金融资产占比在22.53%至29.36%之间；短期同业负债占比处于行业中下游水平，最高的交通银行短期同业负债占比为9.56%，最低的中国邮政储蓄银行仅为2.24%；长期同业资产占比处于行业中上游水平，最高的中国邮政储蓄银行为5.71%，最低的中国建设银行为1.02%。因此，对于大型国有商业银行来说，风险传染的主要来源为三种风险传染路径中的对手违约路径，其次是流动性展期路径，共同资产持有路径下的风险暴露程度相对其他类型银行而言较低。

第二，全国性股份制商业银行中各项资产负债的占比高低不一，兴业银行与渤海银行的金融资产占比高达49.07%与41.18%，而平安银行与招商银行分别低至25.34%与25.44%；兴业银行与广发银行的短期同业负债占比高达20.75%与14.47%，而渤海银行与浦发银行却低至4.67%与4.21%；长期同业资产占比相对均匀地分布在0.21%至3.89%之间。因此，对于全国性股份制商业银行来说，各类传染路径的风险暴露程度各不相同，风险传染的来源较为综合，取决于各银行的具体资产负债分布特点。

第三，城市商业银行的金融资产占比整体偏高，其中锦州银行的金融资产占比高达58.80%，其他银行除甘肃银行以外全部高于36%；短期同业负债与长期同业资产占比高低不一，短期同业负债占比最高的上海银行为17.72%，而最低的哈尔滨银行仅为1.36%；长期同业资产占比最高的甘肃银行为6.79%，而最低的江西银行仅为0.13%。因此，对于城市商业银行来说，共同资产持有路径的风险暴露程度整体偏高，是主要的风险传染来源之一，对手违约路径与流动性展期路径对不同银行具有不同程度的影响。

第四，农村商业银行的金融资产占比处于行业中游水平，在26.71%至38.04%之间；短期同业负债占比也处于行业中游水平，在5.38%至

16.39%之间；长期同业资产占比呈现两极分化，重庆农商银行高达10.31%，而张家港农商银行、江阴农商银行、无锡农商银行分别低至0.19%、0.06%、0。因此，对于农村商业银行来说，共同资产持有路径与流动性展期路径下的风险暴露程度一般，但个别银行的对手违约路径下的风险暴露程度较高。

表 4.3 银行长期同业资产、短期同业负债、金融资产占比表

银行名称	长期同业资产占比	银行名称	短期同业负债占比	银行名称	金融资产占比
重庆农商银行	10.31%	兴业银行	20.75%	锦州银行	58.80%
甘肃银行	6.79%	盛京银行	18.57%	贵阳银行	57.49%
中国邮政储蓄银行	5.71%	上海银行	17.72%	盛京银行	55.00%
上海银行	5.14%	张家港农商银行	16.39%	青岛银行	53.74%
成都银行	5.13%	天津银行	15.78%	宁波银行	53.56%
北京银行	4.59%	广发银行	14.47%	天津银行	51.81%
交通银行	3.92%	江阴农商银行	12.77%	杭州银行	51.80%
平安银行	3.89%	中信银行	12.64%	郑州银行	51.16%
盛京银行	3.71%	浙商银行	12.36%	江西银行	50.96%
中国银行	3.15%	民生银行	12.12%	长沙银行	50.79%
广州农商银行	3.11%	招商银行	12.04%	南京银行	49.57%
江苏银行	2.96%	宁波银行	11.26%	兴业银行	49.07%
吴江农商银行	2.91%	中原银行	10.28%	徽商银行	46.23%
九江银行	2.81%	成都银行	10.02%	上海银行	46.16%
重庆银行	2.78%	徽商银行	9.78%	中原银行	43.47%
南京银行	2.75%	交通银行	9.56%	江苏银行	42.78%
天津银行	2.74%	华夏银行	9.05%	渤海银行	41.18%
郑州银行	2.60%	杭州银行	8.80%	浙商银行	39.93%
光大银行	2.42%	中国工商银行	8.47%	成都银行	38.21%
九台农商银行	2.35%	光大银行	8.29%	九江银行	38.19%
民生银行	2.32%	平安银行	7.87%	张家港农商银行	38.04%
招商银行	2.24%	九江银行	7.78%	重庆银行	37.97%
浦发银行	2.21%	中国银行	7.65%	江阴农商银行	37.79%
中国工商银行	2.20%	九台农商银行	7.63%	民生银行	36.51%
哈尔滨银行	1.90%	吴江农商银行	7.60%	北京银行	36.34%

银行名称	长期同业资产占比	银行名称	短期同业负债占比	银行名称	金融资产占比
中国农业银行	1.61%	北京银行	7.04%	哈尔滨银行	36.25%
中信银行	1.57%	无锡农商银行	7.03%	中国邮政储蓄银行	35.21%
杭州银行	1.35%	郑州银行	7.02%	重庆农商银行	35.07%
青岛银行	1.20%	青岛银行	6.93%	浦发银行	34.77%
广发银行	1.08%	锦州银行	6.23%	无锡农商银行	34.55%
中国建设银行	1.02%	常熟农商银行	6.20%	九台农商银行	34.06%
锦州银行	0.98%	南京银行	6.02%	常熟农商银行	33.21%
华夏银行	0.80%	甘肃银行	5.91%	广州农商银行	31.94%
渤海银行	0.71%	中国建设银行	5.80%	光大银行	31.86%
常熟农商银行	0.67%	中国农业银行	5.56%	华夏银行	30.63%
徽商银行	0.65%	重庆农商银行	5.43%	中国农业银行	29.36%
中原银行	0.64%	广州农商银行	5.38%	广发银行	28.85%
贵阳银行	0.59%	江苏银行	5.25%	交通银行	28.39%
长沙银行	0.42%	长沙银行	5.18%	吴江农商银行	26.71%
兴业银行	0.40%	渤海银行	4.67%	中信银行	26.65%
宁波银行	0.22%	浦发银行	4.21%	甘肃银行	25.86%
浙商银行	0.21%	重庆银行	4.17%	招商银行	25.44%
张家港农商银行	0.19%	贵阳银行	3.22%	平安银行	25.34%
江西银行	0.13%	江西银行	2.42%	中国银行	23.97%
江阴农商银行	0.06%	中国邮政储蓄银行	2.24%	中国建设银行	23.83%
无锡农商银行	0.00%	哈尔滨银行	1.36%	中国工商银行	22.53%

　　根据以上对各银行节点的风险吸收能力以及在不同路径下的风险暴露程度的分析，可以大致推测在46家银行组成的系统网络中，初始冲击导致的风险传染如何影响各银行的风险情况，接下来，通过不同情景的压力测试，验证各种情景下的风险传染程度与各银行受影响程度。

4.3 压力测试过程与结果

　　本节根据前文建立的基于系统网络与市场主体有限理性行为的银行业风险传染模型，选取2017年底的银行业真实数据，对我国银行业面临外部

冲击时的潜在风险传染情况进行研究。在本节中将压力测试情景根据冲击
类型划分为破产冲击（客户贷款违约导致所有者权益损失而破产）与流动
性冲击（客户存款提取导致现金不足而陷入流动性危机），根据冲击目标划
分为大型国有商业银行、全国性股份制商业银行、城市商业银行与农村商
业银行。

相比于前文中标准参数状态的银行数量与无标度网络结构，这里系统
网络中的银行数量大幅增加且更接近于完全连接网络结构，意味着恐慌情
绪传染中的关联节点影响大幅增加，因此，为保持恐慌情绪影响的客观性
以及与前文的一致性，将恐慌情绪传染中的关联节点影响概率参数 θ 调低、
金融资产价格影响概率参数 α 调高。同时，在本章设计中，投资者恐慌情
绪的传染是一种随机的、持续的、不可逆的过程，因此在压力测试中仅从
恐慌情绪的传染对银行业风险传染的影响角度出发，分析不同银行的危机
程度及原因。为了细致分析各银行在危机期间的风险情况，这里选取每个
情景的单次模拟结果进行分析。

4.3.1　初始破产冲击下银行业风险传染压力测试

（1）冲击目标：大型国有商业银行

巴塞尔委员会提出以"跨境活跃程度、规模、关联度、替代性和复杂
性"五个指标对全球系统重要性银行进行衡量，每个指标的相应权重为
20%，在此基础上，全球金融稳定理事会在 2011 年首先将我国大型国有商
业银行中国际化程度最高的中国银行纳入全球系统重要性银行名单，随后
又在 2013—2015 年陆续将中国工商银行、中国农业银行、中国建设银行纳
入全球系统重要性银行名单。鉴于全球系统重要性银行的规模、关联度、
影响力均处于行业领先地位，这里首先测试我国的全球重要性银行中资产
规模最大的中国工商银行遭受初始破产冲击时的风险传染。

当编号为 0 的中国工商银行遭受初始破产冲击时，风险传染结果如图
4.1 所示，表 4.4 展示了风险传染过程中各时期的银行状态。结果显示，工
商银行的破产冲击最终导致 46% 的银行由于资不抵债而破产，39% 的银行
由于流动性不足而破产，17.5% 的银行陷入流动性危机，金融资产价格下跌
幅度超过 80%，100% 的投资者陷入恐慌情绪之中。从风险传染的爆发过程
来看，投资者恐慌作为风险传染的重要导火索与影响因素持续整个风险传
染过程中，受此影响，银行业各类风险传染路径的交叉传染导致了银行危
机在第 2—5 期集中大量爆发。

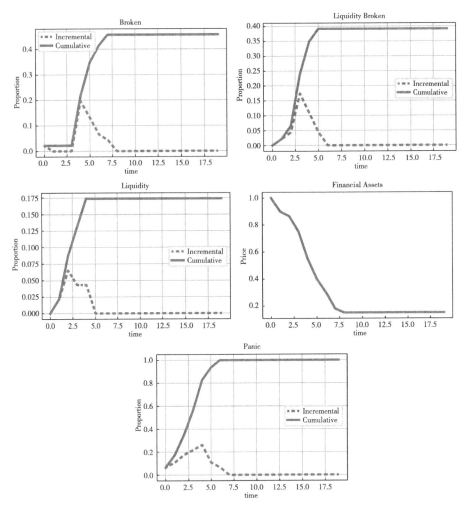

图4.1　中国工商银行破产冲击情景风险传染图

表4.4　中国工商银行破产冲击情景各时期银行节点状态表

时期	流动性危机	破产	恐慌情绪	流动性不足而破产
0		0	0, 24, 44	
1	24		4, 10, 11, 36, 40	44
2	10, 11, 36		1, 3, 15, 16, 22, 28, 37, 38	4, 40
3	**12**, 22		5, 8, **12**, 14, 17, 21, 30, 33, 34, 45	1, 3, **10**, 15, 16, 28, 37, 38

时期	流动性危机	破产	恐慌情绪	流动性不足而破产
4	30，33	14，**19**，**20**，21，**23**， **26**，**27**，**29**，**35**	6，7，9，13，19，20，23， 26，27，29，35，42	5，8，17，34，45
5		6，13，**32**，**39**，**41**，42	2，32，39，41，43	7，9
6		2，**25**，43	18，25，31	
7		18，31		

在第 2—7 期的金融资产价格急速下跌过程中，共同资产持有路径下的风险传染导致 20 家银行由于资不抵债而破产，其中城市商业银行（编号为 17 至 37）为 12 家，占到城市商业银行总数的 60%，且占到该时期破产银行总数的 60%；排除掉其中由于持有相同金融资产的投资者恐慌性资产抛售的行为影响后，剩余破产银行为江苏银行（19）[①]、南京银行（20）、徽商银行（23）、锦州银行（25）、天津银行（26）、哈尔滨银行（27）、贵阳银行（29）、重庆银行（32）、江西银行（35）、广州农商银行（39）、吴江农商银行（41），其中城市商业银行占到 81.82%，充分说明表 4.2 中城市商业银行整体体现出的金融资产占比偏高现象为其带来了严重的来自共同资产持有路径的风险传染影响。

在众多由于投资者恐慌情绪而遭受挤兑的银行中，面对流动性危机时能否通过收回短期同业资产、金融资产变现手段满足流动性需求，决定了银行是否能够避免由于流动性不足而破产。从表 4.4 的结果来看，华夏银行（10）、民生银行（11）、宁波银行（22）、杭州银行（24）、郑州银行（30）、青岛银行（33）、九江银行（36）均成功避免了由于挤兑导致的流动性不足而破产，从表 4.3 来看上述银行的流动性仅处于行业中下游，现金储备并不足以满足危机期间的流动性需求，然而，它们较高的金融资产占比此时起到关键作用，在危机期间金融资产的折价出售虽然使得资产遭受价值损失，但损失程度能够被自身资本吸收，同时能够变现金融资产来满足流动性需求，从而保证了上述银行的持续运营（后续压力测试情景中的类似结果与此处原理相同）。

在众多由于流动性不足而破产的银行中，编号为 10 的华夏银行在第 2 期面对由于投资者恐慌情绪而产生的挤兑，虽然通过金融资产变现与同业

---

① 括号中为银行对应编号，下同。

资产收回避免了由于流动性不足而破产，但在随后第 3 期的流动性展期路径的风险传染中，却再次由于流动性不足而破产，由于华夏银行 9.00% 的流动性指标居于行业较低水平，30.63% 的金融资产占比限制了金融资产变现所能提供的最大流动性，而 9.05% 的短期同业负债占比却居于行业较高水平，因此在遭受挤兑之后极易由于流动性展期路径下的风险传染产生流动性危机，甚至由于流动性不足而破产。

在众多陷入流动性危机的银行中，编号为 12 的兴业银行并未面临由于投资者恐慌情绪带来的挤兑，但由于本身 7.27% 的流动性指标居于行业最低水平，而 20.75% 的短期同业负债占比又居于行业首位，导致其在流动性展期路径下风险暴露程度很高，但流动性风险吸收能力较差，因此在风险传染爆发期极易由于同业负债被收回而直接陷入流动性危机。

2018 年 11 月 27 日，人民银行、银保监会、证监会联合印发《关于完善系统重要性金融机构监管的指导意见》（银发〔2018〕301 号），明确了国内系统重要性金融机构的定义、范围、评估流程和总体方法，提出基于规模、关联度、复杂性、可替代性、资产变现的评估体系，虽然目前关于国内系统重要性银行的具体名单仍未出炉，但交通银行、中国邮政储蓄银行作为大型国有商业银行，在国内银行业中具有举足轻重的地位，因此这里将交通银行作为国内系统重要性银行代表，增加对国内系统重要性银行——交通银行遭到初始破产冲击的情形进行压力测试。

当编号为 4 的交通银行遭受初始破产冲击时，风险传染结果如图 4.2 所示，表 4.5 展示了风险传染过程中各时期的银行状态。结果显示，交通银行的破产冲击最终导致 37% 的银行由于资不抵债而破产，37% 的银行由于流动性不足而破产，26% 的银行陷入流动性危机，金融资产价格下跌幅度超过80%，100% 的投资者陷入恐慌情绪之中。相较全球系统重要性银行——工商银行的破产冲击情景，此时因流动性不足而破产的银行占比、因资不抵债而破产的银行占比均有所减少，转而更多的银行仅陷入流动性危机，金融资产下跌程度无明显变化，风险传染导致的银行危机爆发的集中程度并无明显变化。编号为 12 的兴业银行再次由于流动性展期路径的风险传染而陷入流动性危机，受共同资产持有路径下风险传染影响的大量破产银行中，城市商业银行仍然为主要群体。

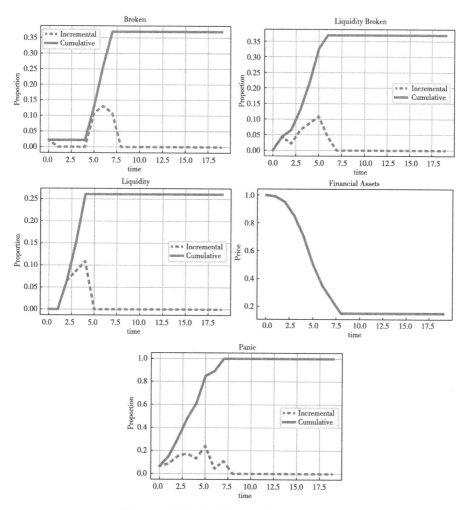

图 4.2　交通银行破产冲击情景风险传染图

表 4.5　交通银行破产冲击情景各时期银行节点状态表

时期	流动性危机	破产	恐慌情绪	流动性不足而破产
0		4	4, 31, 40	
1			0, 20, 29, 33	31, 40
2	20, 29, 33		3, 16, 21, 25, 27, 38, 45	0
3	16, 21, 25, 38		1, 9, 11, 14, 22, 23, 26, 30	3, 27, 45
4	11, **12**, 22, 26, 30		6, **12**, 17, 32, 36, 44	1, 9, 14, 23

续表

时期	流动性危机	破产	恐慌情绪	流动性不足而破产
5		**15，19，24，28，37**	2，5，8，10，15，18， 19，24，28，35，37	6，17，32，36，44
6		2，5，10，13，18，41	13，41	8，35
7		7，34，39，42，43	7，34，39，42，43	

（2）冲击目标：全国性股份制商业银行

在样本中的 11 家全国性股份制商业银行中，选取资产规模居中的编号为 13 的平安银行作为初始冲击银行，风险传染结果如图 4.3 所示，表 4.6 展示了风险传染过程中各时期的银行状态。结果显示，平安银行的破产冲击最终导致 22% 的银行由于资不抵债而破产，24% 的银行由于流动性不足而破产，53% 的银行陷入流动性危机，金融资产价格下跌幅度超过 70%，100% 的投资者陷入恐慌情绪之中。相较于大型国有商业银行遭受初始破产冲击的情景，此时因流动性不足而破产的银行占比与因资不抵债而破产的银行占比均有所减少，转而更多的银行仅陷入流动性危机，金融资产下跌程度有所减少，且风险爆发的集中程度有所降低，整体风险传染过程更为平缓；同时，受共同资产持有路径下的风险传染影响的大量破产银行中，城市商业银行仍然为主要群体。

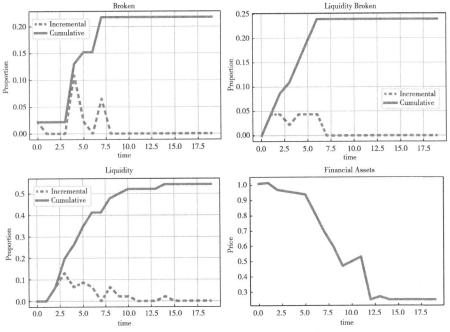

图 4.3　平安银行破产冲击情景风险传染图

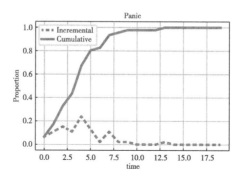

图 4.3　平安银行破产冲击情景风险传染图（续）

表 4.6　平安银行破产冲击情景各时期银行节点状态表

时期	流动性危机	破产	恐慌情绪	流动性不足而破产
0		13	6，13，45	
1			0，1，18，22，27	6，45
2	18，22，27		11，12，19，25，26，30，31	0，1
3	11，12，25，26，30，31		2，4，20，41，44	19
4	2，4，20	**14，16，21，33，35**	5，10，14，16，21，32，33，34，35，38，39	41，44
5	5，32，34，39	**29**	7，23，24，28，29，43	10，38
6	23，24，43		8	7，28
7		**8，15，36**	3，15，36，37，42	
8	3，37，42		17	
9	17		9	
10	9			
11				
12				
13			40	
14	40			

（3）冲击目标：城市商业银行

在样本中的 21 家城市商业银行中，选取资产规模居中的编号为 27 的哈尔滨银行作为初始冲击银行，风险传染结果如图 4.4 所示，表 4.7 展示了风险传染过程中各时期的银行状态。结果显示，哈尔滨银行的破产冲击最终导致 11% 的银行由于资不抵债而破产，24% 的银行由于流动性不足而破产，

63%的银行陷入流动性危机,金融资产价格下跌幅度约70%,100%的投资者陷入恐慌情绪之中。与全国性股份制商业银行遭受破产冲击的情景相比,城市商业银行遭受破产冲击导致的风险传染程度进一步降低,因流动性不足而破产银行占比与因资不抵债而破产的银行占比均有所减少,转而更多的银行仅陷入流动性危机,金融资产下跌程度有所减少。另外,这里由于共同资产持有路径下的风险传染导致的破产银行全部为城市商业银行。

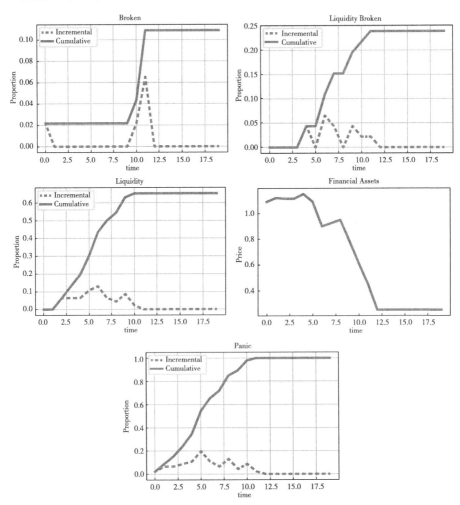

图4.4　哈尔滨银行破产冲击情景风险传染图

编号为 26 的天津银行由于流动性展期路径下的风险传染而在第 4 期陷入流动性危机，从表 4.3 与 4.2 中来看，与兴业银行类似，天津银行持有的短期同业负债占比高达 15.78%，而流动性水平仅为 8.17%，导致其在流动性展期路径下风险暴露程度较高，但流动性风险吸收能力较差，因此在风险传染爆发期极易由于短期同业负债被收回而直接陷入流动性危机。

表 4.7　哈尔滨银行破产冲击情景各时期银行节点状态表

时期	流动性危机	破产	恐慌情绪	流动性不足而破产
0		27	27	
1			7, 28, 33	
2	7, 28, 33		12, 25, 44	
3	12, 25, 44		5, 8, 19, 43	
4	19, **26**, 43		1, 4, 16, 21, 38	5, 8
5	1, 4, 16, 21, 38		13, 14, 17, 22, 32, 35, 36, 40, 45	
6	14, 17, 22, 32, 35, 45		9, 15, 31, 41, 42	13, 36, 40
7	31, 41, 42		20, 24, **26**	9, 15
8	20, 24		2, 6, 10, 11, 30, 37	
9	2, 11, 30, 37		3, 39	6, 10
10	3	**29**	0, 18, 23, 29	39
11		18, 23, **34**	34	0

（4）冲击目标：农村商业银行

在样本中的 8 家农村商业银行中，选取资产规模居中的编号为 45 的张家港农商银行作为初始冲击银行，风险传染结果如图 4.5 所示，表 4.8 展示了风险传染过程中各时期的银行状态。结果显示，张家港农商银行的破产冲击最终导致 9% 的银行由于资不抵债而破产，15% 的银行由于流动性不足而破产，76% 的银行陷入流动性危机，金融资产价格下跌幅度约 70%，100% 的投资者陷入恐慌情绪之中。与城市商业银行遭受破产冲击的情景相比，农村商业银行遭受破产冲击导致的风险传染程度进一步降低，因流动性不足而破产银行占比与因资不抵债而破产的银行占比均有所减少，转而更多的银行仅陷入流动性危机。同时，编号为 26 的天津银行再次由于流动性展期路径的风险传染而陷入流动性危机。

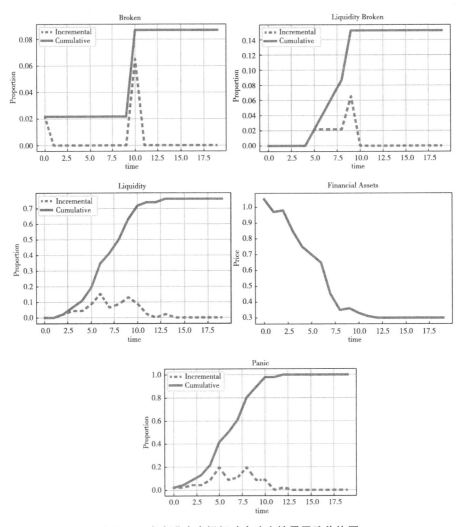

图 4.5 张家港农商银行破产冲击情景风险传染图

表 4.8 张家港农商银行破产冲击情景各时期银行节点状态表

时期	流动性危机	破产	恐慌情绪	流动性不足而破产
0		45	45	
1			33	
2	33		8, 12	
3	8, 12		0, 17	
4	0, 17		3, 4, 30, 34	

续表

时期	流动性危机	破产	恐慌情绪	流动性不足而破产
5	3，4，**26**，30		6，18，20，23，25， 26，27，35，40	34
6	6，18，20，23，25，27，35		5，16，41，44	40
7	16，41，44		2，19，32，38，43	5
8	2，19，32，38		1，7，9，10，13，15， 21，29，37	43
9	9，10，15，21，29，37		14，22，28，42	1，7，13
10	14，22，28，42	**11**，**31**，**36**	11，24，31，36	
11	24			
12			39	
13	39			

4.3.2　初始流动性冲击下银行业风险传染压力测试

（1）冲击目标：大型国有商业银行

当编号为 0 的工商银行遭受初始流动性冲击时，风险传染结果如图 4.6 所示，表 4.9 展示了风险传染过程中各时期的银行状态。结果显示，工商银行的流动性冲击最终导致 46% 的银行由于资不抵债而破产，41% 的银行由于流动性不足而破产，17.5% 的银行陷入流动性危机，金融资产价格下跌幅度超过 90%，100% 的投资者陷入恐慌情绪之中。

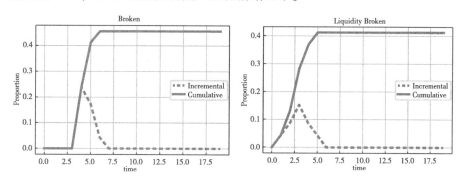

图 4.6　中国工商银行流动性冲击情景风险传染图

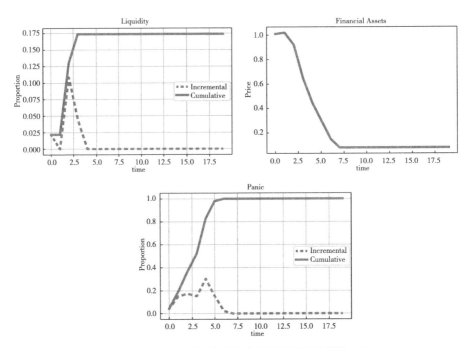

图 4.6　中国工商银行流动性冲击情景风险传染图（续）

表 4.9　中国工商银行流动性冲击情景各时期银行节点状态表

时期	流动性危机	破产	恐慌情绪	流动性不足而破产
0	0		3, 39	
1			4, 6, 20, 22, 31, 33, 36	3, 39
2	**0**, **12**, 20, 22, 33		1, 2, 9, 15, 24, 42, 43, 44	4, 6, 31, 36
3	24, **26**		0, 5, 8, 11, 13, 19, 30	1, 2, 9, 15, 42, 43, 44
4		8, **10**, 11, **17**, **23**, **25**, **27**, **28**, 30, **32**, 45	7, 10, 14, 17, 18, 23, 25, 27, 28, 32, 35, 37, 41, 45	0, 5, 13, 19
5		7, 14, **16**, **21**, 29, 35, 37, **38**	**12**, 16, 21, 29, 34, 38, 40	18, 41
6		34, 40	**26**	

从风险传染的爆发过程来看，投资者恐慌情绪仍然作为风险传染的重要导火索与影响因素持续整个风险传染过程中，受此影响，银行各类风险传染路径下的交叉传染导致了银行危机在第2—5期集中爆发。在破产高峰

期，由于共同资产持有路径下的风险传染而破产的银行中城市商业银行仍占据主要份额。天津银行与兴业银行由于较高的短期同业负债占比与较低的流动性水平，先后由于流动性展期路径下的风险传染而陷入流动性危机，但在第 2、3 期由于流动性危机而将金融资产变现不仅摆脱了当前的流动性危机，而且及时抛售金融资产避免了更大的损失，从而避免了在第 5、6 期的存款挤兑带来的因流动性不足而破产的风险。中国工商银行在初始流动性冲击下陷入流动性危机，在第 2 期又由于流动性展期路径下的风险传染再次陷入流动性危机。

表 4.10　交通银行流动性冲击情景各时期银行节点状态表

时期	流动性危机	破产	恐慌情绪	流动性不足而破产
0	4		41	
1			7，13，35	41
2	4，7，**12**，35		3，4，22	13
3	22，**26**		2，8，30，33	3
4	30，33		0，1，5，14，17，24，27，29，36，40	2，8
5	24，29		9，10，15，18，23，44，45	0，1，5，14，17，27，36，40
6	15，18	9，10，**19，20，21**，23，**25，31，39，42**，45	11，**12**，16，19，20，21，25，**26**，28，31，39，42	44
7		**6，38**	6，34，38	11，16，28
8		**32，37，43**	32，37，43	34

当编号为 4 的交通银行遭受初始流动性冲击时，风险传染结果如图 4.7 所示，表 4.10 展示了风险传染过程中各时期的银行状态。结果显示，交通银行的流动性冲击最终导致 35% 的银行由于资不抵债而破产，39% 的银行由于流动性不足而破产，28% 的银行陷入流动性危机，金融资产价格下跌幅度超过 90%，100% 的投资者陷入恐慌情绪之中。相较全球系统重要性银行——工商银行的流动性冲击情景，此时因流动性不足而破产的银行占比、因资不抵债而破产的银行占比均有所减少，转而更多的银行仅陷入流动性危机，金融资产下跌程度无明显变化；风险传染导致的银行危机在第 2—8 期陆续发生，说明爆发集中程度有所缓解；兴业银行与天津银行再次由于流动性展期路径的风险传染陷入流动性危机；受共同资产持有路径下的风

险传染影响的大量破产银行中，城市商业银行仍然为主要群体，其次为农村商业银行。

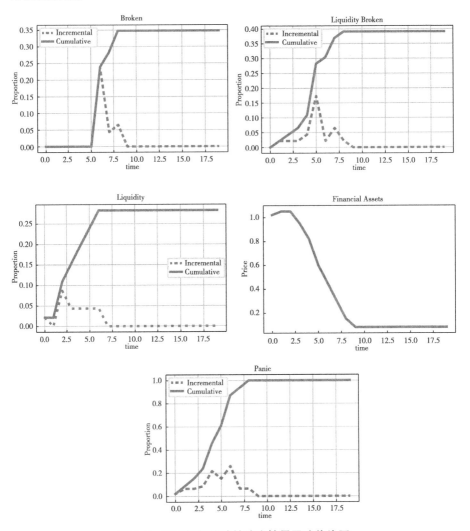

图4.7　交通银行流动性冲击情景风险传染图

（2）冲击目标：全国性股份制商业银行

当编号为13的平安银行遭受初始流动性冲击时，风险传染结果如图4.8所示，表4.11展示了风险传染过程中各时期的银行状态。结果显示，平安银行的流动性冲击最终导致28%的银行由于资不抵债而破产，33%的银行由于流动性不足而破产，44%的银行陷入流动性危机，金融资产价格下跌幅度超过90%，100%的投资者陷入恐慌情绪之中。相较于大型国有商业银行遭受初始流动性冲击的情景，此时因流动性不足而破产的银行占比与因资不抵债而破产的银行占比均有所减少，转而更多的银行仅陷入流动性危机，金融资产下跌程度无明显变化但下跌速度显著降低，银行危机的爆发期从第 2 期持续到第 10 期，危机爆发的集中程度进一步降低，整体风险传染过程更为平缓；兴业银行与天津银行再次由于流动性展期路径的风险传染而陷入流动性危机；受共同资产持有路径下的风险传染影响的大量破产银行中，城市商业银行与农村商业银行为主要群体。

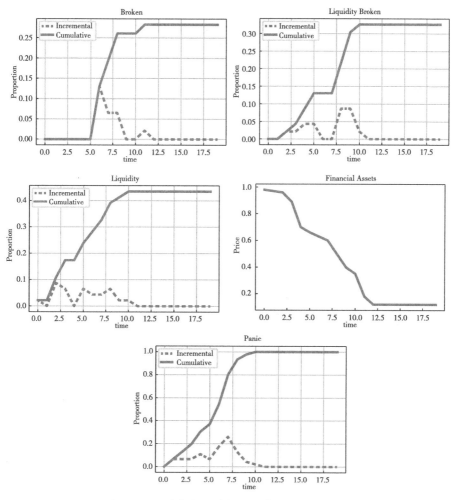

图 4.8　平安银行流动性冲击情景风险传染图

表 4.11　平安银行流动性冲击情景各时期银行节点状态表

时期	流动性危机	破产	恐慌情绪	流动性不足而破产
0	13			
1			8, 10, 23	
2	10, **12**, 13, 23		3, 9, 17	8
3	9, 17, 26		0, 1, **12**	3
4			20, 28, 35, 39, 44	0, 1
5	20, 35, 44		24 , **26** , 40	28, 39
6	24, 40	**14, 16, 25, 29, 37, 45**	7, 14, 16, 25, 29, 37, 43, 45	
7	7, 43	**21, 30, 33**	2, 4, 11, 15, 19, 21, 22, 27, 30, 31, 33, 38	
8	2, 11, 22	15, 19, **42**	5, 18, 34, 36, 41, 42	4, 27, 31, 38
9	18		13, 32	5, 34, 36, 41
10	32		6	13
11		6		

（3）冲击目标：城市商业银行

编号为 27 的哈尔滨银行遭受初始流动性冲击时，风险传染结果如图 4.9 所示，表 4.12 展示了风险传染过程中各时期的银行状态。结果显示，哈尔滨银行的流动性冲击最终导致 17.5% 的银行由于资不抵债而破产，26% 的银行由于流动性不足而破产，59% 的银行陷入流动性危机，金融资产价格下跌幅度超过 90%，100% 的投资者陷入恐慌情绪之中。与全国性股份制商业银行遭受流动性冲击的情景相比，城市商业银行遭受流动性冲击导致的风险传染程度进一步降低，因流动性不足而破产银行占比与因资不抵债而破产的银行占比均有所减少，转而更多的银行仅陷入流动性危机，金融资产下跌程度无明显变化但下跌速度进一步降低，银行危机爆发从第 2 期持续到第 15 期，风险传染导致的危机爆发集中度进一步降低，整体风险传染过程更为平缓。排除自身投资者恐慌性抛售因素外，在共同资产持有路径导致的破产银行全部为城市商业银行。兴业银行与天津银行再次由于流动性展期路径的风险传染而在风险传染初期就陷入流动性危机。

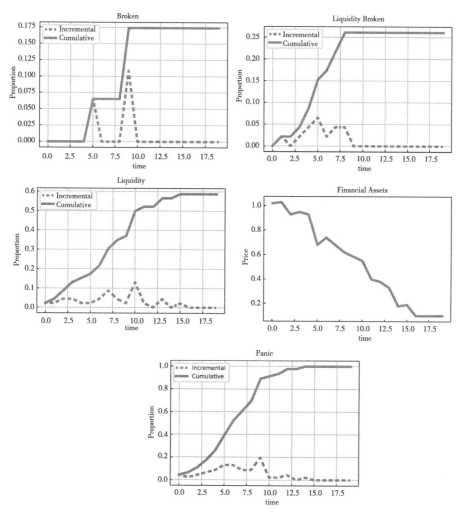

图 4.9　哈尔滨银行流动性冲击情景风险传染图

表 4.12　哈尔滨银行流动性冲击情景各时期银行节点状态表

时期	流动性危机	破产	恐慌情绪	流动性不足而破产
0	27		34, 37	
1	37		9	34
2	9, 12		2, 8	
3	2, 26		5, 6, 27	8
4	6		13, 14, 16, 44	5, 27
5	16	**22, 24, 35**	22, 24, 35, 38, 40, 43	13, 14, 44

续表

时期	流动性危机	破产	恐慌情绪	流动性不足而破产
6	40, 43		0, 17, 18, 19, 23, 39	38
7	0, 17, 18, 23		21, 30, 41, 42	19, 39
8	21, 30		29, 31, 36, 45	41, 42
9	36	29, 31, **32**, **33**, 45	1, 4, 7, 11, 15, **26**, 28, 32, 33	
10	1, 4, 7, 11, 15, 28		20	
11	20		**12**	
12			3, 10	
13	3, 10			
14			25	
15	25			

（4）冲击目标：农村商业银行

当编号为 45 的张家港农商银行遭受初始流动性冲击时，风险传染结果如图 4.10 所示，表 4.13 展示了风险传染过程中各时期的银行状态。结果显示，张家港农商银行的流动性冲击最终导致 6.5% 的银行由于资不抵债而破产，15% 的银行由于流动性不足而破产，80% 的银行陷入流动性危机，金融资产价格下跌幅度超过 80%，100% 的投资者陷入恐慌情绪之中。与城市商业银行遭受流动性冲击的情景相比，农村商业银行遭受流动性冲击导致的风险传染程度进一步降低，因流动性不足而破产银行占比与因资不抵债而破产的银行占比均有所减少，转而更多的银行仅陷入流动性危机，金融资产下跌幅度有所降低，且下跌速度进一步减缓。兴业银行与天津银行再次由于流动性展期路径的风险传染而陷入流动性危机。

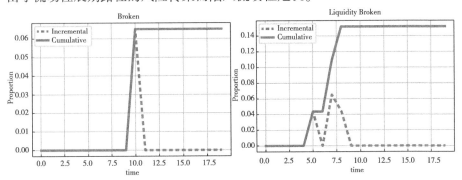

图 4.10　张家港农商银行流动性冲击情景风险传染图

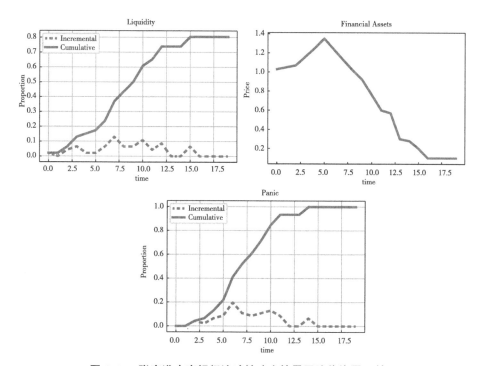

图 4.10　张家港农商银行流动性冲击情景风险传染图（续）

表 4.13　张家港农商银行流动性冲击情景各时期银行节点状态表

时期	流动性危机	破产	恐慌情绪	流动性不足而破产
0	45			
1				
2	**12**, 45		17, 24	
3	17, 24, **26**		30	
4	30		4, 10, 19	
5	19		2, 20, 25, **26**	4, 10
6	2, 20, 25		3, 5, 8, 15, 22, 29, 34, 38, 41	
7	5, 8, 15, 22, 29, 34		6, 9, 21, 36, 40	3, 38, 41
8	21, 36, 40		1, 7, 31, **45**	6, 9
9	1, 7, 31		0, 13, 16, 18, 42	
10	0, 13, 16, 18, 42	**27, 39, 44**	**12**, 27, 33, 35, 39, 44	
11	33, 35		11, 14, 28, 37	
12	11, 14, 28, 37			

续表

时期	流动性危机	破产	恐慌情绪	流动性不足而破产
13				
14			23，32，43	
15	23，32，43			

4.4 压力测试分析与对策

经过对各类银行破产冲击与流动性冲击情景的压力测试，可以发现我国银行业存在极大的潜在风险传染可能，一旦发生极端冲击将造成大量银行破产清算或陷入流动性危机，银行业系统风险将对实体经济产生溢出效应，甚至导致经济危机的全面爆发。因此，针对目前我国银行业在上述压力测试下的风险传染过程中呈现出的问题，提出以下对策。

第一，大型国有商业银行作为我国银行业的领头羊梯队，整体来看杠杆率水平与流动性水平较高，因此对违约损失与流动性冲击的吸收能力较强；金融资产占比与短期同业负债占比较低，因此共同资产持有路径与流动性展期路径下的风险暴露程度较低；虽然长期同业资产占比相对较高，但从第4章的仿真模拟结果与本章的压力测试结果来看，对手违约路径的风险传染程度相对较低，因此本身不存在显著的风险点。然而，由于大型国有商业银行中，既包含中国银行、中国工商银行、中国农业银行、中国建设银行此类全球系统重要性银行，还包含交通银行、中国邮政储蓄银行此类国内系统重要性银行，因此针对大型国有商业银行的极端破产冲击或流动性冲击将导致80%以上的其他银行由于资不抵债而破产或由于流动性不足而破产，产生极为严重的银行业系统风险。因此，金融监管机构一方面应继续监督大型国有商业银行保持稳健运营状态，另一方面一旦此类银行面临违约风险，基于本章的压力测试结果与第5章中政府救助的自然实验结果，针对大型国有商业银行或系统重要性银行的破产救助是金融监管机构必须采取的措施，目前来看，此类银行仍具有明显的"太大而不能倒"的性质。

第二，全国性股份制商业银行的资产规模仅次于大型国有商业银行，在我国银行业中具有举足轻重的地位，整体来看杠杆率水平与流动性水平整体较低，因此对违约损失与流动性冲击的吸收能力相对较弱；金融资产、长期同业资产、短期同业负债占资产与负债的比重高低不一，因此相应的共同资产持有路径、对手违约路径、流动性展期路径下的风险暴露程度也各有不同。值得注意的是，兴业银行自身流动性水平较低但短期同业负债占总负债的比例高达 20.75%，因此流动性展期路径下的风险暴露程度极高而对流动性冲击的吸收能力不足，在压力测试的大多数情境中，兴业银行都不可避免地由于流动性展期路径下短期同业负债的债权方银行停止展期而陷入流动性危机。渤海银行 41.18% 的金融资产占比相对较高，但其 4.83% 杠杆率却处于极低水平，因此共同资产持有路径下的风险暴露程度较高而对资产损失的吸收能力较差，在压力测试的部分情境中，渤海银行均由于共同资产持有路径下的金融资产减值损失而陷入破产。因此，监管机构应对兴业银行、渤海银行或具有相似特征（短期同业负债占比高但现金储备低、金融资产占比高但杠杆率低）的银行高度重视，此类银行在危机期间的流动性水平急剧下降、金融资产折价出售环境中，极易陷入流动性危机甚至破产，进一步使得风险通过流动性展期路径、共同资产持有路径、对手违约路径传染到更多的银行。

第三，城市商业银行是我国银行业的重要组成部分，是服务于地方经济的重要金融力量，整体来看，城市商业银行的杠杆率与流动性水平高低不一，对资产损失与流动性冲击的吸收能力取决于银行的风险管理水平。值得注意的是，城市商业银行的金融资产占比普遍偏高，意味着共同资产持有路径下的风险暴露程度普遍较高，从不同情景的压力测试来看，在由于金融资产的减价抛售导致的价格急速下跌引发的银行破产中，绝大多数都是城市商业银行，而且在系统重要性银行遭受冲击时，绝大多数城市商业银行都难逃破产命运，充分说明金融资产的过度持有在城市商业银行中是危险的潜在风险传染点。从长期同业资产与短期同业负债的占比来看，依然呈现高低不一的特点，需要注意的是，天津银行 15.78% 的短期同业负债占比相对较高，而 8.17% 的流动性水平相对较低，与兴业银行类似，天津银行在流动性展期路径下的风险暴露程度较高而对流动性冲击的吸收能力不足，在压力测试的许多情境中，天津银行都由于流动性展期路径下短期同业负债的债权方银行停止展期而陷入流动性危机。因此，城市商业银行中的金融资产占比需要引起金融监管机构的重视，在危机期间的金融资产折价出售带来的共同资产持有路径下风险传染会严重影响城市商业银行的稳健性，甚至导致大规模破产清算；另外，天津银行或具有类似特征的银行的流动性管理问题也需要引起足够重视，督促此类银行提高流动性水平，降低短期同业负债占比至合理水平。

第四，农村商业银行作为支农支小服务的重要力量是我国银行业的重要组成部分，从样本中上市农村商业银行来看，杠杆率与流动性均处于相对较高水平，说明对资产损失与流动性冲击的吸收能力较强。从三种传染路径对应的资产负债占比来看，金融资产占比与短期同业负债占比处于行业中下游，而长期同业资产占比存在两极分化现象，意味着共同资产持有路径与流动性展期路径下的风险传染暴露程度一般，但需要注意的是，重庆农商银行的长期同业资产占比高达 10.31%，在样本银行中处于最高水平，对手违约路径下的风险暴露程度较高，增加了危机期间的破产风险；在多个情景的压力测试下，重庆农商银行都由于共同资产持有路径与对手违约路径的风险传染而陷入破产清算。因此，农村商业银行中虽无严重的潜在风险传染点，但由于相较大型国有商业银行、全国性股份制商业银行以及城市商业银行，农村商业银行在内部控制、风险管理水平上参差不齐，仍需要注意个别农村商业银行的风险水平，提高对风险的吸收能力进而提升危机期间在风险传染过程中的生存能力。

4.5 小结

本章针对我国银行业 46 家大型国有商业银行、全国性股份制商业银行、城市商业银行与农村商业银行，在对不同类型的银行的杠杆率、流动性、风险传染路径对应的资产负债比重分析的基础上，采用本书提出的基于系统网络与市场主体有限理性行为的银行业风险传染模型，对破产冲击和流动性冲击下不同类型银行的初始冲击情景进行压力测试，并根据测试结果对我国银行业风险监管提出对策。

第5章 银行业风险传染监管体系研究

经过第 2、第 3 章对系统网络与行为金融视角下银行业风险传染中不同风险传染路径、不同行为金融因素的叠加及影响效应的验证，充分说明将三种银行业风险传染路径与三类行为金融因素相结合能够更加全面、细致、深入地刻画现实中的风险传染过程。在第 4 章中，针对我国银行业风险传染的压力测试表明，一旦发生风险传染将造成风险在银行业迅速传染，影响更多的银行。那么，如何提高银行的风险抵御能力、如何管控银行业风险传染、怎样建立风险传染监管体系、怎样切断风险传染来防止系统风险的发生，是当前各国监管机构必须面对的问题。因此，本章从微观审慎、宏观审慎、中观审慎、政府救助四个角度出发，建立银行业风险传染监管体系。根据本书提出的基于系统网络与市场主体有限理性行为的银行业风险传染模型，首先从微观审慎角度，结合巴塞尔协议的监管思路，提出杠杆率与流动性两类指标，对模型参数进行敏感性分析，验证两类微观审慎监管指标的有效性；其次从宏观审慎监管角度，结合巴塞尔协议的监管思路，从时间与结构两个方面提出系统重要性金融机构附加杠杆率与逆周期附加杠杆率，并通过仿真模拟验证两类指标的有效性；之后从中观审慎角度，结合系统网络及其对应的传染路径，提出中观审慎监管方法，并通过仿真实验验证其有效性；最后从政府救助角度，分别从救助的方式、时机、目标三方面出发，对模型中的不同银行节点在不同时期进行不同类型的救助，通过自然实验方法对比各种策略实施结果，分析如何通过高效的政府救助切断风险传染过程。

5.1 微观审慎监管

自 1975 年 2 月巴塞尔银行监管委员会成立以来，逐渐对全球范围内的银行业提出了统一的监管标准及指导原则，从 1975 年的第一个《巴塞尔协议》，到 1999 年的《新巴塞尔协议》，再到 2013 年的《巴塞尔协议Ⅲ》，微观审慎监管一直以来都是其中的主要监管手段之一。为保证单个银行的稳健性，增强银行在面对不良冲击时的损失吸收能力，巴塞尔委员会从资本充足率、杠杆率、流动性要求等方面提出了多项监管指标。根据巴塞尔协议的监管思路，针对杠杆率、流动性的微观审慎监管方法能够提升银行的稳健性、增强银行在危机期间的损失吸收能力，那么两类监管指标在银行业风险传染中的效果如何，接下来将基于本书提出的银行业风险传染模型，选取杠杆率与流动性两方面的模型参数，控制其余参数不变的同时调整杠杆率与流动性的范围，通过仿真模拟进行参数敏感性分析，验证两类微观审慎监管指标对管控银行业风险传染的有效性。

5.1.1　杠杆率监管

从微观审慎的杠杆率监管来看，当监管机构提高杠杆率要求时，基于单个银行视角，会提高银行的抗风险能力，降低自身危机的发生概率，那么基于银行系统网络与行为金融视角时，银行业的风险传染是否也会受到影响，接下来通过对杠杆率的参数敏感性仿真实验进行验证。

在第 2、第 3 章的标准参数状态下，将所有者权益与总资产的比率（即杠杆率，用 kappa 表示）设定为 6%。接下来，对这一杠杆率参数的敏感性进行分析，模拟杠杆率在 6%～16% 范围变化时，破产冲击或流动性冲击下银行业风险传染会受到怎样的影响。为保证结果的稳健性，模拟次数设定为 1000 次，即任意的参数组合下都进行 1000 次模拟并取均值作为该参数情形的结果进行记录。模拟结果如图 5.1 和图 5.2 所示，"kappa"代表杠杆率，"time"代表时期数，纵轴与第 2、第 3 章中一致，分别代表破产的银行占比、因流动性不足而破产的银行占比、流动性危机的银行占比、金融资产价格、陷入恐慌的投资者占比。

如图 5.1 所示，在破产冲击下，杠杆率的提高，对银行业风险传染造成了以下影响：从传染结果来看，破产的银行由 12% 下降至 6%，陷入流动性危机的银行由 85% 下降至 45%，杠杆率要求提升至较高水平时因流动性不足而破产的银行占比略微下降，而金融资产价格跌幅、恐慌投资者占比无明显变化。因此说明，微观审慎监管的杠杆率指标使流动性风险和破产风险的传染范围大幅下降。从传染过程来看，无论杠杆率如何变化，金融资产价格的下跌高峰一直保持在第 3—10 期，投资者恐慌的爆发高峰一直保持在第 2—10 期，银行破产、流动性危机、因流动性不足而破产的爆发高峰一直保持在第 2—10 期，高峰期的危机银行占比都大幅下降。因此说明，杠杆率的提升使得风险传染影响的范围在传染过程中平稳减少。

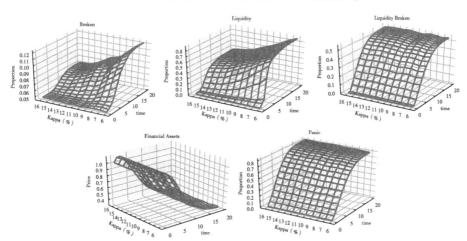

图 5.1　破产冲击下杠杆率监管对银行业风险传染的影响图

如图 5.2 所示，在流动性冲击下，从传染结果与过程来看，杠杆率的提高对各项指标的影响基本与破产冲击一致，因此不再赘述。综上，微观审慎监管中的杠杆率能够有效地降低破产风险、流动性风险的传染范围，但无法有效限制行为金融因素导致的风险，例如投资者恐慌情绪导致的挤兑使得银行流动性不足而破产。

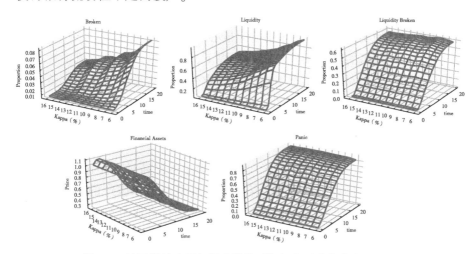

图 5.2　流动性冲击下杠杆率监管对银行业风险传染的影响图

5.1.2 流动性监管

从微观审慎中的流动性监管来看，当监管机构提高流动性监管要求时，银行将不得不放弃部分盈利性强、流动性差的资产，转而持有更多盈利性差、流动性强的资产。基于单个银行视角，这一转变必然会提高任意一家银行对流动性冲击的吸收能力，降低流动性风险的发生概率，那么基于银行系统网络与行为金融视角时，银行业的风险传染是否也会受到影响，接下来通过对流动性要求的参数敏感性仿真实验进行验证。

本书模型中的资产包含长期同业资产、短期同业资产、客户贷款、金融资产与现金，并通过现金比客户存款与短期同业负债之和来衡量流动性水平，银行在这一比例低于 5% 时将陷入流动性危机，因此在控制其他参数不变的前提下，流动性要求的提高，实质为现金比例的提高，且由于同业资产负债值的固定，现金的增加来自客户贷款与金融资产的减少。虽然，在现实中银行流动性水平的调整往往不局限于现金的增加，现金增加的来源也不局限于客户贷款与金融资产的变现，然而，在本书研究流动性要求对于银行业风险传染影响的核心问题上，该模型及其内在逻辑可以简化地代表监管机构对银行流动性要求的变化。若全面地考虑银行流动性资产分类以及具体的期限错配情况，将使得模型大幅复杂化，且对流动性水平变化的刻画程度并不会明显提升，因此这里的设定能够在流动性方面反映流动性水平变化的实质，即满足本书研究核心所需。

在流动性危机的判定条件不变的前提下，模拟破产冲击或流动性冲击下银行业风险传染对初始状态下流动性要求变化的敏感性，其变化范围为 5% ~15% 。为保证结果的稳健性，模拟次数设定为 1000 次，即任意的参数组合下都进行 1000 次模拟并取均值作为该参数情形的结果记录。模拟结果如图 5.3 和图 5.4 所示，"beta" 代表流动性要求。

如图 5.3 所示，在破产冲击下，流动性要求的提高对银行业风险传染造成了以下影响：从传染结果来看，陷入流动性危机但未破产的银行占比由 85% 大幅下降至 20% ，因流动性不足而破产的银行占比由 52% 略微下降至 48% ，破产的银行由 12% 略微上升至 14% ，金融资产价格跌幅与恐慌投资者占比无明显变化。因此说明，微观审慎监管的流动性要求使得银行业流动性风险传染范围大幅降低。从传染过程来看，随着流动性要求的提高，原本第 0—8 期的流动性风险爆发高峰趋缓为第 3—15 期的陆续缓慢爆发，金融资产价格的下跌高峰一直保持在第 4—12 期，投资者恐慌的爆发高峰一直保持在第 2—10 期，银行破产或因流动性不足而破产的爆发高峰一直保持在第 3—10 期。因此说明，流动性要求的提升使银行业风险传染导致的流动性危机爆发趋缓，且风险传染影响的范围在流动性风险传染各时期中平稳降低。

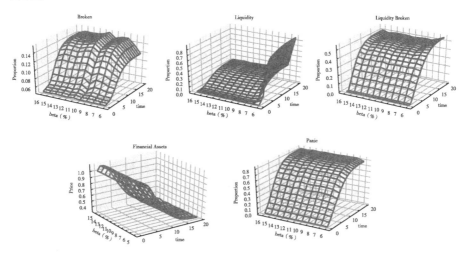

图 5.3　破产冲击下流动性监管对银行业风险传染的影响图

如图 5.4 所示，在流动性冲击下，从传染结果与过程来看，流动性要求的提高对各项指标的影响基本与破产冲击一致，这里的金融资产价格跌幅、恐慌投资者占比、因流动性不足而破产的银行占比也出现明显降低。综上，微观审慎监管的流动性要求，能够大幅降低流动性风险的传染范围，且对于投资者恐慌情绪造成的银行流动性不足而破产也起到略微的限制作用。

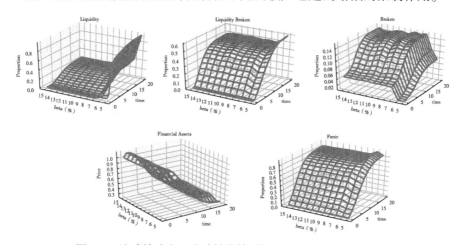

图 5.4　流动性冲击下流动性监管对银行业风险传染的影响图

5.2 宏观审慎监管

随着金融创新的不断发展，金融机构的各项业务愈加复杂，金融机构间联系也愈加紧密，自 2008 年美国次贷危机导致的全球金融危机爆发以来，以巴塞尔委员会为代表的金融监管机构越来越认识到宏观审慎监管的重要性。微观审慎监管仅考虑单一机构视角，虽然提高了单一金融机构的风险防范能力，但并不足以应对联系紧密且复杂多变的金融行业所存在的系统风险。2010 年 10 月，巴塞尔委员会正式发布《巴塞尔协议Ⅲ》，首次以巴塞尔协议的方式提出了逆周期资本缓冲框架，以此降低周期性所带来的负面影响；2017 年 12 月，巴塞尔委员会发布的《巴塞尔协议Ⅲ》的最终修订版本对全球系统重要性银行提出比一般银行更高的杠杆率要求。因此，这里结合巴塞尔协议的宏观监管思路，分别从结构维度的系统重要性银行附加杠杆率与时间维度的逆周期附加杠杆率监管方法出发，结合本书的银行业风险传染模型，验证两类宏观审慎监管策略的有效性。

5.2.1 附加杠杆率要求

从结构维度来看，最新版本的巴塞尔协议中，宏观审慎监管的核心内容之一即针对系统重要性银行附加更高的杠杆率，杠杆率指标旨在弥补资本充足率监管的不足，且对系统重要性银行提出更严格的附加杠杆率[①]。根据本书第 4 章中的银行业同业借贷网络结构以及由此生成的银行资产负债数据，节点编号为 0、1、2 的银行为该银行业的系统重要性银行，因此对这三家的杠杆率附加要求变化时银行业风险传染的情况进行仿真模拟，模拟次数为 1000 次，在两类初始冲击下的结果如图 5.5 与图 5.6 所示，"kappa_add"代表初始状态的附加杠杆率要求。

从图 5.5 中可以看出，在破产冲击下，给系统重要性银行附加额外杠杆率要求从 0 到 10% 的变化对银行业风险传染产生如下影响：破产银行占比从 12% 下降到 10.5%，流动性危机银行占比从 73% 上升到 79%，因流动性不足而破产银行占比从 16% 下降到 10%，金融资产价格跌幅从 27% 降低至 22%，陷入恐慌的投资者占比从 65% 下降至 61%。

---

① Basel Committee on Banking Supervision, Basel Ⅲ: Finalising post-crisis reforms, December 2017, https: //www. bis. org/bcbs/publ/d424. pdf.

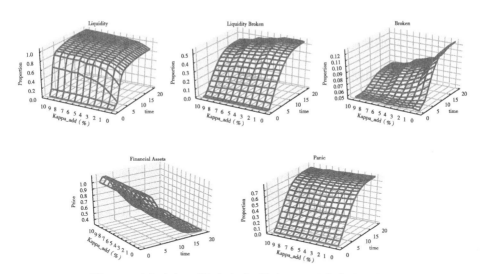

图 5.5　破产冲击下附加杠杆率对银行业风险传染的影响图

从图 5.6 中可以看出，在流动性冲击下，系统重要性银行附加额外杠杆率要求从 0 到 10% 的变化对银行业风险传染造成如下影响：破产银行占比从 9% 下降到 7%，流动性危机银行占比从 80% 上升到 82%，因流动性不足而破产银行占比从 12% 下降到 9%，金融资产价格跌幅从 35% 降低至 30%，陷入恐慌的投资者占比从 72% 下降至 67%。

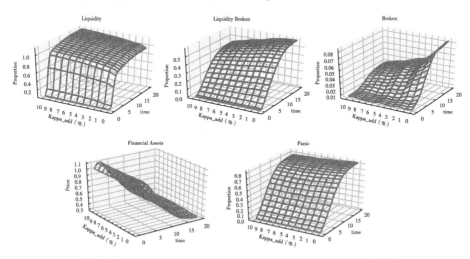

图 5.6　流动性冲击下附加杠杆率对银行业风险传染的影响图

综上所述，针对系统重要性银行的附加杠杆率要求，提升了系统重要性银行的稳健性与损失吸收能力，且在一定程度上降低了银行业风险传染的影响范围，降低了危机期间金融资产价格的下跌幅度，对银行业风险传染起到了一定的限制作用。

5.2.2 逆周期监管

从时间维度来看，宏观审慎监管中的核心内容之一即针对经济的周期性特征，为防止银行在经济繁荣时的过度膨胀导致经济衰退时承担更大的风险，要求银行留存逆周期缓冲资本，充分体现出在银行监管中策略的逆周期监管的思路。由于本书模型并未涉及资本充足率指标，而资本充足率与杠杆率在实质上都是提高资本降低风险暴露的监管措施，具有一定的相似性，因此这里结合巴塞尔协议的宏观审慎监管思路，从逆周期附加杠杆率出发，检验其对银行业风险传染的影响。这里通过在金融资产价格的信息变化所服从的随机过程的漂移项中加入三角函数，以金融资产价格的整体上涨与下跌体现经济的周期性特征，同时在经济周期的繁荣阶段加入逆周期的附加杠杆率要求，对范围在 0 ~ 10% 的逆周期附加要求下银行业风险传染进行仿真模拟，模拟次数为 1000 次，在两类初始冲击下的结果如图 5.7 与图 5.8 所示。

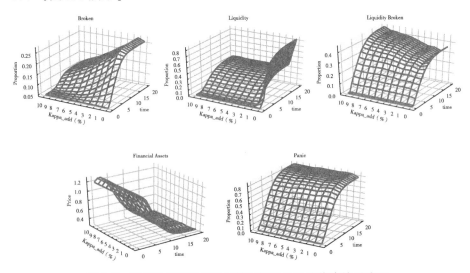

图 5.7　破产冲击下逆周期监管对银行业风险传染的影响图

从图 5.7 中可以看出，在破产冲击下，逆周期监管的实施对银行业风险传染造成如下影响：从传染结果来看，破产银行占比由 25% 下降至 10%，流动性危机银行占比由 80% 下降至 40%，因流动性不足而破产的银行占比由 35% 下降至 30% 后又上升至 40%，金融资产价格和投资者恐慌情绪无明显变化，说明逆周期监管整体上使得风险传染范围降低，尤其是对破产风险和轻微的流动性危机的传染效果明显，但过度的逆周期附加杠杆率将适得其反地使得银行在经济繁荣期盈利受限，从而降低危机期间承受严重流动性危机的能力。从风险传染过程来看，逆周期监管并未产生显著的影响。

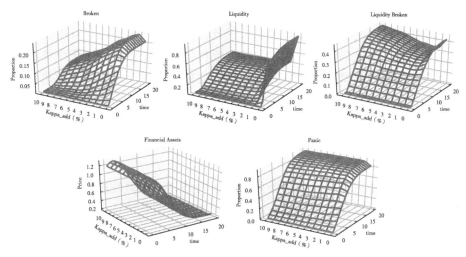

图 5.8   流动性冲击下逆周期监管对银行业风险传染的影响图

从图 5.8 可以看出，逆周期监管对流动性冲击下的银行业风险传染范围影响更加明显：破产银行占比由 24% 下降至 7%，流动性危机银行占比由 90% 下降至 39%。另外，由于经济周期因素的加入，当逆周期监管指标为 0 时，相较图 5.1 至图 5.6，图 5.7 与图 5.8 中的金融资产价格的波动幅度有了明显提升，且破产银行占比、流动性危机银行占比、因流动性不足而破产银行占比都有了明显提升。这是由于在 0 期的初始冲击出现之前，经济处于繁荣时期，金融资产价格升值幅度有所增加，而在 0 期的初始冲击之后进入衰退时期，在风险传染过程中的资产抛售以及投资者交易行为影响下，金融资产价格贬值幅度也有所增加，由此导致风险在经济衰退期传染范围更广，影响更加深远。那么由于经济周期性特征的存在，在经济衰退时发生风险传染的影响将会更加严重，而逆周期附加杠杆率的监管措施能够有效地降低风险传染的范围。与此同时，这种逆周期监管的程度应充分考虑银行在经济繁荣时期的发展机会，不能一味地追求经济繁荣时的严监管，更需要在与风险防范的权衡中寻求最佳的监管程度。

5.3 中观审慎监管

通过上述研究发现，在微观审慎与宏观审慎监管方法下，银行业风险传染的范围都有不同程度的降低，但整体来看，初始冲击引发的银行业风险传染仍能够影响绝大多数的银行。因此，仅从微观审慎与宏观审慎两方面监管还存在一定局限性，微观审慎的银行个体维度更加侧重于个体稳健性要求，而宏观审慎的结构维度与时间维度更加侧重于系统重要性机构与逆周期的额外监管要求，都未涉及针对银行业所形成的系统网络维度的审慎监管，目前这一介于微观与宏观之间的系统网络结构维度并未得到应有的重视，对系统网络中银行业风险传染的各种路径也并没有针对性的监管措施。

那么，鉴于银行业风险传染的对手违约路径、流动性展期路径、共同资产持有路径，以及三种路径所对应的长期同业借贷网络、短期同业借贷网络、资产重叠网络，如何通过中观审慎监管来引导银行各项业务，以建立更稳健的银行业系统网络，从而限制银行业风险传染程度，将在本节进行研究。这里所指的"中观审慎监管"，是介于微观审慎监管中提升机构个体稳健性与宏观审慎监管中提升结构性与周期性的稳健性之间的监管措施，旨在基于系统网络中三种风险传染路径所依赖的三种银行业关联网络，通过提升网络结构稳健性而限制风险传染过程与结果，提升银行业系统网络的稳健性。

首先，从长期与短期同业借贷网络出发，结合第 2 章中提到的银行业同业业务可能形成的几类典型规则网络的定义与特征，通过仿真模拟分析破产风险与流动性风险在不同网络结构中的传染结果，寻求更为稳健的银行同业市场网络结构；其次，从资产重叠网络出发，结合第 2 章中资产重叠网络形成过程中的金融市场参数与资产分配策略，通过对市场参数的敏感性分析以及不同分配策略的仿真模拟，寻求更为稳健的银行资产重叠网络结构；最后，从银行的异质性角度出发，分析系统网络中银行节点的异质性对网络结构产生的影响以及由此带来的对风险传染结果的影响。

5.3.1 长期与短期同业借贷网络监管

由于对手违约路径与流动性展期路径的风险传染是基于银行业长期与短期同业借贷关系，因此银行业长期与短期同业借贷业务所形成的网络结构必然对这两类路径的风险传染产生重要影响。在第 2 章的银行业同业借贷网络仿真部分，本书借鉴无标度复杂网络来建立银行业同业借贷网络，那么是否存在更稳健的网络结构，能够对银行业同业借贷业务进行指引，通过使其形成相应的网络结构，从而对银行业风险传染起到限制作用，是中观审慎视角下系统网络维度的重要问题之一。因此，这里结合第 2 章中定义的几类规则网络（环状网络、完全连接网络、区域型网络、中心边缘网络）以及无标度网络，分析五种不同的网络结构中银行业风险传染程度，以此分析具备不同特征的网络结构在银行业风险传染中是否呈现不同的稳健性。

保持各项参数不变，选取银行 6 给予初始破产冲击或流动性冲击，仿真模拟结果如图 5.9 所示，其中（a）为不同的长期同业借贷网络结构的银行业破产风险传染结果，（b）为不同的短期同业借贷网络结构的银行业流动性风险传染结果，其中各类线型含义如下："initial"代表原始的无标度网络，"ring"代表环状网络，"complete"代表完全连接网络，"regional"代表区域型网络，"core"代表中心边缘网络。

从图 5.9 中可以看出，在各类长期同业借贷网络中，传染范围由高至低依次为：无标度网络、环状网络、区域型网络、中心边缘网络、完全连接网络；在各类短期同业借贷网络中，传染范围由高至低依次为：中心边缘网络、无标度网络、环状网络、完全连接网络、区域型网络；整体来看，具备全连接特征的网络稳健性较高，而无标度网络稳健性最低，因此意味着从中观审慎角度的银行业同业借贷网络结构来看，现实中的无标度网络结构相对更利于对手违约路径与流动性展期路径的风险传染，而完全连接网络中更为均匀的银行业同业借贷关系能够降低对手违约风险和流动性展期风险的传染范围，同时区域型的短期同业借贷网络结构能够进一步降低流动性展期路径下的风险传染。

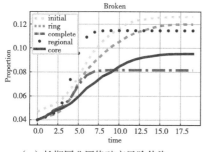
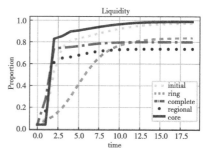

（a）长期同业网络破产风险传染　　　（b）短期同业网络流动性风险传染

图 5.9　各类长期与短期同业借贷网络中银行业风险传染图

因此，监管机构应在中观审慎角度对银行同业业务所形成的网络结构进行实时监管，建议银行更加均匀、分散地开展同业业务，引导现有的无标度网络结构向更加稳健的完全连接网络结构转变，同时应鼓励并支持同区域（这里的区域不局限于地理区域，可更广义地理解为相同的行业重心、相同的客户定位等）内银行业开展短期同业借贷业务，增强短期同业借贷网络的区域型特征，并逐步引导短期同业借贷网络向区域型网络结构转变。

5.3.2　资产重叠网络监管

银行由于持有相同的金融资产而形成的资产重叠网络，使得共同资产持有路径下的风险传染能够波及金融资产市场中的全部银行，那么，是否能够通过调整相关市场参数以及银行金融资产的配置策略来影响资产重叠网络结构，进而限制银行业共同资产持有路径下的风险传染，也是中观审慎视角下系统网络维度的重要问题之一。鉴于此，这里分别从资产多样化程度、资产密度与资产分配策略三个方面对资产重叠网络特性进行模拟，并对在不同的资产重叠网络中银行业风险传染进行记录，通过比较传染结果为银行业资产重叠网络寻求更为稳健的网络结构。

在 1981 年，诺贝尔经济学奖获得者詹姆斯·托宾说：“不要把鸡蛋放在一个篮子里。”意味着投资者可以通过分散化投资来降低投资组合风险，那么，在银行业风险传染领域中，这种分散化投资所形成的资产重叠网络是否能够限制银行业风险传染？这里通过对金融市场中的资产多样化程度参数 μ 进行敏感性分析来进行验证。从第 2 章的模型建立部分得知，该参数代表银行平均持有的金融资产种类数，同时由于本书至此一直未考虑银行的异质性，即每一家银行持有的金融资产种类都为 μ，因此资产多样化程度参数 μ 越大就意味着银行的金融资产投资更加分散化。保持各项参数不变，选取银行 6 给予初始破产冲击，结果如图 5.10 所示，“miu”表示资产多样化程度参数 μ。

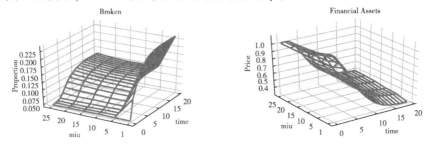

图 5.10　不同资产多样化程度时银行业风险传染图

从图 5.10 中可以看出，μ 从 1 增大到 5 时破产银行比例由 23% 迅速下降至 12%，意味着分散化投资带来的资产重叠网络结构变化限制了共同资产持有路径下的风险传染，导致更少的银行陷入破产；而随着 μ 的进一步增大，破产银行占比不再继续下降。说明当市场中金融资产数量一定时，分散化投资程度极低时的资产重叠集中于少数银行，但存在资产重叠的银行之间的资产重叠程度较高，因此分散化投资能够降低它们的资产重叠程度，从而限制共同资产持有路径下的风险传染，但这一效果受到市场中金融资产数量的限制，当银行的资产进一步分散化使得资产多样化程度提升时，越多的银行业存在资产重叠关系，资产重叠程度降低带来的积极影响与资产重叠银行数量升高带来的消极影响相互抵消，银行业风险传染程度不再继续降低。与此同时，从金融资产价格的变化来看，随着 μ 的增大，期初的金融资产交易带来的价格上涨幅度降低（上涨原因在第 4 章中已进行分析，同时，这里的资产多样程度参数敏感性分析结果也验证了该上涨原因），同时在银行风险传染过程中金融资产价格的下跌幅度与下跌速度也有所降低，说明分散化投资使得金融资产抛售导致的折价出售效果也有所降低，有利于银行金融资产价格的稳定，降低银行在危机期间的损失。

显然，上述分散化投资效果受到市场中金融资产数量的限制，通俗地讲，即"虽然鸡蛋可以放在不同的篮子中，但可以利用的篮子数量是受到限制的"，这也导致分散化投资所起到的作用有限，那么，市场中金融资产密度是否对资产重叠网络结构存在影响，从而影响共同资产持有路径下的银行业风险传染呢？接下来，对金融资产市场的资产密度参数 η 进行敏感性分析来进行验证。从第 2 章的模型建立部分得知，η 表示金融资产市场上资产种类与银行个数的比例，因此 η 越大意味着市场上相对于银行而言金融资产的种类越多，至此本书所进行的仿真模拟都基于标准参数状态，资产密度参数的默认值为 $\eta = 1$，这里对该参数在 0.4 至 2.0 的范围变化时银行业风险传染进行仿真模拟，结果如图 5.11 所示，图中的 eta 表示金融资产密度参数 η。

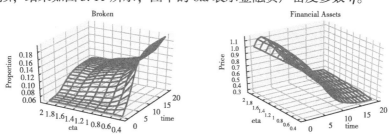

图 5.11   不同金融资产密度时银行业风险传染图

从图 5.11 可以看出，随着 η 由 0.4 增大至 2.0，风险传染导致的破产银行占比由 19% 下降至 9%，说明在资产密度参数的提高过程中，市场上供银行选择的金融资产种类相对增加，在银行资产多样化程度一定时，虽然无法改变资产重叠的程度，但会降低资产重叠的银行数量，使得资产重叠网络结构更加稳健，显著降低了银行业风险传染的范围。同时，在 η 增大的过程中，金融资产价格的下跌速度与最终下跌程度均有所减小，说明资产密度的提高也会降低资产抛售导致的折价出售效应，有利于银行金融资产价格的稳定，降低银行在危机期间的损失。

至此，本书在标准参数状态的研究中，对金融资产的分配策略一直默认银行按金额平均分配于所持的各类金融资产，通俗地讲，即"每个篮子内的鸡蛋重量是一致的"，这就导致银行业的资产重叠网络均匀地呈现重叠关系，且整体来看重叠程度的变化幅度也是均匀的。那么，若银行在资产分配过程中出于异质信念影响有选择地增持某项资产，由此带来的资产重叠网络结构变化是否能够影响共同资产持有路径下的风险传染？这里保持各参数不变，设定银行的金融资产分配策略除了遵循标准参数状态下的平均分配外，还遵循三种均值固定为均匀分配值但离散程度由低到高的三种贝塔分布来分配金融资产，仿真模拟结果如图 5.12 所示，其中的"uniform"表示平均分配策略，"beta1""beta2""beta3"分别表示离散程度由低至高的三种贝塔分布分配策略。

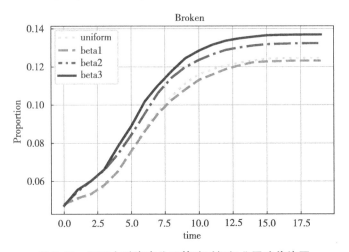

图 5.12 不同金融资产分配策略时银行业风险传染图

从图 5.12 可以看出，平均分配策略下的资产重叠网络中，银行业风险传染程度略高于低离散程度的贝塔分布策略下的资产重叠网络，但随着贝塔分布离散程度的增加，资产重叠网络结构的变化又使得银行业风险传染的程度上升，且高于原本的平均分配时的传染程度。说明相对于平均分配而言，略微差异化的资产分配策略能够使得资产重叠整体程度有所降低，促使资产重叠网络结构更加稳健，在一定程度上降低共同资产持有路径的风险传染，但随着资产分配的差异化程度的增强，导致资产更易集中于少数资产，反而会使资产重叠网络中的重叠程度增大，风险传染程度也随之扩大。

因此，监管机构应该在中观审慎视角对银行业系统网络中的资产重叠网络结构实时监管，推动金融产品创新，增加市场上的金融资产种类与资产密度，使得银行在资产配置中有更多的选择，同时鼓励银行分散化投资，降低投资组合风险的同时还能优化资产重叠网络结构，另外还应鼓励银行在资产分配过程中避免简单的平均化，适当的差异化着重增持资产有利于构建更稳健的银行业资产重叠网络，通过上述措施从中观上限制共同资产持有路径下的风险传染。通俗地讲，即"不要把鸡蛋放在一个篮子里，也不要把鸡蛋平均地放在篮子里，同时还应提供更多的篮子供选择"。

5.3.3　银行异质性监管

上述从长期同业借贷网络、短期同业借贷网络、资产重叠网络对银行业系统网络的三部分进行了分析，然而至此所有分析中都默认银行节点在网络结构建立中是同质的，即银行的长期与短期同业交易策略、金融资产配置策略不存在异质性，同业对手的多样化程度、金融资产持有的多样化程度全部银行保持一致。那么，银行异质性的存在是否会改变银行业系统网络结构，进而影响三种风险传染路径下的传染程度，也成为中观审慎视角下系统网络维度监管的重要问题之一。

鉴于此，这里通过设定不同的长期同业对手数量、短期同业对手数量、金融资产多样化程度来模拟三方面的银行异质性对三类网络结构以及银行业风险传染的影响，通过比较异质性程度不同时的风险传染结果，验证银行异质性的提升能否建立更稳健的银行业系统网络，从而有效限制风险的传染。这里的银行异质性通过贝塔分布的随机数生成实现，保持均值一定，方差越大代表银行节点的异质性程度越高，风险传染的结果如图 5.13 所示，其中（a）为长期同业对手数量异质性对风险传染的影响，（b）为短期同业对手数量异质性对风险传染的影响，（c）为资产多样化程度异质性对风险传染的影响，图中的"no heterogeneity"表示无异质性存在，"low heterogeneity" 表示较低异质性程度,"middle heterogeneity" 表示中等异质性程度,"high heterogeneity" 表示较高异质性程度。

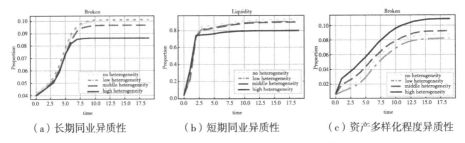

（a）长期同业异质性　　　　（b）短期同业异质性　　　　（c）资产多样化程度异质性

图 5.13　不同银行节点异质性时银行业风险传染图

从图 5.13 可以看出,长期同业与短期同业对手数量异质性的存在及增强,使得银行业对手违约路径与流动性展期路径下的风险传染范围明显降低,意味着长期同业借贷与短期同业借贷对手数量的异质性越高则形成的同业网络结构稳健性越高。资产多样化程度异质性的存在与上一小节中金融资产分配策略中的离散程度有一定的相似性:当异质性程度较低时,相比不存在异质性时银行业共同资产持有路径下的风险传染范围有所降低,但随着异质性程度的不断增强,风险传染范围反而升高。

因此,监管机构应该在中观审慎中对银行业系统网络中银行节点的异质性进行实时监管,鼓励银行在同业业务的对手方选择、金融资产多样化选择上根据各自特点进行差异化决策,通过中观审慎角度对银行系统网络结构的优化来限制各类路径下的风险传染。

5.4　政府救助

2007 年,美联储拒绝已陷入危机的雷曼兄弟公司的救助请求,雷曼兄弟最终不得不申请破产,引起市场上恐慌情绪蔓延,金融资产抛售、银行挤兑现象层出不穷,市场流动性急剧下降,大量金融机构由于持有的信用违约互换以及住房抵押支持证券而损失惨重。为防止多米诺骨牌效应引发的风险传染在金融行业蔓延,美国政府于 2008 年 9 月正式接管房地美、房利美,向美国国际集团提供 850 亿美元的紧急贷款,并于 2008 年 10 月至 2009 年 2 月期间对花旗银行进行了三轮救助:首轮注资 250 亿美元购买花旗银行优先股,第二轮再次注资 200 亿美元购买优先股,同时对花旗银行价值超过 3000 亿美元的不良资产提供担保,第三轮又购买花旗银行新发行的可转换优先股进行注资使政府持股比例达到 40%。美国政府在巨大压力下的一系列救助措施直接有效地避免了上述金融机构的破产，并使市场情绪趋于稳定，在一定程度上避免了风险传染的进一步恶化以及更严重的系统风险的形成。

由此可见，政府救助对金融机构的保护，能够在关键时刻降低风险的进一步传染，在防范系统风险上具有不可替代的作用。那么，在银行业风险传染过程中，面对众多陷入危机的银行，政府如何选择救助目标、救助方式，以及救助时机，才能够有效地切断风险传染的主要路径与路线，是实施政府救助必须解决的核心问题。因此，本节在银行业风险传染过程的仿真模拟中，对危机银行救助的目标、方式、时期进行测试，通过自然实验方法寻找最佳救助策略，形成科学、合理的政府救助方案。

为了保证自然实验的可比性，本节进行的仿真模拟全部针对标准参数状态下的银行业系统网络所形成的资产负债数据（详见附录 2），其长期同业借贷网络、短期同业借贷网络、金融资产重叠网络如图 5.14、图 5.15、图 5.16 所示。同时，由于投资者情绪传染过程存在较强的随机性，这种依赖于概率传染的随机性会对本节中自然实验的实验组与对照组的结果产生不同的影响，导致对比分析的效果大打折扣；而且从第 4 章各类因素、路径的叠加效应与影响来看，投资者情绪传染的存在仅导致因流动性不足而破产的可能与金融资产的下跌程度有所增加，对传染路径的内在机制无明显影响，而且本节的政府救助策略并不会直接影响情绪的传染过程。因此，在本节的仿真模拟与分析中，为保证自然实验的可靠性与稳健性，根据实验过程中恐慌情绪感染概率的数值分布选取门槛值 0.15，投资者被恐慌情绪传染原本依赖的概率分布更改为该固定门槛值，当投资者的恐慌情绪传染概率高于门槛值时陷入恐慌，以此固化情绪传染效应在自然实验中对不同实验组与对照组产生的影响，使得自然实验过程具有完全的可比性。

基于上述标准参数状态下的银行业系统网络关系及形成的资产负债值，这里设置自然实验中的情形分类为：对照组为不实施任何政府救助行为干扰的情形，同时设置实验组为实施不同的政府救助策略的情形。对相同的银行业系统网络给予编号为 6 的银行相同的初始冲击后，实验组与对照组分别进行仿真模拟，通过不同实验组与对照组间、各实验组间的风险传染结果对比，寻求最佳的政府救助策略。

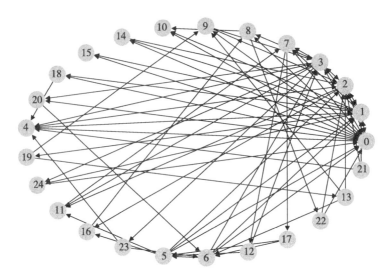

图 5.14　长期同业借贷网络图

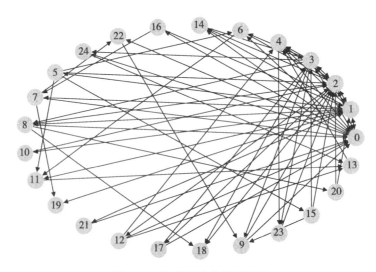

图 5.15　短期同业借贷网络图

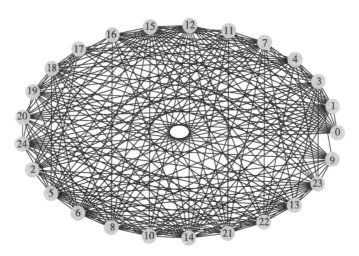

图 5.16　金融资产重叠网络图

对照组（不实施政府救助时）在初始破产冲击下的风险传染结果如图 5.17 所示，其中各时期的节点状态如表 5.1 所示。为了更好地结合图像中的传染过程与表格中的银行状态，本小节的风险传染结果图中的纵轴 "Number" 代表破产的银行数量，流动性危机的银行数量、因流动性不足而破产的银行数量，以及恐慌投资者数量。

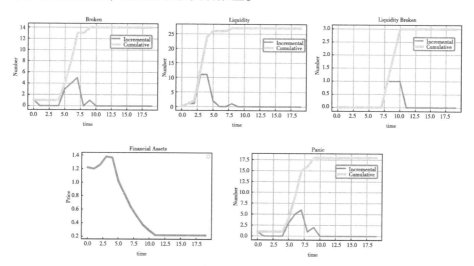

图 5.17　不实施政府救助时风险传染图

表 5.1　不实施政府救助时各时期银行节点状态表

时期	流动性危机	破产	恐慌情绪	流动性不足而破产
0		6	6	
1	11			
2	13			
3	0, 2, 4, 5, 7, 8, 10, 11, 14, 19, 21			
4	1, 3, 12, 15, 16, 17, 18, 20, 22, 23, 24			
5	9, 13	2, 8, 20	2, 8, 20	
6		0, 5, 15, 21	0, 3, 5, 15, 21	
7		3, 7, 10, 12, 16	1, 7, 10, 11, 12, 16	
8	1		4	11
9		9	9, 18	4
10				18

　　从对照组的传染结果可以看出，在不实施任何政府救助的情形下，金融资产价格跌幅超过 60%，18 个投资者陷入恐慌情绪，最终造成 14 家银行破产、24 家银行先后陷入流动性危机（注意：这里银行 1、11、13 分别两次陷入流动性危机，根据本书对流动性危机情形的设定，说明在首次陷入流动性危机时通过收回短期同业资产而满足流动性要求，再次陷入流动性危机时通过出售金融资产而满足流动性要求，并未由于流动性不足而破产）、3 家银行由于流动性不足而破产，仅剩银行 1、13、14、17、19、22、23、24 未破产但均陷入流动性危机，可见整个银行业已陷入严重的风险之中。

　　从更加细微的视角来看，结合本书第 2、第 3 章对于银行系统网络中各种传染路径与行为金融因素的交叉影响分析，表 5.1 中的节点状态可以清晰地展示出每个银行陷入危机的原因以及整个银行系统陷入危机的过程，具体如下：

　　首先，在第 0 期银行 6 遭受初始冲击而破产时，仅导致对应的投资者陷入恐慌而抛售金融资产，但这一影响对整个银行系统来说微不足道，金融资产价格在第 0—3 期仍保持高位上涨态势。与此同时，银行 6 破产导致的短期同业资产收回使得银行 11 在第 1 期陷入流动性危机，流动性风险通过信息溢出影响下的流动性展期路径（即短期同业借贷网络）发生传染，在第 2 期导致银行 13 陷入流动性危机，流动性风险不断积累，进而导致第 3—5 期流动性危机全面爆发，几乎波及全部银行。

其次，流动性危机的爆发虽然使得绝大多数银行流动性严重不足，但通过短期同业资产与金融资产的变现仍能够维持运营。真正的破产危机爆发出现在流动性危机爆发期之后的第 5—7 期，说明由于 3—5 期流动性危机的全面爆发，银行业短期同业市场流动性急剧下降，银行不得不通过金融资产变现而获取流动性，由于越来越多的金融资产被抛售，资产价格在第 5 期开始全面下跌，由此导致异质信念影响下的共同资产持有路径（即金融资产重叠网络）发生风险传染，进而导致第 5—7 期大量银行由于资产减值损失而陷入破产，同期的银行破产爆发进一步加剧了资产抛售程度，并与对手违约路径（即长期同业借贷网络）中的风险传染相叠加，导致破产危机不断加剧。

最后，破产危机的爆发在整个过程中波及了系统中 50% 的银行，但仍有 50% 的银行能够抵御共同资产持有与对手违约路径下的风险冲击而维持运营。然而，由于大量银行的破产以及金融资产价格的不断下跌，恐慌情绪在市场与投资者间持续蔓延，导致众多的投资者在第 5—9 期陷入恐慌情绪，因此带来第 8—10 期的银行挤兑爆发，原本剩下的那部分岌岌可危的银行由于存款挤兑而面临严重的流动性危机，而此时银行同业市场、金融资产市场的流动性已严重不足，自身金融资产也大幅贬值，因此银行 11、4、18 无法通过任何途径筹取现金，不得不在第 8—10 期由于流动性不足而陆续陷入破产，其间银行 1 遭遇的存款挤兑虽未造成其破产，但却陷入流动性危机，银行 9 也由于各类路径的风险传染叠加效应而破产。

从上述分析可以发现，初始冲击在前期并未直接导致银行的大面积破产，也未直接形成波及全体银行的流动性风险，但由于银行业系统网络的存在以及市场非有效、信息不完全等导致的行为金融因素的存在，风险在同业市场中不断积累并爆发，进而传染到金融资产市场中的风险也不断积累直至爆发，最终形成危及整个银行业的系统风险，25 家银行中仅 8 家银行存活但也陷入流动性危机，而其他 17 家银行则全部破产清算。上述对照组中的风险传染结果为无任何政府救助实施的情形，因此最终导致极为严重的银行业风险。那么，实施政府救助是否能够避免系统风险的产生呢？接下来通过自然实验方法，对不同的实验组采取不同的政府救助措施，通过对比发现如何选择最优的政府救助策略有效地限制银行业风险传染的爆发，切断风险传染过程，防止系统风险的发生。

很明显，初始冲击下银行6的破产是整个银行业风险传染的导火索，但这里不考虑直接对银行6进行救助。原因如下：单个银行的破产可能会是整个系统风险爆发的源头，但客观来看，银行发生破产是其经营不善、风险管理不足等因素综合导致的，破产清算是一种正常的行业竞争结果，有利于行业的健康发展，如果政府为了防止风险传染的发生而避免任何一家机构的倒闭，将使得该行业道德风险迅速上升，政府的救助成本也随之提高，对行业发展百害而无一利，是一种因噎废食的错误做法，因此这里不考虑对于初始冲击银行的破产以及流动性危机的救助策略。接下来，分别从救助方式、救助目标、救助时机三个方面出发，对不同政府救助策略的实施进行自然实验，对比各类措施的效果。

5.4.1 救助方式

从对照组中未实施政府救助的仿真模拟可以看出，风险传染过程经历了第3—5期的流动性危机爆发、第5—7期的破产危机爆发，以及第8—10期的挤兑导致的严重的流动性不足引发的破产爆发三个阶段，政府救助的方式取决于银行业风险传染的路径：面对流动性危机时的救助方式是为危机银行提供流动性，这里设定为通过长期贷款满足银行流动性需求，避免其对短期同业资产的收回以及金融资产的变现造成风险进一步传染；面对破产危机时的救助方式是对危机银行进行注资，这里设定为通过购买该银行的优先股满足银行的需求，避免银行的破产清算导致风险进一步传染；另外，显然政府救助必须在投资者恐慌情绪蔓延的第7期之前实施，否则在第7期之后市场恐慌情绪的传染是很难通过对单一的或少量的银行实施救助就可以控制的。因此，接下来通过流动性危机救助与破产危机救助两方面进行自然实验。从对照组中的风险传染结果来看，银行8在流动性危机爆发高峰开始的第3期首先陷入流动性危机，且在破产危机爆发高峰开始的第5期首先陷入破产危机，因此，这里选取银行8作为政府救助目标，分别采取流动性危机救助与破产危机救助的方式为银行8提供长期贷款或进行注资。

首先，实施流动性救助时风险传染结果如图5.18所示，相应的各时期银行节点状态如表5.2所示。通过与图5.17、表5.1的对比可以发现，在第3期针对银行8的流动性危机救助策略仅使得银行8避免流动性危机的发生，最终陷入流动性危机的银行数量由24家降低至23家，但破产银行数量，以及后续的恐慌情绪传染下挤兑导致的流动性不足而破产的银行数量都没有任何变化，且对风险传染的过程无实质影响，因此针对银行 8 采取的流动性危机救助方式并未改善风险传染结果。

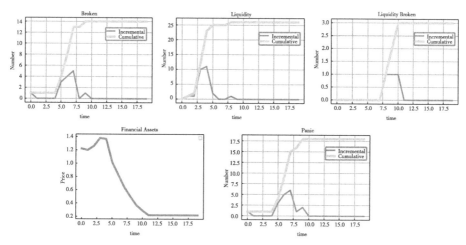

图 5.18　银行 8 流动性危机救助时风险传染图

表 5.2　银行 8 流动性危机救助时各时期银行节点状态表

时期	流动性危机	破产	恐慌情绪	流动性不足 而破产
0		6	6	
1	11			
2	13			
3	0, 2, 4, 5, 7, 10, 11, 14, 19, 21			
4	1, 3, 12, 15, 16, 17, 18, 20, 22, 23, 24			
5	9, 13	2, 8, 20	2, 8, 20	
6		0, 5, 15, 21	0, 3, 5, 15, 21	
7		3, 7, 10, 12, 16	1, 7, 10, 11, 12, 16	
8	1		4	11
9		9	9, 18	4
10				18

其次，对银行 8 实施破产救助时风险传染结果如图 5.19 所示，相应的各时期银行节点状态如表 5.3 所示。与图 5.17、表 5.1 中对照组的结果对比可以发现，在第 5 期针对银行 8 的破产危机救助策略使得银行 8 避免了第 5

期破产危机的发生，但最终又由于恐慌情绪传染带来的挤兑导致在第 11 期由于流动性不足而破产，而这一破产时期的推迟使得银行 9 成功避免了破产危机，因此最终破产银行（包括因资不抵债而破产和因流动性不足而破产）数量由 17 家降低至 16 家，但流动性危机银行数量没有任何变化；从传染过程来看，针对银行 8 的破产救助还使得银行 10、16 的破产危机发生时期由第 7 期延缓至第 8—9 期，破产风险爆发高峰更为平稳，因此针对银行 8 采取的破产危机救助方式略微改善了银行业风险传染结果与过程，且效果明显优于流动性救助策略。

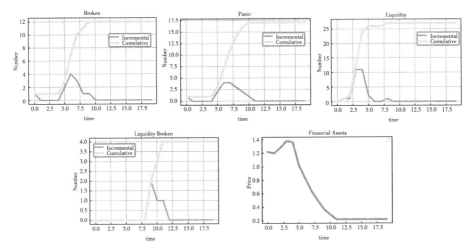

图 5.19　银行 8 破产危机救助时风险传染图

表 5.3　银行 8 破产危机救助时各时期银行节点状态表

时期	流动性危机	破产	恐慌情绪	流动性不足而破产
0		6	6	
1	11			
2	13			
3	0, 2, 4, 5, 7, 8, 10, 11, 14, 19, 21			
4	1, 3, 12, 15, 16, 17, 18, 20, 22, 23, 24			
5	9, 13	2, 20	2, 20	
6		0, 5, 15, 21	0, 5, 15, 21	
7		3, 7, 12	1, 3, 7, 12	

时期	流动性危机	破产	恐慌情绪	流动性不足而破产
8	1	10	4，10，11	
9		16	16，18	4，11
10			8	18
11				8

那么，为何破产危机救助的效果优于流动性危机救助的效果？分析原因为，由于信息不完全与不对称的存在，信息溢出影响下的流动性展期路径中风险传染具有较强的隐蔽性，且即使不存在流动性风险也会由于非完全理性下的行为金融因素影响产生流动性收回行为，因此很难通过对单家银行的流动性救助而改善这一机制，甚至在现实中由于政府救助行为所产生的市场消极信号或进一步加剧银行对未来市场流动性的担忧，导致流动性状况更加恶化。因此在危机期间的政府救助若想采取流动性救助策略，首先要保证银行同业市场中信息的完备性与对称性，在此基础上挽救陷入流动性危机的银行才可能有效地控制风险传染过程，防止系统流动性风险的发生。

5.4.2　救助目标

从上述对银行8的政府救助效果来看，虽然破产救助策略有效防止了银行9的破产并减缓了银行8、10、16的破产危机爆发速度，但风险传染依旧波及整个银行业，并未有效防止系统风险的发生。那么，是不是由于救助目标的选取所导致的呢？从图5.14与图5.15的银行业系统网络来看，银行8在行业内的规模虽处于中上游，但其系统重要性远低于银行0、1、2，而在众多的危机银行中，救助目标的选择取决于银行在系统网络中的重要性：重要性较强的银行危机会导致风险的大面积传染，对银行系统造成深刻的影响，而重要性较低的银行危机只会影响一部分银行的状况，风险传染的范围较小。从表5.1中得知，系统重要性银行2在第3期陷入流动性危机后又在第5期陷入破产危机。因此，接下来选择系统重要性银行2作为政府救助目标，通过自然实验方法检验救助系统重要性银行的政策效果。

对银行2实施流动性救助时风险传染结果如图5.20所示，相应各时期银行节点状态如表5.4所示。与图5.17、表5.1对比可以发现，针对系统重要性银行2在第3期的流动性危机救助，使得流动性危机银行数量有所减少，实质变化为银行 2 与 17 成功避免由于流动性展期路径的风险传染而陷入流动性危机，但银行 17 又由于挤兑而在第 9 期陷入流动性危机，且银行1 陷入流动性危机的次数由 2 次减少为 1 次，因此严格来看并未改善整个银行系统的流动性风险传染程度，仅略微降低了风险爆发的集中度；同时，破产银行数量以及由于流动性不足而破产的银行数量并未减少，甚至导致银行 9 的破产危机，银行 4 与 18 的挤兑均提前一期。

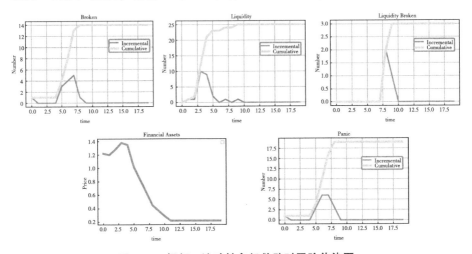

图 5.20　银行 2 流动性危机救助时风险传染图

表 5.4　银行 2 流动性危机救助时各时期银行节点状态表

时期	流动性危机	破产	恐慌情绪	流动性不足而破产
0		6	6	
1	11			
2	13			
3	0, 4, 5, 7, 8, 10, 11, 14, 19, 21			
4	3, 12, 15, 16, 18, 20, 22, 23, 24			
5	9, 13	2, 8, 20	2, 8, 20	
6		0, 5, 15, 21	0, 1, 3, 5, 15, 21	
7	1	3, 7, 10, 12, 16	4, 7, 10, 11, 12, 16	
8		9	9, 17, 18	4, 11
9	17			18

对银行 2 实施破产救助时风险传染结果如图 5.21 所示，相应的各时期银行节点状态如表 5.5 所示。对比图 5.17 与表 5.1 可以看出，针对系统重要性银行 2 进行的破产危机救助策略，对破产风险的传染与爆发起到了显著的限制作用：破产银行数量由 14 家大幅下降至 6 家，且原本的第 5—7 期破产危机爆发高峰期的破产银行数量平稳下降。然而遗憾的是，由于恐慌情绪在第 5 期之后的传染并未得到有效遏制，12 家银行原本成功规避了共同资产持有路径与对手违约路径下的风险传染，之后仍由于挤兑导致流动性不足而破产，同时，整个过程中流动性展期路径下风险传染导致的流动性危机银行数量并无明显变化。

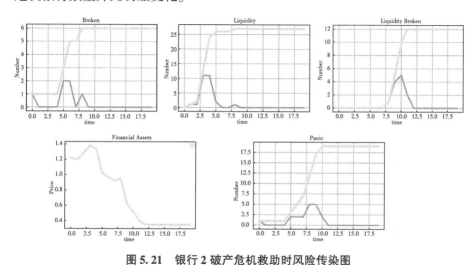

图 5.21　银行 2 破产危机救助时风险传染图

表 5.5　银行 2 破产危机救助时各时期银行节点状态表

时期	流动性危机	破产	恐慌情绪	流动性不足而破产
0		6	6	
1	11			
2	13			
3	0，2，4，5，7，8，10，11，14，19，21			
4	1，3，12，15，16，17，18，20，22，23，24			
5	9，13	8，20	8，20	
6		0，21	0，21	

续表

时期	流动性危机	破产	恐慌情绪	流动性不足 而破产
7			1, 3	
8	1	15	2, 4, 7, 10, 15	3
9			5, 9, 11, 14, 18	2, 4, 7, 10
10			12, 16	5, 9, 11, 14, 18
11				12, 16

综上说明，针对系统重要性银行 2 实施的流动性救助效果微乎其微，且相比针对银行 8 的流动性危机救助也并未产生更好的效果，再次说明流动性危机救助策略难以改善银行业风险传染结果，充分证明破产危机救助方式的有效性远高于流动性危机救助方式，因此本节后续不再讨论流动性危机救助策略的实施；而针对系统重要性银行 2 实施的破产救助在破产风险的传染上起到了显著的限制作用，且相比针对银行 8 的破产危机救助更加有效，充分说明在救助目标上选择系统重要性银行能够显著地提高救助效果，更好地限制风险的传染。

5.4.3　救助时机

显然，银行系统风险的传染与爆发是一个持续性的过程，在上述自然实验中的破产危机救助时机都为爆发高峰的首期（第 5 期），理论上来讲在发现风险集中爆发时应第一时间采取措施，尽早地干预能够更有效且低成本地限制风险的进一步扩散，为了验证这一理论，这里首先通过对比针对银行 0 在第 6 期的破产危机救助进行验证，结果如图 5.22 与表 5.6 所示。

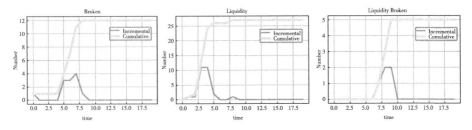

图 5.22　银行 0 破产危机救助时风险传染图

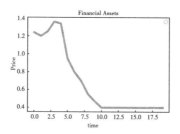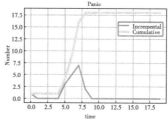

图 5.22　银行 0 破产危机救助时风险传染图（续）

表 5.6　银行 0 破产危机救助时各时期银行节点状态表

时期	流动性危机	破产	恐慌情绪	流动性不足而破产
0		6	6	
1	11			
2	13			
3	0，2，4，5，7，8，10，11，14，19，21			
4	1，3，12，15，16，17，18，20，22，23，24			
5	9，13	2，8，20	2，8，20	
6		5，15，21	0，3，5，15，21	
7		3，7，10，12	1，4，7，10，11，12，16	0
8	1	16	18，24	4，11
9				18，24

　　对比图 5.17 与表 5.1 可以发现，在破产危机爆发后的第 6 期针对系统重要性银行 0 进行破产危机救助，一方面使得银行 0 与银行 9 避免了破产危机，最终破产银行数量减少 2 家，同时使得银行 16 的破产危机爆发由第 7 期延缓至第 8 期；但由于后期恐慌情绪传染，挤兑导致的流动性不足而破产银行数量由 3 家增加至 5 家。另外，流动性危机银行数量无明显变化，恐慌情绪传染的爆发更为集中。因此说明，相较于此次的救助时机选择（第 6 期），在救助时机上选择危机爆发的首期（第 5 期）进行政府救助能够更高效地限制银行业的风险传染。

　　从上述针对系统重要性银行 2 在第 5 期的破产救助策略与针对系统重要性银行 0 在第 6 期的破产救助策略的实施效果来看，虽然有效遏制了风险传染程度，但仍有大量银行最终破产，其中很大一部分是由于挤兑导致的流动性不足而破产，因此在救助时机上进一步提出假设：单一时期的政府救助不足以从根本上遏制银行业风险传染的发生，应在危机爆发期持续地实施政府救助。接下来，通过对系统重要性银行的持续的破产危机救助来验证这一假设。

根据标准参数状态下银行系统网络特征，这里对系统重要性银行0、1、2实施持续的破产救助策略，风险传染结果如图5.23与表5.7所示。通过对比图5.17与表5.1的结果，流动性风险传染虽没有显著改善，但陷入破产的银行数量由17家大幅下降至4家，金融资产的价格小幅下跌后保持稳定，恐慌情绪的传染程度被有效控制，仅破产银行对应的投资者陷入恐慌，未发生恐慌情绪导致的挤兑，因此无银行因流动性不足而破产，原本在第8期由于挤兑而陷入流动性危机的银行1也成功避免该危机。因此说明，在危机期间对系统重要性银行的持续性破产危机救助，不仅能够有效避免破产风险的传染，而且有利于稳定资产价格，维护市场情绪，间接地防止了由于恐慌情绪导致的挤兑行为以及金融资产抛售行为，从而更加高效地阻断了银行业风险传染的发生。

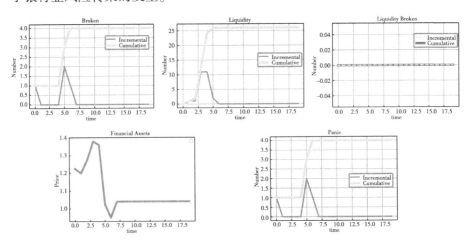

图 5.23 系统重要性银行持续性破产危机救助时风险传染图

表 5.7 系统重要性银行持续性破产危机救助时各时期银行节点状态表

时期	流动性危机	破产	恐慌情绪	流动性不足而破产
0		6	6	
1	11			
2	13			

时期	流动性危机	破产	恐慌情绪	流动性不足而破产
3	0，2，4，5，7，8，10， 11，14，19，21			
4	1，3，12，15，16，17， 18，20，22，23，24			
5	9，13	8，20	8，20	
6		21	21	

5.5　小结

基于本书的银行业风险传染模型，本章结合现有监管思路，从微观审慎、宏观审慎、中观审慎、政府救助四个角度建立银行业风险传染监管体系。从微观审慎角度，对银行个体流动性与杠杆率进行监管，并通过参数敏感性分析验证其有效性；从宏观审慎角度，引入周期性因素与系统重要性银行因素，从结构维度对系统重要性银行进行更严格的监管，从时间维度实施逆周期监管，并通过参数敏感性分析验证其有效性；从中观审慎角度，侧重银行业风险传染路径对应的系统网络结构维度进行监管，分别从对手违约路径、流动性展期路径、共同资产持有路径对应的长期同业借贷网络、短期同业借贷网络、资产重叠网络三个方面出发，通过对不同网络结构的仿真模拟，对比风险传染结果，寻求更为稳健的网络结构特征，据此提出如何引导银行业形成具备更强稳健性的系统网络；从政府救助角度，运用自然实验方法，对救助方法、救助目标、救助时机的选取进行仿真模拟，制定高效、科学的政府救助策略，阻断银行业风险传染过程，防范系统风险发生。通过以上四个角度的分析与验证，本章构建了全面的银行业风险传染监管体系，对现实中系统风险的监管提供参考借鉴。

第6章 结论与展望

6.1 研究结论

在当前错综复杂的国内外形势下，如何守住不发生系统性金融风险的底线，是一个急需解决的理论与现实问题，在风险管理研究领域受到越来越多学者和科研机构的广泛关注。本书立足金融风险管理方向的系统风险领域，专注于银行业风险传染的系统化、综合化、细致化、深入化研究，在当前国内外研究成果基础上，从系统网络视角将银行业风险传染路径划分为基于长期同业借贷网络的对手违约路径、基于短期同业借贷网络的流动性展期路径、基于金融资产重叠网络的共同资产持有路径，在厘清各类路径的风险传染机制基础上，建立系统网络模型；再打破现有研究中局限于传统金融学理论框架下的完全理性假设、有效市场假设、信息完备性与对称性假设，结合当前行为金融学理论，引出影响银行业风险传染过程中市场主体有限理性行为的信息溢出、异质信念、投资者情绪三类行为金融因素，在深入分析各类因素影响下的市场主体有限理性行为对银行业风险传染的影响机制基础上，建立市场主体有限理性行为模型；结合上述两种模型，构建基于系统网络与市场主体有限理性行为的银行业风险传染理论模型。

基于上述分析框架与理论模型，本书通过仿真模拟方法，验证三种传染路径存在时的风险传染叠加效应，并进一步验证三类行为金融因素影响下市场主体有限理性行为对各种路径下银行业风险传染过程的影响，同时针对行为金融因素存在时风险传染过程呈现出的特殊现象进行单独分析并解释原因。随后，选取我国46家上市商业银行数据，遵循最大化信息熵原理，通过改进的RAS算法推断银行业系统网络结构，嵌入本书的银行业风险传染模型体系，采用压力测试方法对现实中银行业的潜在风险传染程度进行分析，并提出对策。在文章最后，为建立银行业风险传染监管体系，本书从宏观、中观、微观的审慎监管与政府救助的方式、时机、目标角度出发，采用敏感性分析、自然实验的方法寻求科学有效的银行业风险传染管控策略。

通过基于系统网络与市场主体有限理性行为对银行业风险传染的上述研究，本书主要得出了以下结论：

第一，在银行业风险传染研究中，对手违约、流动性展期、共同资产持有三种路径缺一不可。本书在理论上从资产负债角度与网络结构角度出发，对三种路径的传染机制进行深入分析，通过举例说明，在理论上剖析不同路径的叠加效应导致的银行业风险传染过程的交叉影响以及传染结果的变化，随后又建立系统网络模型，通过仿真模拟方法对不同路径存在时的银行业风险传染演化过程进行分析，结果表明三种风险传染路径存在显著的叠加效应：对手违约路径与共同资产持有路径的叠加效应使得陷入破产危机的银行数量大于任一单独路径存在时的结果；流动性展期路径与共同资产持有路径的叠加效应加速了金融资产的折价出售影响，导致陷入破产危机的银行数量增加。因此，在银行业风险传染的研究中仅局限于单一路径下的研究存在一定的片面性，导致低估银行业风险传染程度，得出过于乐观的研究结论，本书基于系统网络结构中三种传染路径建立银行业系统网络模型，全面、系统地考虑了不同风险传染路径的叠加效应，研究思路更加全面，得出的结果更为真实。

第二，在银行业风险传染研究中，行为金融因素通过干扰市场主体决策过程进而对风险传染的影响是不可忽略的重要因素。本书打破传统金融学中关于完全理性、有效市场、信息完备性与对称性等假设，深入分析信息溢出、异质信念、投资者情绪三类行为金融因素影响下的市场主体有限理性行为对银行业风险传染的影响机制，建立市场主体有限理性行为模型，通过仿真模拟方法验证三类行为金融因素对三种风险传染路径的影响程度，结果表明三类行为金融因素均对银行业风险传染过程产生显著影响：首先，信息溢出的存在主要导致流动性风险传染路径下的危机爆发更快、更广，集中程度更高，发生风险传染的概率也更高；其次，异质信念因素的存在主要导致共同资产持有路径下的金融资产价格波动更为剧烈，加速银行破产风险的爆发；最后，投资者恐慌情绪的存在及传染，极大地放大了三种传染路径下银行业风险传染的范围与概率，并对风险传染过程起到了较强的推动作用，使风险爆发更迅速、更集中。因此在银行业风险传染的研究中，严格遵循传统金融学理论相关假设会严重偏离现实，导致研究结果的理想化，本书中三类行为金融因素的加入，打破了现有银行业风险传染研究中完全理性框架的局限，弥补了风险传染过程与结果被低估的缺陷，为认识、监测银行业风险传染提供了新的思路与参考。

第三，本书通过仿真模拟方法，实现基于系统网络与市场主体有限理性行为的银行业风险传染演化过程，在对三种传染路径与三类行为金融因素存在时风险传染过程与结果的模拟中，发现信息溢出因素的存在使得流动性展期路径下的风险传染呈现出一些特殊现象，通过仿真模拟刻画特殊现象的形成过程及结果，并从理论上剖析形成原因与影响，为现实中流动性风险传染的监管提供了一些启示：

首先，"跳跃式"风险传染在现实中往往呈现出让我们难以理解的现象，一家银行发生流动性危机后，与其存在直接融资业务关联的银行仍保持稳健状态，但在与其不存在直接融资业务关联的另外一家银行却随之出现流动性风险，学界目前单纯按照传统金融学中的流动性展期路径进行研究，很难发现这种"跳跃式"风险传染的理论依据，而信息溢出的影响机制在此给出一个合理的解释。

其次，从"循环流动性陷阱"的形成与影响来看，信息溢出影响下的风险会在未发生流动性风险的银行所形成的短期同业借贷环状网络中不断循环传染，直至环状网络中银行的短期同业借贷流动性全部消失，甚至导致环状网络中银行全部陷入流动性危机，并对环状网络外部也带来巨大的流动性压力，极易形成系统流动性风险。

上述两类现象的存在，揭示了信息溢出影响下的风险传染具有的隐蔽性、跳跃性、爆发性特征，看似偶然的风险现象实则存在必然的内在逻辑，为现实中系统风险的监管带来了巨大挑战。对此，本书提出如下建议：监管机构应高度重视银行信息披露，进一步完善现有监管法律法规体系，持续地要求银行公开自身流动性等风险指标，保证信息溢出的完全性与对称性；鉴于市场中已经存在的信息不完全与不对称，在系统风险监管中除了关注暴露出的危机以外，还应对"跳跃式"风险传染中的每一个路径节点进行关注，以发现风险形成、爆发的真正原因与路径；监管机构应高度警惕同业借贷业务环状网络的形成，防止环状网络中银行由于信息溢出而陷入"循环流动性陷阱"。

最后，本书发现了信息溢出的"风险发现"功能，同样为监管部门在同业借贷业务的监管中提供了新的思路：一方面，单一银行应尽可能分散化借贷，避免同业借贷集中于少数债权方银行，提升同业业务对手的多样性；另一方面，需从行业层面监控同业借贷业务的关联异质性，避免一味地追求多样化对手而导致同业借贷网络的关联趋于一致。通过以上两方面的监管与引导，即可为银行利用信息溢出的"风险发现"功能调整自身流动性提供足够的时间与可能。

第四，本书选取我国 46 家上市商业银行数据，通过最大信息熵原理与改进的 RAS 方法推断银行业系统网络数据，结合本书提出的银行业风险传染模型，采用压力测试方法，分别对大型国有商业银行、全国性股份制商业银行、城市商业银行、农村商业银行给予初始破产冲击或流动性冲击，检验我国银行业在极端冲击情形下的风险传染情况，结果表明：首先，大型国有商业银行稳健性较强，三种路径下的风险暴露程度较低，一旦遭受冲击会导致整个银行业陷入严重的系统风险，因此监管机构应继续监督大型国有商业银行保持稳健运营状态，一旦此类银行面临违约风险则破产救助是必须采取的措施；其次，全国性股份制商业银行稳健性相对较差，个别银行在三种传染路径下的风险暴露程度较高，尤其是兴业银行与渤海银行，兴业银行自身流动性水平较低但短期同业负债占比极高，危机期间流动性展期路径下的风险传染几乎必然导致其迅速陷入流动性危机，而渤海银行杠杆率水平较低但金融资产占比极高，危机期间共同资产持有路径下的风险传染几乎必然导致其迅速陷入破产危机，需要引起监管部门与银行管理层重视；再次，城市商业银行由于管理水平、发展现状参差不齐，因此稳健性及三种路径下的风险暴露程度高低不一，但需要注意的是，城市商业银行的金融资产占比普遍偏高，在压力测试的绝大多数情景下，由于共同资产持有路径的风险传染导致的破产银行中几乎全部为城市商业银行，除此之外天津银行的风险点与兴业银行相似，需要引起监管部门与银行管理层重视；最后，农村商业银行整体稳健性较强，三种传染路径下的风险暴露程度较低，但个别银行的长期同业资产占比较高，例如重庆农商银行，在大多数的压力测试情景中都由于对手违约路径下的风险传染增加了资产损失程度而陷入破产，需要引起监管部门与银行管理层重视。

第五，本书进一步对风险传染的防控机制进行研究，构建银行业风险传染监管体系。首先，基于当前的微观审慎与宏观审慎监管思路，在微观层面的个体风险管控基础上，考虑宏观层面结构维度的系统重要性银行附加要求与时间维度的逆周期附加要求，采用参数敏感性分析方法进行监管效果检验，结果表明杠杆率监管、流动性监管以及宏观角度的附加监管要求能够有效降低银行业风险传染程度，减缓大规模危机的爆发速度。

其次，提出基于系统网络以及对应的风险传染路径角度的中观审慎监管方法，对三种传染路径下的网络结构以及网络中银行节点异质性进行研究，结果表明：无标度同业网络结构更有利于风险传染，具备完全连接网络与区域型网络结构的同业网络更为稳健；资产密度越高、资产多样化程度越高、差异化的资产分配策略，都能够提高资产重叠网络的稳健性，降低共同资产持有路径下的风险传染；系统网络中节点异质性的提升能够强化网络结构稳健性，降低系统网络的风险传染程度。

因此，在持续推进落实当前微观与宏观审慎监管政策体系的基础上，监管机构还应基于中观审慎角度，在以下方面完善审慎监管政策以及相应的法律法规体系：对银行同业业务所形成的网络结构进行实时监管，建议银行更加均匀、分散地开展同业业务，引导现有的无标度网络结构向更加稳健的完全连接网络结构转变，同时应鼓励并支持同区域（这里的区域不局限于地理区域，可更广义地理解为相同的行业重心、相同的客户定位等）内银行业开展短期同业借贷业务，增强短期同业借贷网络的区域型特征，并逐步引导短期同业借贷网络向区域型网络结构转变；对银行业系统网络中的资产重叠网络结构实时监管，推动金融产品创新，增加市场上的金融资产种类与资产密度，使得银行在资产配置中有更多的选择，同时鼓励银行分散化投资，降低投资组合风险的同时还能优化资产重叠网络结构；另外还应鼓励银行在资产分配过程中避免简单的平均化，适当的差异化着重增持资产有利于构建更稳健的银行业资产重叠网络，通过上述措施从中观上限制共同资产持有路径下的风险传染。综合微观、中观、宏观三方面的审慎监管，完善银行业风险传染监管体系。

最后，建立银行业风险传染的政府救助体系，通过自然实验方法，对不同的对照组采取不同的政府救助措施，验证政府救助的方式、目标、时机的不同选择带来的不同效果，结果表明：在危机期间的众多救助方式、目标、时机的组合中，对系统重要性银行的持续性破产危机救助，不仅能够有效避免破产风险的传染，而且有利于稳定资产价格，维护市场情绪，间接地防止了由于恐慌情绪导致的挤兑行为以及金融资产抛售行为，从而更加高效地阻断了银行业破产风险传染的发生。

6.2　研究展望

关于目前系统风险领域中金融机构间尤其是银行业风险传染研究的局限与未来发展方向，提出以下几点思考。

第一，目前关于银行业风险传染的研究中，主要有两个方向的量化研究体系：其一为利用银行的股价波动来反映风险，通过股价波动溢出来测度风险传染，该方向主要侧重于风险传染的实证研究，这种方法虽然成功解决了实证的数据问题，但其内在假设为强有效市场，即认为股票价格包含了全部的关于银行主体的信息，然而这一严格假设对于我国的证券市场来说未免太过牵强，因此得出的结论着实欠缺说服力；其二即本书所采用的基于复杂网络理论方法构建银行业网络关联来研究风险传染问题，该方向的研究中主要侧重于风险传染的理论研究，在实际应用中不可避免地都会遇到数据障碍，最大的现实问题为由于同业业务、投资业务等构成银行网络的数据全部为非公开信息，学界难以获取真实有效的实证数据，只能通过总量数据进行推算，大大限制了通过金融计算实验方法来模拟银行业风险传染程度的真实性。因此，包括本书作者在内的绝大多数相关研究人员在现有基础上不断改进量化模型，尽可能真实地反映银行业风险传染的内在逻辑以及影响因素，但未来仍需要金融监管部门收集整理银行业的真实网络结构数据进行研究，或公开我国银行业的一定滞后性的真实数据，助力该领域研究的深入发展以达到理想的现实意义。

第二，在银行业风险传染的各种路径中，本书将当前研究所涵盖的主要传染路径划分为对手违约路径、流动性展期路径、共同资产持有路径，并基于三种路径对应的长期同业资产网络、短期同业资产网络与金融资产重叠网络建立银行业系统网络结构。虽然本书尽可能地综合考虑银行业存在的风险传染路径，但仍有一些传染路径或以上三种路径中的细微之处有待深入研究，例如现实中金融行业存在普遍的交叉持股现象，而银行业交叉持股意味着银行所有者权益损失时，即使未造成银行破产违约，也会导致风险进一步传染至股东银行，同时在银行的众多股东之间也存在资产重叠现象，与共同资产持有路径下的风险传染存在交叉，这些现实存在的风险传染机制都值得进一步分析。

第三，本书虽然打破了现有银行业风险传染研究中传统金融学的假设，引入行为金融学理论，将投资者情绪、信息溢出、异质信念因素对市场主体决策的影响纳入理论与模型之中。然而，本书仅仅作出了初步的探索，行为金融因素的影响机制研究从广度与深度上都存在巨大的潜力。从广度上来看，在行为金融理论中涉及的众多因素都会对金融资产市场中银行与投资者主体决策产生影响，如心理账户、前景理论、锚定效应等，这些因素如何改变主体决策，从而对主体行为产生影响，进而影响银行业的风险传染过程，都值得进一步研究；从深度上来讲，本书发现了信息溢出所具备的"风险发现"功能，那么如何通过银行同业借贷具体分配策略以及监管部门对同业借贷网络的中观审慎监管，使得信息溢出的"风险发现"功能发挥更好的作用，也值得我们进一步研究。

第四，为了专注于本书的研究重点，在银行业风险传染模型的建立过程中对一些内容进行了简化假设，例如当前绝大多数研究与本书中都默认债权方银行的偿债优先级是相同的，然而现实中当银行遭遇偿付危机时绝大多数并非在相同优先级的债权方中等比例偿还，而是更倾向于偿还部分小额债务来减少偿债压力，由此带来的风险传染机制是否会产生根本性的变化，将如何影响风险在银行业的传染过程，也值得深入分析。

附　录

附录1　本文用到的仿真模拟代码（Python 3.6）

（1）有向有权 BBV 网络生成及调整

```
import numpy as np
n0 = 3
f0 = 10.0
p = 0.5
q = 0.5
delte = 10.0
N = 25
def network():
Bank_Relation = np.zeros((N,N),dtype = float,order = "C")
    Bank_Out = np.zeros((N,1),dtype = float,order = "C")
    Bank_In = np.zeros((N,1),dtype = float,order = "C")
num_bank = n0
    Bank_Relation[0:num_bank,0:num_bank] = f0
for i in range(0,num_bank):
        Bank_Relation[i,i] = 0
    while num_bank < N:
        Bank_Out = Bank_Relation.sum(axis = 1)
        Bank_In = Bank_Relation.sum(axis = 0)
        choice_1 = np.random.choice(2,1,p = [q,1 - q])
        if choice_1[0] = = 0:
            num_bank + = 1
            line_out = np.random.binomial(n0,p)
            line_in = n0 - line_out
            if line_out! = 0:
```

```
                    Prob_Out = np.array([Bank_Out[0:num_bank]/sum(Bank
_Out[:])])
                       nodes_index_out = np.random.choice(range(0,num_
bank),line_out,replace = False,p = Prob_Out.ravel())
                    for i innodes_index_out:
                       Bank_Relation[num_bank - 1,i] = f0
                       for j in range(0,num_bank):
                          if Bank_Relation[i,j]! = 0:
                             Bank_Relation[i,j] + = delte * Bank_Rela-
tion[i,j]/Bank_Out[i]
               if line_in! = 0:
                    Prob_In = np.array([Bank_In[0:num_bank]/sum(Bank_
In[:])])
                       nodes_index_in = np.random.choice(range(0,num_
bank),line_in,replace = False,p = Prob_In.ravel())
                    for i in nodes_index_in:
                       Bank_Relation[i,num_bank - 1] = f0
                       for j in range(0,num_bank):
                          if Bank_Relation[j,i]! = 0:
                             Bank_Relation[j,i] + = delte * Bank_Rela-
tion[j,i]/Bank_In[i]
         elif choice_1[0] = = 1:
               for line in range(0,n0):
                    Prob_Out = np.array([Bank_Out[0:num_bank]/sum(Bank
_Out[:])])
                       i = np.random.choice(range(0,num_bank),1,replace =
False,p = Prob_Out.ravel())

                    Prob_In = np.array([Bank_In[0:num_bank]/sum(Bank_
In[:])])
                       j = np.random.choice(range(0,num_bank),1,replace =
False,p = Prob_In.ravel())
                    while j = = i:
                       j = np.random.choice(range(0,num_bank),1,re-
place = False,p = rob_In.ravel())
                    Bank_Relation[i,j] + = f0
```

```
        return Bank_Relation
def adjust(Net):
    for i in range(N):
        for j in range(i +1,N):
            if i! =j:
                Net_Out =Net.sum(axis =1)
    Net_In =Net.sum(axis =0)
Net_All =Net_In +Net_Out
                if Net_All[i] <Net_All[j]:
                    Net[[i,j],:] =Net[[j,i],:]
                    Net[:,[i,j]] =Net[:,[j,i]]
        return Net
```

(2) 生成的网络结果作图

```
import numpy as np
import matplotlib as mpl
import matplotlib.pyplot as plt
import seaborn as sns
from numpy.random import randn
from scipy import stats
##权重作图
sns.distplot(FinalNet1_In,bins =200,hist =True,kde =True)
plt.xlim(0,100)
plt.xlabel('G_In')
plt.ylabel('Probability')
##度作图
Degree_Bank_In =np.zeros(N)
for i in range(N):
    for j in range(N):
        if FinalNet1[j,i]! =0:
            Degree_Bank_In[i] + =1
sns.distplot(Degree_Bank_In,bins =100,hist =True,kde =True)
plt.xlim(0,100)
plt.xlabel('K_In')
plt.ylabel('Probability')
#网络结构作图
```

```
G = nx.DiGraph()
for i in range(N):
    for j in range(N):
        if i! = j and FinalNet1[i,j]! = 0:
G.add_weighted_edges_from([(str(i),str(j),FinalNet1[i,j])])
position = nx.circular_layout(G)
nx.draw(G,position,node_color = 'silver',with_labels = True)
```

（3）银行业风险传染实现以及过程与结果的记录

```
time_record = 20
import math as mh
eta = 1
M = N * eta
beta = 0.05
kappa = 0.06
shock_bank = 6
shock_kind = 0
Counterparty_Risk = True
Rollover_Risk = True
CommonAsset_Risk = True
Emotion_Risk = True
HeterogeneousBelief_Risk = True
InformationSpillover_Risk = True
Financial_Asset_Allocation = 1
miu = 5
t = 0
LL_Matrix = np.zeros((N,N),dtype = float,order = "C")
LS_Matrix = np.zeros((N,N),dtype = float,order = "C")
BS_Matrix = np.zeros((N,9),dtype = float,order = "C")
S_Matrix = np.zeros((N,M),dtype = float,order = "C")
S_Matrix_Old = np.zeros((N,M),dtype = float,order = "C")
Investor_S_Matrix = np.zeros((N,M),dtype = float,order = "C")
Investor_S_Matrix_Old = np.zeros((N,M),dtype = float,order = "C")
S_Sell_Matrix = np.zeros((M,1),dtype = float,order = "C")
P_Matrix = np.ones((M,time_record),dtype = float,order = "C")
P_Matrix_New = np.ones((M,1),dtype = float,order = "C")
```

```
    Bank_Broken = np.zeros((N,1),dtype = int,order = "C")
    Bank_Liquidity = np.zeros((N,1),dtype = int,order = "C")
    Bank_LiquidityBroken = np.zeros((N,1),dtype = int,order = "C")
    Investor_Panic = np.zeros((N,1),dtype = int,order = "C")
    Num_New_Broken = np.zeros((time_record),dtype = float,order = "C")
    Num_New_Liquidity = np.zeros((time_record),dtype = float,order
= "C")
    Num_New_Liquidity_Broken = np.zeros((time_record),dtype = float,
order = "C")
    Num_New_Panic = np.zeros((time_record),dtype = float,order = "C")
    Bank_Broken_New = np.zeros((N,1),dtype = int,order = "C")
    Bank_LiquidityBroken_New = np.zeros((N,1),dtype = int,order = "C")
    Bank_Liquidity_New = np.zeros((N,1),dtype = int,order = "C")
    Investor_Panic_New = np.zeros((N,1),dtype = int,order = "C")
    Information_Spillover_New = np.zeros((N,N),dtype = int,order = "C")
    Information_Spillover_Old = np.zeros((N,N),dtype = int,order = "C")
    sigma = np.zeros((N,1),dtype = float,order = "C")
    def restore():
        global t
        global LL_Matrix
        global LS_Matrix
        global BS_Matrix
        global S_Matrix
        global Investor_S_Matrix
        global S_Sell_Matrix
        global P_Matrix
        global P_Matrix_New
        global Bank_Broken
        global Bank_Liquidity
        global Bank_LiquidityBroken
        global Investor_Panic
        global Num_New_Broken
        global Num_New_Liquidity
        global Num_New_Liquidity_Broken
        global Num_New_Panic
        global Bank_Broken_New
```

```
        global Bank_LiquidityBroken_New
        global Bank_Liquidity_New
        global Investor_Panic_New
        global Information_Spillover_New
        global Information_Spillover_Old
        global sigma
   t = 0
        LL_Matrix = np.zeros((N,N),dtype = float,order = "C")
        LS_Matrix = np.zeros((N,N),dtype = float,order = "C")
        BS_Matrix = np.zeros((N,9),dtype = float,order = "C")
        S_Matrix = np.zeros((N,M),dtype = float,order = "C")
        Investor_S_Matrix = np.zeros((N,M),dtype = float,order = "C")
        S_Sell_Matrix = np.zeros((M,1),dtype = float,order = "C")
        P_Matrix = np.ones((M,time_record),dtype = float,order = "C")
        P_Matrix_New = np.ones((M,1),dtype = float,order = "C")
        Bank_Broken = np.zeros((N,1),dtype = int,order = "C")
        Bank_Liquidity = np.zeros((N,1),dtype = int,order = "C")
        Bank_LiquidityBroken = np.zeros((N,1),dtype = int,order = "C")
        Investor_Panic = np.zeros((N,1),dtype = int,order = "C")
        Num_New_Broken = np.zeros((time_record),dtype = float,order
= "C")
        Num_New_Liquidity = np.zeros((time_record),dtype = float,
order = "C")
        Num_New_Liquidity_Broken = np.zeros((time_record),dtype =
float,order = "C")
        Num_New_Panic = np.zeros((time_record),dtype = float,order
= "C")
        Bank_Broken_New = np.zeros((N,1),dtype = int,order = "C")
        Bank_LiquidityBroken_New = np.zeros((N,1),dtype = int,order
= "C")
        Bank_Liquidity_New = np.zeros((N,1),dtype = int,order = "C")
        Investor_Panic_New = np.zeros((N,1),dtype = int,order = "C")
        Information_Spillover_New = np.zeros((N,N),dtype = int,order
= "C")
        Information_Spillover_Old = np.zeros((N,N),dtype = int,order
= "C")
```

```
        sigma = np.zeros((N,1),dtype = float,order = "C")
def initialization():
    global LL_Matrix
  global LS_Matrix
    global S_Matrix
    global Investor_S_Matrix
    restore()
    LL_Matrix = FinalNet1.copy()
    LS_Matrix = FinalNet2.copy()
    initial_BS_L()
    slove_BS()
    global sigma
    asset_sum = 0
    for i in range(N):
        asset_sum + = get_asset(i)
    for i in range(N):
        sigma[i] = get_asset(i) / asset_sum
    global P_Matrix
    global P_Matrix_New
    P_Matrix[:,0] = P_Whole[:,9].copy()
    P_Matrix_New[:,0] = P_Whole[:,9].copy()
    slove_SandInvester()
def initial_BS_L():
    global BS_Matrix
    BS_Matrix[:,5] = LL_Matrix.sum(axis = 1)
    BS_Matrix[:,7] = LL_Matrix.sum(axis = 0)
    BS_Matrix[:,6] = LS_Matrix.sum(axis = 1)
    BS_Matrix[:,8] = LS_Matrix.sum(axis = 0)
def slove_BS():
    global BS_Matrix
    a = np.array([[0,0,1,1, -1],
                  [1, -1,0,0,0],
                  [0,1,0,0, -(beta + 0.001)],
                  [1, - kappa, - kappa, - kappa,0],
                  [0,0,0,1, -0.7]])
    for i in range(N):
```

```
          b = np.array([BS_Matrix[i,7] + BS_Matrix[i,8],BS_Matrix[i,
5] + BS_Matrix[i,6],\
                   (beta + 0.001) * BS_Matrix[i,8],kappa * (BS_Matrix
[i,5] + BS_Matrix[i,6]),0])
          BS_Matrix[i,0:5] = np.linalg.solve(a,b)
          BS_Matrix[i,0] = get_asset(i) - get_liability(i)
    def slove_SandInvester():
        global S_Matrix
        global Investor_S_Matrix
        if Financial_Asset_Allocation == 0:
            for i in range(N):
                money = BS_Matrix[i,2] /M
                for m in range(M):
                    S_Matrix[i,m] = money / P_Matrix[m,0]
                    Investor_S_Matrix[i,m] = money / P_Matrix[m,0]
        elif Financial_Asset_Allocation == 1:
            S_Matrix = FinalNet3.copy()
            Investor_S_Matrix = FinalNet3.copy()
    def get_asset(banknumber):
        asset = BS_Matrix[banknumber,2] + BS_Matrix[banknumber,3] + BS_
Matrix[banknumber,1] \
        + BS_Matrix[banknumber,5] + BS_Matrix[banknumber,6]
        return asset
    def get_liability(banknumber):
        liability = BS_Matrix[banknumber,4] + BS_Matrix[banknumber,7]
+ BS_Matrix[banknumber,8]
        return liability
    def update_P():
        global P_Matrix
        global P_Matrix_New
        for m in range(M):
            if S_Sell_Matrix[m] > 0:
                if Investor_S_Matrix_Old[:,m].sum() + S_Matrix_Old[:,
m].sum() != 0:
                    P_Matrix_New[m] = P_Matrix[m,t] * mh.exp( - 1.0536 *
S_Sell_Matrix[m] \
```

```
                        /(Investor_S_Matrix_Old[:,m].sum() + S_Ma-
trix_Old[:,m].sum()))
                else:
                    P_Matrix_New[m] = P_Matrix[m,t]
            elif S_Sell_Matrix[m] < 0:
                if Investor_S_Matrix_Old[:,m].sum() + S_Matrix_Old[:,
m].sum()! = 0:
                    if  S_Sell_Matrix[m]/(Investor_S_Matrix_Old[:,m].sum
() + S_Matrix_Old[:,m].sum()) < = -1:
                        P_Matrix_New[m] = P_Matrix[m,t] * (2 - mh.exp(-
1.0536 * 1)))
                    elif S_Sell_Matrix[m]/(Investor_S_Matrix_Old[:,m].
sum() + S_Matrix_Old[:,m].sum()) > =1:
                        P_Matrix_New[m] = P_Matrix[m,t]
                    else:
                        P_Matrix_New[m] = P_Matrix[m,t] * (2 - mh.exp(-
1.0536 * - S_Sell_Matrix[m]/(Investor_S_Matrix_Old[:,m].sum() + S_Ma-
trix_Old[:,m].sum()))))
                else:
                    P_Matrix_New[m] = P_Matrix[m,t]
            else:
                P_Matrix_New[m] = P_Matrix[m,t]
        P_Matrix[:,t +1] = P_Matrix_New[:,0]
        global P_Whole
        P_Whole = np.append(P_Whole,P_Matrix_New,axis =1)
    def update_BS():
        global BS_Matrix
        BS_Matrix[:,5] = LL_Matrix.sum(axis =1)
        BS_Matrix[:,7] = LL_Matrix.sum(axis =0)
        BS_Matrix[:,6] = LS_Matrix.sum(axis =1)
        BS_Matrix[:,8] = LS_Matrix.sum(axis =0)
        BS_Matrix[:,2] = np.dot(S_Matrix[:,:],P_Matrix[:,t +1])
        BS_Matrix[:,0] = BS_Matrix[:,1] + BS_Matrix[:,2] + BS_Matrix[:,
3] + BS_Matrix[:,5] + BS_Matrix[:,6] - BS_Matrix[:,4] - BS_Matrix[:,7]
- BS_Matrix[:,8]
    def initial_shock(shock_bank):
```

```
        global BS_Matrix
        if shock_kind = =0:
            BS_Matrix[shock_bank,3] = 0
        elif shock_kind = =1:
            BS_Matrix[shock_bank,1] = 0
        BS_Matrix[shock_bank,0] = BS_Matrix[shock_bank,1] + BS_Matrix
[shock_bank,2] + BS_Matrix[shock_bank,3] \
            + BS_Matrix[shock_bank,5] + BS_Matrix[shock_bank,6] - BS_Ma-
trix[shock_bank,4] \
        -BS_Matrix[shock_bank,7] - BS_Matrix[shock_bank,8]
    def calculate_all():
        global Bank_Broken
        global Bank_Liquidity
        global Bank_LiquidityBroken
        globalInvestor_Panic
        global Num_New_Broken
        global Num_New_Liquidity
        global Num_New_Liquidity_Broken
        global t
        global P_Matrix
        global S_Sell_Matrix
        global S_Matrix_Old
        global Investor_S_Matrix_Old
        global Bank_Broken_New
        global Bank_Liquidity_New
        global Bank_LiquidityBroken_New
        global Investor_Panic_New
        global Information_Spillover_New
        global Information_Spillover_Old
        Bank_Broken_New = np.zeros((N,1),dtype = int,order ="C")
        Bank_Liquidity_New = np.zeros((N,1),dtype = int,order ="C")
        Bank_LiquidityBroken_New = np.zeros((N,1),dtype = int,order
="C")
        Investor_Panic_New = np.zeros((N,1),dtype = int,order ="C")
        while Counterparty_Risk or Rollover_Risk or CommonAsset_Risk
or Emotion_Risk:
```

178

```
newbroken = 0
    newliquidity = 0
    newliquiditybroken = 0
    S_Sell_Matrix = np.zeros((M,1),dtype = float,order = "C")
    Bank_Liquidity_New = np.zeros((N,1),dtype = int,order = "C")
    S_Matrix_Old = S_Matrix.copy()
Investor_S_Matrix_Old = Investor_S_Matrix.copy()
    if Counterparty_Risk or CommonAsset_Risk or Emotion_Risk:
        for i in range(N):
            if Bank_Broken_New[i] = = 0 and Bank_LiquidityBro-
ken_New[i] = = 0 \
            and if_broken(i):
                Bank_Broken_New[i] = 1
                newbroken + = 1
    if Rollover_Risk:
        for i in range(N):
            if Bank_Broken_New[i] = = 0 and Bank_LiquidityBro-
ken_New[i] = = 0 \
            andif_liquidity(i):
                if if_liquidity_degree(i) = = 0 or if_liquidity_
degree(i) = = 1:
                    Bank_Liquidity_New[i] = 1
                    newliquidity + = 1
                elif if_liquidity_degree(i) = = 2:
                Bank_LiquidityBroken_New [i] = 1
                    newliquiditybroken + = 1
    if Emotion_Risk:
        alpha = 0.04 + 0.04 * (1 - sum(P_Matrix[:,t])/sum(P_Ma-
trix[:,t -1]))
        theta = 0.04
        for i in range(N):
            if Investor_Panic[i,t] = = 0:
                if Bank_Broken_New[i] = = 1 or Bank_Liquidity-
Broken_New[i] = = 1:
                    Investor_Panic_New[i] = 1
                else:
```

```
                       ni = 0
        for j in range(N):
                            if if_connected(i,j) and Investor_Panic
[j,t -1] = =1:
                                ni + =1
                        Panic_Prob =[1 - alpha - theta * ni,alpha +
theta * ni]
                        if alpha + theta * ni > 1:
                            Panic_Prob =[0,1]
                        elif alpha + theta * ni < 0:
                            Panic_Prob =[1,0]
                        Investor_Panic_New[i] = np.random.choice
(range(2),1,p = Panic_Prob)
            if ((Bank_Broken[:,t] = =Bank_Broken_New[:,0]).all() \
            and (Bank_Liquidity_New[:,0] = = np.zeros((N,1),dtype =
int,order ="C")).all() \
            and (Information_Spillover_New = = np.zeros((N,N),dtype =
int,order ="C")).all() \
            and (Bank_LiquidityBroken[:,t] = = Bank_LiquidityBroken_
New[:,0]).all() \
            and (Investor_Panic[:,t] = = Investor_Panic_New[:,0]).all
()) \
            or t > = time_record -1:
                a = np.zeros((M,1),dtype = float,order ="C")
                a[:,0] = P_Matrix[:,t]
                P_Matrix[:,t +1:time_record] = np.tile(a,(1,time_re-
cord - t -1))
                break
            Bank_Broken[:,t] = Bank_Broken_New[:,0]
            Bank_Liquidity[:,t] = Bank_Liquidity_New[:,0]
            Bank_LiquidityBroken[:,t] = Bank_LiquidityBroken_New[:,0]
            Investor_Panic[:,t] = Investor_Panic_New[:,0]
            if InformationSpillover_Risk and t! =0:
                Information_Spillover_Old = Information_Spillover_
New.copy()
                Information_Spillover_New = np.zeros((N,N),dtype = int,
```

```
order = "C")
                information_contagion()
            if Counterparty_Risk or CommonAsset_Risk or Emotion_Risk:
                for i in range(N):
                    if t = = 0 and Bank_Broken[i,t] = = 1:
                        broken_contagion(i)
                    elift! = 0 and Bank_Broken[i,t -1] = = 0 and Bank_Bro-
ken[i,t] = = 1:
                        broken_contagion(i)
            if Rollover_Risk:
                for i in range(N):
                    if   t = = 0 and (Bank_Liquidity[i,t] = = 1 or Bank_
LiquidityBroken[i,t] = = 1):
                        liquidity_contagion(i)
                    elif t! = 0 and (Bank_Liquidity[i,t] = = 1 or (Bank_
LiquidityBroken[i,t -1] = = 0 and Bank_LiquidityBroken[i,t] = = 1)):
                        liquidity_contagion(i)
            if Emotion_Risk:
                panic_contagion()
            if CommonAsset_Risk:
                if HeterogeneousBelief_Risk:
                    heterogeneous_contagion()
                update_P()
            else:
                P_Matrix[:,t +1] = P_Matrix_New[:,0]
            update_BS()
            Num_New_Broken[t] = newbroken
            Num_New_Liquidity[t] = newliquidity
            Num_New_Liquidity_Broken[t] = newliquiditybroken
            Bank_Broken = np.append(Bank_Broken,Bank_Broken_New,axis
= 1)
            Bank_Liquidity = np.append(Bank_Liquidity,np.zeros((N,1),
dtype = int,order = "C"),axis = 1)
            Bank_LiquidityBroken = np.append(Bank_LiquidityBroken,
Bank_LiquidityBroken_New,axis = 1)
            Investor_Panic = np.append(Investor_Panic,Investor_Panic_
```

```
New,axis =1)
        t + =1
    def if_broken(banknumber):
      if get_asset(banknumber) < get_liability(banknumber):
            return True
       else:
            return False
    def if_broken_extreme(banknumber):
        if get_asset(banknumber) < BS_Matrix[banknumber,4] + BS_Matrix
[banknumber,8]:
            return True
        else:
            return False
    def broken_contagion(bank_broken):
        counterparty_contagion(bank_broken)
        rollover_contagion(bank_broken)
        commonasset_contagion(bank_broken)
    def counterparty_contagion(bank_broken):
        global LL_Matrix
        if Counterparty_Risk:
            if if_broken_extreme(bank_broken):
                for i in range(N):
                    if LL_Matrix[i,bank_broken]! =0:
                        LL_Matrix[i,bank_broken] =0
            else:
                for i in range(N):
                    if LL_Matrix[i,bank_broken]! =0:
                        LL_Matrix[i,bank_broken] = (get_asset(bank_bro-
ken) - BS_Matrix[bank_broken,4] - BS_Matrix[bank_broken,8]) * LL_Ma-
trix[i,bank_broken]/BS_Matrix[bank_broken,7]
    def rollover_contagion(bank_broken):
        global LS_Matrix
        global BS_Matrix
        if Rollover_Risk:
            BS_Matrix[bank_broken,1] + = BS_Matrix[bank_broken,6]
            for i in range(N):
```

```
                if LS_Matrix[bank_broken,i]! =0:
                    BS_Matrix[i,1] - =LS_Matrix[bank_broken,i]
                    LS_Matrix[bank_broken,i] =0
    def commonasset_contagion(bank_broken):
        global S_Matrix
        global S_Sell_Matrix
        global BS_Matrix
        BS_Matrix[bank_broken,1] + =BS_Matrix[bank_broken,2]
        for m in range(M):
            if S_Matrix[bank_broken,m]! =0:
                S_Sell_Matrix[m] + =S_Matrix[bank_broken,m]
                S_Matrix[bank_broken,m] =0
    def if_liquidity(banknumber):
        if BS_Matrix[banknumber,1] < beta * (BS_Matrix[banknumber,4]
    +BS_Matrix[banknumber,8]):
            return True
        else:
        return False
    def if_liquidity_degree(banknumber):
        if beta * (BS_Matrix[banknumber,4] +BS_Matrix[banknumber,8])
    -BS_Matrix[banknumber,1]   < =BS_Matrix[banknumber,6]:
            return 0
        elif  beta * (BS_Matrix[banknumber,4] +BS_Matrix[banknumber,
    8]) -BS_Matrix[banknumber,1] < =BS_Matrix[banknumber,6] +BS_Matrix
    [banknumber,2]:
            return 1
        elif beta * (BS_Matrix[banknumber,4] +BS_Matrix[banknumber,
    8]) -BS_Matrix[banknumber,1] > BS_Matrix[banknumber,6] +BS_Matrix
    [banknumber,2]:
            return 2
    def liquidity_contagion(bank_liquidity):
        global BS_Matrix
        global LS_Matrix
        global S_Matrix
        global S_Sell_Matrix
        global Information_Spillover_New
```

```
        if if_liquidity_degree(bank_liquidity) = =0:
            BS_Matrix[bank_liquidity,1] + =BS_Matrix[bank_liquidity,6]
            for i in range(N):
                if LS_Matrix[bank_liquidity,i]! =0:
                    BS_Matrix[i,1] - =LS_Matrix[bank_liquidity,i]
                    LS_Matrix[bank_liquidity,i] =0
                    if InformationSpillover_Risk:
                        Information_Spillover_New[bank_liquidity,i] =1
        elif if_liquidity_degree(bank_liquidity) = =1:
            BS_Matrix[bank_liquidity,1] + =BS_Matrix[bank_liquidity,6]
            for i in range(N):
                if LS_Matrix[bank_liquidity,i]! =0:
                    BS_Matrix[i,1] - =LS_Matrix[bank_liquidity,i]
                    LS_Matrix[bank_liquidity,i] =0
                    if InformationSpillover_Risk:
                        Information_Spillover_New[bank_liquidity,i] =1
            BS_Matrix[bank_liquidity,1] + = BS_Matrix[bank_liquidity,2]
            for m in range(M):
                if S_Matrix[bank_liquidity,m]! =0:
                    S_Sell_Matrix[m] + =S_Matrix[bank_liquidity,m]
                    S_Matrix[bank_liquidity,m] =0
        elif if_liquidity_degree(bank_liquidity) = =2:
            if counterparty_contagion:
                broken_contagion(bank_liquidity)
            else:
                BS_Matrix[bank_liquidity,1] + =BS_Matrix[bank_liquid-
ity,6]
                for i in range(N):
                if LS_Matrix[bank_liquidity,i]! =0:
                        BS_Matrix[i,1] - =LS_Matrix[bank_liquidity,i]
                        LS_Matrix[bank_liquidity,i] =0
                        if InformationSpillover_Risk:
                            Information_Spillover_New[bank_liquidity,
i] =1
                    BS_Matrix[bank_liquidity,1] + =BS_Matrix[bank_liquid-
ity,2]
```

```
            for m in range(M):
                if S_Matrix[bank_liquidity,m]! = 0:
                    S_Sell_Matrix[m] + = S_Matrix[bank_liquidity,m]
                    S_Matrix[bank_liquidity,m] = 0
    def information_contagion():
        global LS_Matrix
        global BS_Matrix
        global Information_Spillover_New
        rho = np.zeros((N,1),dtype = float,order = "C")
        for j in range(N):
        if Bank_Liquidity[j,t] = = 0 and Bank_Broken[j,t] = = 0 and Bank_
LiquidityBroken[j,t] = = 0:
                for i in range(N):
                    if Information_Spillover_Old[i,j] = =1:
                        if Bank_Liquidity[i,t -1] = =1:
        rho[j] = (1 +mh.sqrt(sigma[j]))/2
    elif Bank_Liquidity[i,t -1] = = 0:
    rho[j] = (1 -mh.sqrt(sigma[j]))/2
    for a in range(N):
                        if LS_Matrix[j,a]! = 0:
            change = rho[j] * LS_Matrix[j,a]
                            BS_Matrix[a,1] - = change
                            BS_Matrix[j,1] + = change
                            LS_Matrix[j,a] - = change
                            Information_Spillover_New[j,a] =1
    def panic_contagion():
        global Num_New_Panic
        global Investor_S_Matrix
        global S_Sell_Matrix
        global BS_Matrix
        newpanic = 0
        for i in range(N):
            if Investor_Panic[i,t -1] = = 0 and Investor_Panic[i,t] = =1:
        if Bank_Broken[i,t] = = 0 and Bank_LiquidityBroken[i,t] = = 0:
                    BS_Matrix[i,1] - = BS_Matrix[i,4]
                    BS_Matrix[i,4] = 0
```

```
                for m in range(M):
                    if Investor_S_Matrix[i,m]!=0:
                        S_Sell_Matrix[m] + = Investor_S_Matrix[i,m]
                        Investor_S_Matrix[i,m] =0
                newpanic + =1
            elif t = =0 and Investor_Panic[i,t] = =1:
                newpanic + =1
        Num_New_Panic[t] =newpanic
    def if_connected(i,j):
        if LL_Matrix[i,j]!=0 or LL_Matrix[j,i]! =0 or LS_Matrix[i,j]! =0
or LS_Matrix[j,i]! =0 :
            return True
        else:
            return False
    def heterogeneous_contagion():
        fundamental_trading()
        technical_trading()
    def fundamental_trading():
        global information
        global S_Matrix
        global Investor_S_Matrix
        global S_Sell_Matrix
        global BS_Matrix
        sell_kind =[]
        buy_kind =[]
        for m in range(M):
    if information[m,t] < information[m,t -1]:
                sell_kind.append(m)
            elif information[m,t] > information[m,t -1]:
    buy_kind.append(m)
        investor_ssell_cash =np.zeros((N,1),dtype =float,order ="C")
        bank_ssell_cash =np.zeros((N,1),dtype =float,order ="C")
        for i in range(N):
            for m in sell_kind:
                if Bank_Broken[i,t] = =0 and Bank_LiquidityBroken[i,t] = =
0 \
```

```
            and Strategy_Bank[i] = = 0 and S_Matrix[i,m]! = 0:
                bank_ssell_cash[i] + = S_Matrix[i,m] * P_Matrix[m,t]
                S_Sell_Matrix[m] + = S_Matrix[i,m]
                S_Matrix[i,m] = 0
            BS_Matrix[i,1] + = bank_ssell_cash[i]
        for i in range(N):
            for m in sell_kind:
                if Investor_Panic[i,t] = = 0 and Strategy_Investor[i] =
= 0 and Investor_S_Matrix[i,m]! = 0:
                    investor_ssell_cash[i] + = Investor_S_Matrix[i,m]
* P_Matrix[m,t]
                    S_Sell_Matrix[m] + = Investor_S_Matrix[i,m]
                    Investor_S_Matrix[i,m] = 0
        for i in range(N):
            p_sbuy = 0
            for m in buy_kind:
                p_sbuy + = P_Matrix[m,t]
            if p_sbuy = = 0:
                break
            if Bank_Broken[i,t] = = 0 and Bank_LiquidityBroken[i,t] = = 0 \
            and Strategy_Bank[i] = = 0 and bank_ssell_cash[i] > 0:
                num_sbuy = bank_ssell_cash[i] /p_sbuy
                for m in buy_kind:
                    S_Matrix[i,m] + = num_sbuy
                    S_Sell_Matrix[m] - = num_sbuy
                BS_Matrix[i,1] - = bank_ssell_cash[i]
            if Investor_Panic[i,t] = = 0 and Strategy_Investor[i] = = 0
and investor_ssell_cash[i] > 0:
                num_sbuy = investor_ssell_cash[i] /p_sbuy
                for m in buy_kind:
                    Investor_S_Matrix[i,m] + = num_sbuy
                    S_Sell_Matrix[m] - = num_sbuy
    def technical_trading():
        global P_Whole
    global S_Matrix
        global Investor_S_Matrix
```

```
global S_Sell_Matrix
global BS_Matrix
sell_kind = [ ]
buy_kind = [ ]
for m in range(M):
    if get_five_average(m) < get_ten_average(m):
        sell_kind.append(m)
    elif get_five_average(m) > get_ten_average(m):
        buy_kind.append(m)
investor_ssell_cash = np.zeros((N,1),dtype = float,order = "C")
bank_ssell_cash = np.zeros((N,1),dtype = float,order = "C")
for i in range(N):
    for m in sell_kind:
        if Bank_Broken[i,t] = = 0 and Bank_LiquidityBroken[i,t]
= = 0 \
        and Strategy_Bank[i] = = 1 and S_Matrix[i,m]! = 0:
            bank_ssell_cash[i] + = S_Matrix[i,m] * P_Matrix[m,t]
            S_Sell_Matrix[m] + = S_Matrix[i,m]
            S_Matrix[i,m] = 0
        BS_Matrix[i,1] + = bank_ssell_cash[i]
for i in range(N):
    for m in sell_kind:
        if Investor_Panic[i,t] = = 0 and Strategy_Investor[i] =
= 1 and Investor_S_Matrix[i,m]! = 0:
            investor_ssell_cash[i] + = Investor_S_Matrix[i,m]
* P_Matrix[m,t]
            S_Sell_Matrix[m] + = Investor_S_Matrix[i,m]
            Investor_S_Matrix[i,m] = 0
for i in range(N):
    p_sbuy = 0
    for m in buy_kind:
        p_sbuy + = P_Matrix[m,t]
    if p_sbuy = = 0:
        break
    if Bank_Broken[i,t] = = 0 and Bank_LiquidityBroken[i,t] = = 0 \
    and Strategy_Bank[i] = = 1 and bank_ssell_cash[i] > 0:
```

```
            num_sbuy = bank_ssell_cash[i] /p_sbuy
            for m in buy_kind:
                S_Matrix[i,m] + = num_sbuy
                S_Sell_Matrix[m] - = num_sbuy
            BS_Matrix[i,1] - = bank_ssell_cash[i]
        if Investor_Panic[i,t] = = 0 and Strategy_Investor[i] = = 1
and investor_ssell_cash[i] > 0:
    num_sbuy = investor_ssell_cash[i] /p_sbuy
            for m in buy_kind:
                Investor_S_Matrix[i,m] + = num_sbuy
                S_Sell_Matrix[m] - = num_sbuy
    def get_five_average(m):
        return sum(P_Whole[m,t +5:t +10]) /5
    def get_ten_average(m):
        return sum(P_Whole[m,t:t +10]) /10
    import matplotlib.pyplot as plt
    def draw_liquidity(Num_New_Liquidity):
        Num_Cumulative_Liquidity = np.zeros((len(Num_New_Liquidity),
1),dtype = float,order = "C")
        for t in range(0,len(Num_New_Liquidity)):
            Num_Cumulative_Liquidity[t] =   Num_Cumulative_Liquidity
[t -1] +Num_New_Liquidity[t]
        draw = np.zeros((len(Num_New_Liquidity),2),dtype = float,or-
der = "C")
        draw[:,0] = Num_New_Liquidity
        draw[:,1] = Num_Cumulative_Liquidity[:,0]
        plt.plot(draw[:,0],lw =1,label ='Incremental')
        plt.plot(draw[:,1],lw =3,label ='Cumulative')
        plt.grid(True)
        plt.legend(loc =0)
        plt.axis('tight')
        plt.xlabel('time')
        plt.ylabel('Number')
        plt.title('Liquidity')
        plt.show()
    def draw_broken(Num_New_Broken):
```

```python
        Num_Cumulative_Broken = np.zeros((len(Num_New_Broken),1),
dtype = float,order ="C")
        for t in range(0,len(Num_New_Broken)):
            Num_Cumulative_Broken[t] = Num_Cumulative_Broken[t-1]
+Num_New_Broken[t]
        draw = np.zeros((len(Num_New_Broken),2),dtype = float,order
="C")
        draw[:,0] = Num_New_Broken
        draw[:,1] = Num_Cumulative_Broken[:,0]
        plt.plot(draw[:,0],lw =1,label ='Incremental')
        plt.plot(draw[:,1],lw =3,label ='Cumulative')
        plt.grid(True)
        plt.legend(loc =0)
        plt.axis('tight')
        plt.xlabel('time')
        plt.ylabel('Number')
        plt.title('Broken')
        plt.show()
    def draw_liquidity_broken(Num_New_Liquidity_Broken):
        Num_Cumulative_Liquidity_Broken = np.zeros((len(Num_New_Liquidi-
ty_Broken),1),dtype = float,order ="C")
        for t in range(0,len(Num_New_Liquidity_Broken)):
            Num_Cumulative_Liquidity_Broken[t] = Num_Cumulative_Liq-
uidity_Broken[t-1] +Num_New_Liquidity_Broken[t]
        draw = np.zeros((len(Num_New_Liquidity_Broken),2),dtype =
float,order ="C")
        draw[:,0] = Num_New_Liquidity_Broken
        draw[:,1] = Num_Cumulative_Liquidity_Broken[:,0]
        plt.plot(draw[:,0],lw =1,label ='Incremental')
        plt.plot(draw[:,1],lw =3,label ='Cumulative')
        plt.grid(True)
        plt.legend(loc =0)
      plt.axis('tight')
        plt.xlabel('time')
        plt.ylabel('Number')
        plt.title('LiquidityBroken')
```

```python
        plt.show()
    def draw_P(P_Matrix):
        plt.plot(P_Matrix.T)
        plt.legend(loc=0)
        plt.axis('tight')
        plt.xlabel('time')
        plt.ylabel('Price')
      plt.title('Financial Assets')
        plt.show()
    def draw_panic(Num_New_Panic):
        Num_Cumulative_Panic=np.zeros((len(Num_New_Panic),1),dtype
=float,order="C")
        for t in range(0,len(Num_New_Panic)):
            Num_Cumulative_Panic[t]=Num_Cumulative_Panic[t-1]+Num
_New_Panic[t]
        draw=np.zeros((len(Num_New_Panic),2),dtype=float,order
="C")
        draw[:,0]=Num_New_Panic
        draw[:,1]=Num_Cumulative_Panic[:,0]
        plt.plot(draw[:,0],lw=1,label='Incremental')
        plt.plot(draw[:,1],lw=3,label='Cumulative')
        plt.grid(True)
        plt.legend(loc=0)
        plt.axis('tight')
        plt.xlabel('time')
        plt.ylabel('Number')
        plt.title('Panic')
        #plt.savefig("Panic.png")
        plt.show()
    initialization()
    initial_shock(shock_bank)
    calculate_all()
    draw_liquidity(Num_New_Liquidity)
    draw_liquidity_broken(Num_New_Liquidity_Broken)
    draw_broken(Num_New_Broken)
    draw_panic(Num_New_Panic)
```

```
Average_P_Matrix1 = P_Matrix.sum(axis = 0) /M
draw_P(Average_P_Matrix1)
```

(4) 改进的 RAS 方法

```
def LL_initial():
    global LL_Matrix
    LL_Matrix = np.ones((N + 1,N + 1),dtype = float,order = "C")
    for i in range(N + 1):
        LL_Matrix[i,i] = 0
    for i in range(N):
        if BS_Matrix[i,5] = = 0:
            LL_Matrix[i,:] = 0
        if BS_Matrix[i,7] = = 0:
            LL_Matrix[:,i] = 0
    target_outer_row = BS_Matrix[:,7].sum() - BS_Matrix[:,5].sum()
    target_rows = np.append(BS_Matrix[:,5],target_outer_row)
    target_colums = np.append(BS_Matrix[:,7],0)
    time = 0
    while time < 50:
        ratio_rows = target_rows /LL_Matrix.sum(axis = 1)
        ratio_rows = np.nan_to_num(ratio_rows)
        for i in range(N + 1):
            LL_Matrix[i,:] = LL_Matrix[i,:] * ratio_rows[i]
        ratio_colums = target_colums /LL_Matrix.sum(axis = 0)
        ratio_colums = np.nan_to_num(ratio_colums)
        for i in range(N + 1):
            LL_Matrix[:,i] = LL_Matrix[:,i] * ratio_colums[i]
        time + = 1
```

附录 2　标准参数状态下模拟数据

（1）长期同业借贷网络

	0	1	2	3	4	5	6	7	8	9	10	11	12	13	14	15	16	17	18	19	20	21	22	23	24
0	0	114.632	44.7191	51.3193	0	0	0	16.7867	33.8839	13.8206	22.498	0	0	0	12.7154	11.1958	0	0	10.6592	0	10.3054	0	0	0	0
1	124.245	0	16.1505	31.1359	12.11	0	0	19.5672	0	0	31.8972	0	0	0	10.3973	11.1026	0	0	10.3973	10.3973	0	0	0	10	10
2	98.5893	124.779	0	35.7265	0	0	0	30.1231	24.1625	0	0	32.5741	0	0	0	0	11.287	0	0	0	10	0	0	0	10
3	23.956	32.5485	24.8633	0	0	0	0	0	0	0	0	10	0	0	0	0	10	0	0	0	0	0	0	0	0
4	15.3336	64.2381	16.9753	16.796	0	0	0	0	0	13.3333	0	0	0	0	0	0	10	0	0	0	0	0	0	0	0
5	39.0651	20.3417	19.3635	0	0	0	0	0	0	0	0	11.3368	0	0	0	0	0	0	0	0	0	0	0	0	0
6	20.4181	21.2025	0	23.9305	0	24.8523	0	0	0	0	0	0	0	0	0	0	0	0	0	0	0	0	0	0	0
7	22.379	0	0	0	0	0	0	0	0	0	14.2075	0	13.9768	0	0	0	0	0	0	0	0	0	0	0	0
8	0	0	0	21.3706	0	0	0	12.0682	0	0	0	0	0	0	0	0	0	10	0	0	0	0	0	0	0
9	28.4403	0	15.9831	33.8419	0	0	0	0	0	0	0	0	0	0	0	0	0	0	0	0	0	0	10	0	0
10	0	0	0	0	0	0	0	0	0	0	0	0	0	0	0	0	0	0	0	0	0	0	0	0	0
11	0	0	0	0	0	0	0	11.5105	0	0	0	0	0	0	0	0	0	0	0	0	0	0	0	0	0
12	0	0	0	24.7804	0	12.8675	0	0	0	0	0	0	0	0	0	0	0	0	0	0	0	0	0	0	0
13	0	0	13.3333	0	0	0	13.3333	0	0	13.3333	0	0	0	0	0	0	0	0	0	0	0	0	0	0	0
14	12.9078	0	11.7035	0	0	0	0	0	0	0	0	0	0	0	0	0	0	0	0	0	0	0	0	0	0
15	11.1546	0	0	0	0	0	0	0	0	0	0	0	0	0	0	0	0	0	0	0	0	0	0	0	0
16	0	0	0	0	0	12.8675	10	0	0	0	0	0	0	10	0	0	0	0	0	0	0	0	0	0	0
17	0	0	0	0	10	0	0	0	0	10	0	0	0	0	0	0	0	0	0	0	0	0	0	0	0
18	0	0	0	0	0	0	10	0	0	0	0	0	0	0	0	0	0	0	0	0	0	0	0	0	0
19	0	0	0	0	10	0	0	0	0	0	0	0	0	0	0	0	0	0	0	0	0	0	0	0	0
20	0	0	0	0	0	0	10	0	0	0	0	0	0	0	0	0	0	0	0	0	0	0	0	0	0
21	0	10.2669	10	0	10	0	0	0	0	0	0	0	0	0	0	0	0	0	0	0	0	0	0	0	0
22	10.2535	0	10	0	0	0	10	0	0	0	0	0	0	0	0	0	0	0	0	0	0	0	0	0	0
23	0	0	0	0	10	0	0	0	0	0	0	0	0	0	0	0	0	0	0	0	0	0	0	0	0
24	10	0	0	0	0	0	0	0	0	0	0	0	0	0	0	0	0	0	0	0	0	0	0	0	0

注：该表格即代表复杂网络理论中矩阵 F（也是长期同业借贷矩阵 LL）中的元素，行与列编号表示银行节点编号。

（2）短期同业借贷网络

	0	1	2	3	4	5	6	7	8	9	10	11	12	13	14	15	16	17	18	19	20	21	22	23	24
0	0	77.3516	33.4352	131.371	40.2373	0	10.3265	0	0	0	0	0	0	0	11.7994	0	11.1929	0	0	0	0	0	10.3265	0	0
1	79.0035	0	56.6255	0	16.0658	25.4	0	23.3804	23.2674	0	16.5345	19.4543	0	0	12.7	0	0	0	0	10.3697	0	10	0	0	10
2	104.793	88.2218	0	10.5943	0	0	0	0	0	0	0	0	21.8987	0	10.9494	0	0	10.9494	10.9494	0	0	0	0	0	0
3	26.2472	11.5372	32.6856	0	10	0	27.2221	0	24.9366	13.611	0	0	0	0	0	0	0	0	10.7854	0	0	0	0	10	10
4	33.8292	0	10	0	0	0	0	0	0	0	0	0	0	0	0	0	0	0	0	0	0	0	0	10	0
5	0	34.6468	12.007	0	0	0	10	0	0	0	0	10	0	0	0	10	0	0	0	0	0	0	0	0	0
6	17.0173	0	15.8937	0	0	0	0	0	0	0	0	18.4063	0	0	0	0	0	0	0	0	0	0	0	0	0
7	16.6217	16.7341	0	0	0	0	0	0	0	0	0	0	0	0	0	0	0	0	0	10	0	0	10	0	0
8	11.8027	0	12.007	0	0	0	0	0	0	0	0	0	0	0	0	0	0	0	10	0	10	0	0	0	0
9	24.3547	0	22.7467	0	0	0	0	0	0	10	0	0	0	0	0	0	0	0	0	0	0	0	0	0	0
10	0	50.0154	12.007	0	0	0	0	0	0	0	0	0	0	10	0	0	0	0	0	0	0	0	0	0	0
11	0	17.0629	0	0	0	0	0	0	0	0	0	0	0	10	0	0	0	0	0	0	0	0	0	0	0
12	10.6751	0	0	0	11.4831	0	0	0	0	0	0	0	0	0	0	0	0	0	0	0	0	0	0	0	0
13	0	0	0	0	21.4831	0	0	0	0	0	0	0	0	10	0	0	0	0	0	0	0	0	0	0	0
14	0	0	12.4528	0	0	0	0	0	0	0	0	0	0	0	0	0	0	0	0	0	0	0	0	0	0
15	0	0	12.4528	0	0	0	0	0	0	0	0	0	0	0	0	0	0	0	0	0	0	0	0	0	0
16	10.6751	10.6751	0	0	0	0	0	19.6294	0	0	0	0	0	0	0	0	0	0	0	0	0	0	0	0	0
17	10.6751	0	11.383	0	0	0	0	0	0	0	0	0	0	0	0	0	0	0	0	0	0	0	0	0	0
18	0	10.6971	0	0	0	0	0	0	0	0	0	0	0	0	0	0	0	0	0	0	0	0	0	0	0
19	0	10.6971	10	0	0	0	0	0	0	0	0	0	0	0	0	0	0	0	0	0	0	0	0	0	0
20	10.2982	10.6971	0	0	0	0	0	0	0	0	0	0	0	0	0	0	0	0	0	0	0	0	0	0	0
21	10.2982	10.3172	0	0	0	0	0	0	0	0	0	0	0	0	0	0	0	0	0	0	0	0	0	0	0
22	0	0	10	0	0	0	0	0	0	0	0	0	0	0	0	0	0	0	0	0	0	0	0	0	0
23	0	0	0	0	0	0	0	0	0	0	0	0	0	0	0	0	0	0	0	0	0	0	0	0	0
24	0	0	0	0	0	0	0	0	0	0	0	0	0	0	0	0	0	0	0	0	0	0	0	0	0

注：该表格即代表复杂网络理论中矩阵 F（也是短期同业借贷矩阵 LS）中的元素，行与列编号表示银行节点编号。

（3）银行金融资产持有矩阵

	0	1	2	3	4	5	6	7	8	9	10	11	12	13	14	15	16	17	18	19	20	21	22	23	24
0	0	0	0	0	0	0	2115.84	3144.98	2366.63	0	0	0	0	0	0	2169.83	0	0	0	2960.38	0	2103	0	0	0
1	2154.34	3137.55	0	0	0	0	0	0	0	0	0	0	0	0	0	0	0	0	0	0	0	1800.02	0	0	1994.36
2	2127.38	0	1876.45	0	0	0	0	0	0	0	0	0	0	1839.85	0	0	2381.04	0	0	0	0	0	0	0	1969.41
3	1343.28	0	0	0	0	0	0	1678.44	0	0	0	0	1530.05	0	1383.11	0	0	0	0	0	0	0	0	1389.61	0
4	626.695	912.708	0	0	0	0	0	783.061	0	0	0	674.435	0	0	0	0	0	0	0	737.1	0	0	0	0	0
5	0	0	575.983	732.113	271.966	292.418	641.337	370.697	0	0	765.805	0	743.797	0	0	0	0	0	0	0	0	0	0	0	0
6	0	0	0	0	622.194	0	516.947	0	0	0	617.274	566.449	0	0	541.96	0	0	0	0	0	0	0	0	0	0
7	0	0	324.318	0	0	362.412	361.116	0	156.733	0	0	0	0	0	0	0	370.099	392.344	0	0	0	307.214	0	380.368	0
8	0	0	0	0	549.397	0	324.761	0	108.175	509.919	387.79	0	0	0	478.551	0	0	0	374.422	0	388.113	0	0	0	0
9	0	0	0	521.073	0	0	0	0	0	0	0	0	0	0	0	0	0	0	0	0	0	0	0	0	0
10	0	0	0	0	0	0	0	0	0	0	0	0	257.432	0	232.711	0	161	0	0	0	265.27	0	239.349	0	209.226
11	0	0	0	0	0	0	0	0	0	0	0	0	0	0	0	124.008	0	0	0	0	0	0	0	148.809	133.166
12	0	0	0	332.613	0	0	0	0	0	124.115	0	0	0	0	0	0	0	0	0	0	0	0	314.185	0	0
13	0	202.857	202.936	0	0	0	136.799	208.279	0	182.881	0	0	158.654	0	236.895	0	0	272.985	0	0	270.04	0	0	0	0
14	0	0	0	0	0	0	0	0	0	0	0	0	0	139.021	165.513	138.577	155.896	165.267	0	0	0	0	0	0	0
15	0	227.88	0	0	0	154.226	0	0	0	0	0	0	0	0	0	0	0	0	0	0	0	134.309	0	0	0
16	0	0	0	0	0	0	0	0	0	0	0	0	0	0	0	134.89	175.127	0	126.053	196.054	0	0	0	0	0
17	0	56.6259	147.027	0	0	0	38.1863	0	0	0	0	0	0	0	0	0	0	46.1329	31.3229	45.7309	0	0	0	0	0
18	0	167.552	0	0	135.995	0	0	0	0	0	0	0	0	0	0	0	0	0	0	0	0	0	0	0	0
19	0	0	0	0	0	186.69	111.104	0	0	0	0	0	0	0	0	99.1792	0	0	0	133.055	0	0	121.837	0	0
20	0	0	0	0	0	0	186.023	0	0	0	0	0	0	0	0	0	0	0	0	0	0	94.5197	0	0	0
21	0	0	0	0	223.896	0	111.404	0	0	0	0	122.072	0	0	0	0	211.992	224.734	0	0	0	0	0	0	0
22	0	0	0	0	0	0	0	0	0	0	0	0	129.202	0	115.791	0	0	134.587	0	0	133.136	0	0	0	0
23	0	0	0	0	0	0	0	0	0	0	0	121.023	128.092	0	0	0	125.865	0	0	0	0	0	119.094	0	0
24	0	0	0	0	0	0	0	93.3013	0	0	0	0	85.052	0	76.8843	0	0	0	0	0	0	62.3893	79.0777	0	0

注：行代表银行节点编号，列代表金融资产种类编号，数值为某银行持有的某类金融资产数量。

（4）银行资产负债表

	E	C	S	O	I	LLA	LSA	LLD	LSD
0	3270.26	2591.69	15903.7	35330.4	50472.1	342.536	336.041	416.743	345.318
1	2788.13	2207.92	13612.4	30068.3	42954.7	287.401	292.801	388.009	337.979
2	2795.89	2224.58	13442	30360.3	43371.8	302.956	268.356	183.092	247.408
3	1743.75	1381.07	8487.65	18831.2	26901.6	185.653	177.025	238.901	178.254
4	818.481	651.309	3959.83	8863.04	12661.5	113.343	53.8292	52.11	109.269
5	866.572	689.811	4126.08	9450.21	13500.3	100.107	76.6538	50.5872	25.4
6	694.083	552.363	3325.81	7548.16	10783.1	90.4033	51.3174	43.3333	47.5486
7	476.29	376.579	2323.26	5138.62	7340.88	46.3559	53.3559	77.9876	43.0098
8	426.925	337.538	2089.37	4599.13	6570.18	45.5781	43.8097	70.1146	48.204
9	614.288	488.921	2936.69	6687.16	9553.08	78.2653	47.1014	37.1539	33.611
10	291.162	229.14	1428.06	3133.49	4476.41	0	62.0224	68.6027	16.5345
11	178.229	139.655	908.915	1883.34	2690.48	11.5105	27.0629	53.9109	47.8607
12	393.499	313.693	1874.56	4290.26	6128.94	37.6479	42.1582	13.9768	21.8987
13	303.349	241.866	1453.74	3298.73	4712.47	40	21.4831	10	30
14	178.534	141.47	880.103	1916.93	2738.47	24.6113	12.4528	23.1127	35.4488
15	211.295	167.687	1015.69	2294.59	3277.98	11.1546	32.4528	22.2984	10
16	205.518	163.123	988.67	2231.11	3187.3	12.0682	30.3265	21.287	11.1929
17	220.973	176.047	1053.24	2408.67	3440.96	22.8675	22.0581	10	10.9494
18	44.4086	34.4086	245.674	450.06	642.943	10	0	21.0565	31.7347

续表

	E	C	S	O	I	LLA	LSA	LLD	LSD
19	150.084	119.387	726.931	1624.38	2320.55	20	10.6971	10.3973	20.3697
20	147.57	116.873	714.792	1597.14	2281.62	10	20.6971	20.3054	10
21	253.146	202.264	1196.79	2769.17	3955.96	30.2669	20.6155	0	10
22	147.978	117.724	716.724	1601.6	2287.99	20.2535	10	10	20.3265
23	146.716	116.716	710.567	1587.99	2268.56	20	10	10	20
24	94.4279	74.4279	471.811	1007.56	1439.37	10	10	20	20

注：表中列编号代表银行编号，行代表资产负债各项值，其中 E 为股东权益，C 为现金，S 为金融资产，O 为客户贷款，I 为客户存款，LLA 为长期同业资产，LSA 为短期同业资产，LLD 为长期同业负债，LSD 为短期同业负债。

附录 3 我国 46 家银行资产负债表（单位：百万元）

银行	编号	E	C	S	O	I	LLA	LSA	LLD	LSD	OA	OL	A
中国工商银行	0	2141056	3613872	5878158	13892966	19226349	574445	1259797	724302	2028585	867805	1966751	26087043
中国农业银行	1	1429397	2896619	6181254	10316311	16194279	338904	836996	484278	1090302	483298	1855126	21053382
中国银行	2	1576679	2303020	4666814	10644304	13657924	613069	447387	557009	1368345	792830	2307467	19467424
中国建设银行	3	1795827	2988256	5271695	12574473	16363754	225038	483560	616726	1178187	581361	2169889	22124383
交通银行	4	676271	938571	2565640	4354499	4930345	353970	433659	1130167	799643	391915	1501828	9038254
中国邮政储蓄银行	5	431357	1411962	3173617	3541571	8062659	514589	240142	44875	192339	130670	281321	9012551
招商银行	6	483392	616419	1602351	3414612	4064345	140785	343311	552452	699858	180160	497591	6297638
浦发银行	7	430958	486531	2133968	3103853	3037936	135460	61395	1417281	240097	216033	1010968	6137240
中信银行	8	412433	568300	1513090	3105984	3407636	88880	262165	209960	665642	139272	982020	5677691
光大银行	9	305436	353703	1302449	1980818	2272665	98972	186039	416363	313463	166262	780316	4088243
华夏银行	10	169498	225837	768582	1355585	1433907	20187	92102	154578	211825	46634	539119	2508927
民生银行	11	389812	442938	2154652	2729788	2966311	136846	134455	755389	668126	303407	1122448	5902086
兴业银行	12	422752	466403	3148562	2348831	3086893	25884	177908	639888	1243612	249254	1023697	6416842
平安银行	13	222054	310212	823082	1660420	2000420	126433	110247	233266	238154	218080	554580	3248474
浙商银行	14	89687	154091	613580	649816	860619	3241	68491	188193	178795	47533	219458	1536752
广发银行	15	113845	246823	598059	1077700	1079823	22463	82621	361404	283549	45249	234294	2072915
渤海银行	16	48465	105000	412895	449813	582103	7071	18868	152775	44532	8920	174692	1002567

续表

	编号	E	C	S	O	I	LLA	LSA	LLD	LSD	OA	OL	A
北京银行	17	176714	184714	846626	1039023	1268698	106905	111150	230415	151648	41387	502330	2329805
上海银行	18	147441	136063	834435	643191	923585	92938	68832	164825	294200	32307	277715	1807766
江苏银行	19	112827	135439	757440	727844	1007832	52395	44697	226001	87033	52735	336857	1770550
南京银行	20	68210	106225	565720	373479	722622	31384	43344	39013	64598	21010	246719	1141162
盛京银行	21	52255	84201	566794	271782	473580	38206	51872	98954	181641	17762	224187	1030617
宁波银行	22	57205	90193	552716	332199	565253	2264	30571	59380	109805	24099	240399	1032042
徽商银行	23	59212	92357	419813	305208	512808	5937	43454	117105	83034	41330	135940	908099
杭州银行	24	51830	73825	431665	274297	448626	11282	32429	64668	68738	9840	199476	833338
锦州银行	25	60164	52117	425371	209084	342264	7059	8630	145748	41314	21156	133927	723417
天津银行	26	44755	57372	363654	241637	357857	19203	9691	46773	103674	10356	148854	701913
哈尔滨银行	27	42408	69533	204515	230646	378258	10706	14693	33916	7092	34162	102581	564255
中原银行	28	46090	64369	226922	191708	306708	3351	19921	37255	48920	15718	83016	521989
贵阳银行	29	25630	50444	266825	120978	297530	2745	13824	38498	14119	9290	88329	464106
郑州银行	30	33439	45635	222952	124455	255407	11346	13080	37108	28259	18360	81615	435828
成都银行	31	25024	56026	166056	143588	312797	22287	40656	6030	41026	5926	49662	434539
重庆银行	32	32459	43727	160540	172162	238704	11738	25442	40469	16282	9154	94849	422763
青岛银行	33	26123	27097	164587	95514	160083	3680	7205	23164	19408	8193	77498	306276
甘肃银行	34	16613	29084	70112	125254	192230	18401	22228	11991	15053	6068	35260	271147
江西银行	35	23272	40039	188557	124769	243837	499	7997	37931	8377	8144	56588	370005

续表

	编号	E	C	S	O	I	LLA	LSA	LLD	LSD	OA	OL	A
九江银行	36	17651	28750	103604	99528	179636	7621	22229	7362	19734	9522	46871	271254
长沙银行	37	23996	64408	238985	149524	336640	1980	8383	12124	23137	7264	74647	470544
重庆农商银行	38	65245	97012	317665	324109	572184	93402	57059	70389	45619	16531	152341	905778
广州农商银行	39	48477	103767	234968	285701	488671	22892	74549	33928	36942	13836	127695	735713
九台农商银行	40	16650	24118	63700	76492	129881	4401	10497	3026	12993	7800	24458	187008
吴江农商银行	41	8472	11733	25450	47462	71464	2768	5158	628	6599	2699	8107	95270
无锡农商银行	42	9351	16426	47376	64309	106826	0	6585	0	8983	2428	11964	137124
江阴农商银行	43	9353	10406	41347	53284	79307	66	1758	0	12778	2541	7964	109402
常熟农商银行	44	11108	15633	48424	74918	99004	976	2359	333	8354	3514	27025	145824
张家港农商银行	45	8388	10199	39246	47492	70544	197	3878	0	15538	2160	8702	103172

注：E 为股东权益，C 为现金，S 为金融资产，O 为客户贷款，I 为客户存款，A 为总资产，LLA 为长期同业资产，LSA 为短期同业资产，LLD 为长期同业负债，LSD 为短期同业负债，OA 为其他资产，OL 为其他负债。这里由于页面限制无法详细列出求解结果。另外，46 家银行业同业借贷矩阵可以根据表中的同业资产负债值采用附录 1 （4）中改进的 RAS 方法程序求解获得。

参考文献

[1] 鲍勤，孙艳霞．网络视角下的金融结构与金融风险传染 [J]．系统工程理论与实践，2014，34 (9)：2202-2211.

[2] 陈庭强，何建敏．基于复杂网络的信用风险传染模型研究 [J]．软科学，2014，22 (2)：111-117.

[3] 邓晶，曹诗男，潘焕学，秦涛．基于银行业市场网络的系统性风险传染研究 [J]．复杂系统与复杂性科学，2013，10 (4)：76-85.

[4] 邓晶，李红刚．基于羊群效应的银行挤兑和风险传染模型 [J]．复杂系统与复杂性科学，2012，9 (2)：23-30.

[5] 邓晶，张加发，李红刚．银行系统性风险研究综述 [J]．系统科学学报，2013 (2)：34-38.

[6] 方意．系统性风险的传染渠道与度量研究——兼论宏观审慎政策实施 [J]．管理世界，2016 (8)：32-57.

[7] 方意，郑子文．系统性风险在银行业的传染路径研究——基于持有共同资产网络模型 [J]．国际金融研究，2016，350 (6)：61-72.

[8] 黄玮强，庄新田，姚爽．基于信息溢出网络的金融机构风险传染研究 [J]．系统管理学报，2018，27 (3)：235-243.

[9] 降刚，沈沛龙．中国银行业系统流动性风险考察与控制——基于资产抛售价格视角 [J]．财经理论与实践，2018，39 (3)：9-16.

[10] 李守伟，何建敏，孙婧超，谭音邑．金融危机前后中国银行业系统性风险实证研究 [J]．华东经济管理，2014 (1)：92-96.

[11] 李守伟，何建敏，庄亚明，施亚明．基于复杂网络的银行同业拆借市场稳定性研究 [J]．管理工程学报，2011，25 (2)：195-199.

[12] 李守伟，何建敏，庄亚明，施亚明．银行同业拆借市场的网络模型构建及稳定性 [J]．系统工程，2010 (5)：20-24.

[13] 李守伟，何建敏．不同网络结构下银行业传染风险研究 [J]．管理工程学报，2012，26 (4)：71-76.

［14］李守伟，何建敏．基于传染渠道的银行系统性风险研究述评［J］．现代管理科学，2013（6）：9－10.

［15］李守伟，何建敏．银行系统性风险研究综述［J］．南京航空航天大学学报（社会科学版），2009，11（3）：29－32.

［16］刘志峰．社会交互、投资者情绪与金融传染［D］．天津大学博士学位论文，2015.

［17］马君潞，范小云，曹元涛．中国银行业市场双边传染的风险估测及其系统性特征分析［J］．经济研究，2007（1）：68－78.

［18］曲昭光，陈春林，陈克鑫．金融控股集团风险传染渠道与研究方法文献综述［J］．沈阳师范大学学报（社会科学版），2017，41（2）：74－78.

［19］沈沛龙，李志楠，王晓婷．基于银行同业网络与资产重叠的金融风险传染研究［J］．金融论坛，2019，24（1）：12－25.

［20］隋聪，迟国泰，王宗尧．网络结构与银行系统性风险［J］．管理科学学报，2014，17（4）：57－70.

［21］隋聪，谭照林，王宗尧．基于网络视角的银行业系统性风险度量方法［J］．中国管理科学，2016，24（5）：54－64.

［22］隋聪，王宗尧．银行业网络的无标度特征［J］．管理科学学报，2015，18（12）：18－26.

［23］隋聪，于洁晶，崇计川．银行业债务违约诱发资产减价出售——基于债务与资产关联的风险叠加传染研究［J］．系统工程理论与实践，2017，37（11）：2753－2764.

［24］谭春枝．基于复杂网络理论的银行业市场系统风险传染机制研究［M］．北京：经济管理出版社，2017.

［25］王桂英，周健，谢飓．基于BBV的有向加权网络模型［J］．计算机工程，2010，36（12）：141－143.

［26］王献东，何建敏．金融市场间的风险传染研究文献综述［J］．上海金融，2016（7）：50－58.

［27］王晓婷，沈沛龙．基于资本的商业银行系统流动性风险管理研究［J］．当代经济研究，2017（10）：71－80.

［28］王怡，李红刚．信息不对称引发的银行挤兑和风险传染模型［J］．北京师范大学学报（自然科学版），2012，48（3）：313－317.

［29］邬松涛，何建敏，李守伟．基于多属性羊群行为的股票风险及其传染［J］．北京理工大学学报（社会科学版），2017，19（1）：64－72.

［30］吴宜勇，胡日东，袁正中．共同资产持有的网络风险传染与政府救助［J］．金融论坛，2017（8）：35－45．

［31］徐涛，何建敏，李守伟．银行业市场风险传染与网络结构演化研究［J］．大连理工大学学报（社会科学版），2017，38（4）：56－63．

［32］杨子晖，李东承．我国银行系统性金融风险研究——基于"去一法"的应用分析［J］．经济研究，2018，53（8）：36－51．

［33］杨子晖，周颖刚．全球系统性金融风险溢出与外部冲击［J］．中国社会科学，2018（12）：69－90，200－201．

［34］Acemoglu D. ，Carvalho M. V. ，Ozdaglar A. E. ，Tahbaz-Salehi A. . The Network Origins of Aggregate Fluctuations［J］. Econometrica，2012，80（5）：1977－2016.

［35］Acemoglu D. ，Ozdaglar A. E. ，Tahbaz-Salehi A. . Cascades in Networks and Aggregate Volatility［R］. NBER Working Papers，2010，No. 16516.

［36］Acemoglu D. ，Ozdaglar A. E. ，Tahbaz-Salehi A. . Networks，Shocks，and Systemic Risk［R］. NBER Working Papers，2015，No. 20931.

［37］Acemoglu D. ，Ozdaglar A. E. ，Tahbaz-Salehi A. . Systemic Risk and Stability in Financial Networks［R］. NBER Working Paper，2013，No. 18727.

［38］Acharya V. V. . A Theory of Systemic Risk and Design of Prudential Bank Regulation［J］. Journal of Financial Stability，2009，5：224－255.

［39］Acharya V. V. ，Yorulmazer T. . Information Contagion and Bank Herding［J］. Journal of Money，Credit and Banking，2008，40（1）：215－231.

［40］Admati A. R. ，Pfleiderer P. . Forcing Firms to Talk：Financial Disclosure Regulation and Externalities［J］. Review of Financial Studies，2000，13（3）：479－519.

［41］Afonso G. ，Kovner A. ，Schoar A. . Stressed，Not Frozen：The Federal Funds Market in the Financial Crisis［J］. The Journal of Finance，2011，66（4）：1109－1139.

［42］Aharony J. ，Swary I. . Contagion Effects of Bank Failures：Evidence from Capital Markets［J］. Journal of Business，1983，56（3）：305－317.

［43］Ahmadu-Bello. The 2007－09 Global Financial Crisis and Financial Contagion Effects in African Stock Markets［D］. Coventry University，PhD，2014.

［44］Ahnert T. ，Georgb C. . Information Contagion and Systemic Risk

[J]. Journal of Financial Stability, 2018, 35: 159 –171.

[45] Ahnert T. , Kakhbod A. . Information Choice and Amplification of Financial Crises [J]. Review of Financial Studies, 2017, 30 (6): 2130 –2178.

[46] Aldasoro I. , Gatti D. D. , Faia E. . Bank Networks: Contagion, Systemic Risk and Prudential Policy [J]. Journal of Economic Behavior & Organization, 2017, 142: 164 –188.

[47] Allen F. , Babus A. , Carletti E. . Asset Commonality, Debt Maturity and Systemic Risk [J]. Journal of Financial Economics, 2012, 104 (3): 519 –534.

[48] Allen F. , Carletti E. . Mark-to-Market Accounting and Liquidity Pricing [J]. Journal of Accounting and Economics, 2008, 45 (2 –3): 358 –378.

[49] Allen F. , Gale D. . Financial Contagion [J]. Journal of Political Economy, 2000, 108 (1): 1 –33.

[50] Alvarez F. , Barlevy G. . Mandatory Disclosure and Financial Contagion [R]. NBER Working Paper, 2015, No. 21328.

[51] Amini H. , Cont R. , Minca A. . Resilience to Contagion in Financial Networks [J]. Mathematical Finance, 2016, 26 (2): 329 –365.

[52] Anand K. , Craig B. , Von P. G. . Filling in the Blanks: Network Structure and Interbank Contagion [J]. Quantitative Finance, 2015, 15 (4): 625 –636.

[53] Anand K. , Gai P. , Marsili M. . Rollover Risk, Network Structure and Systemic Financial Crises [J]. Journal of Economic Dynamics & Control, 2012, 36 (8): 1088 –1100.

[54] Anand K. , Gai P. , Marsili M. . Rollover Risk, Network Structure and Systemic Financial Crises [J]. Social Science Electronic Publishing, 2012, 36 (8): 1088 –1100.

[55] Anand K. , Lelyveld I. , Banai Á. , Friedrich S. , Garratt R. , Hałaj G. , Fiqu J. , Hansen I. , Jaramillo S. M. , Lee H. , Molina-Borboa J. L. , Nobili S. , Rajan S. , Salakhova D. , Silva T. C. , Silvestri L. , Souza S. R. S. . The Missing Links: A Global Study on Uncovering Financial Network Structures from Partial Data [J]. Journal of Financial Stability, 2018, 35: 107 –119.

[56] Anastasopoulos A. . Testing for Financial Contagion: New Evidence from the Greek Crisis and Yuan Devaluation [J]. Research in International Busi-

ness and Finance, 2018, 45: 499 – 511.

[57] Anderson R. M. , May R. M. . 1991 Infectious Diseases of Humans: Dynamics and Control [M]. Oxford, UK: Oxford University Press.

[58] Babus A. . The Formation of Financial Networks [J]. The RAND Journal of Economics, 2016, 47 (2): 239 – 272.

[59] Barabási A. L. , Albert R. . Emergence of Scaling in Random Networks [J]. Science, 1999, 286 (5439): 509 – 512.

[60] Barnhill T. M. Jr, Souto M. R. . Systemic Bank Risk in Brazil: A Comprehensive Simulation of Correlated Market, Credit, Sovereign and Inter-bank Risks [J]. Financial Markets Institutions & Instruments, 2009, 18 (4): 243 – 283.

[61] Barone-Adesi G. , Mancini L. , Shefrin H. . Chapter 25: Systemic Risk and Sentiment. Handbook on Systemic Risk [M]. Cambridge University Press, July, 2013, UK.

[62] Barrat A. , Barthélemy M. , PastorSatorras R. , Vespignani A. . The Architecture of Complex Weighted Networks [J]. Proceedings of the National Academy of Sciences of the United States of America, 2004, 101 (11): 3747 – 3752.

[63] Barrat A. , Weigt M. . On the Properties of Small-world Network Models [J]. European Physical Journal B Condensed Matter & Complex Systems, 2000, 13 (3): 547 – 560.

[64] Battiston S. , Gatti D. D. , Gallegati M. , Greenwald B. , Stiglitz J. E. . Liaisons Dangereuses: Increasing Connectivity, Risk Sharing, and Systemic Risk [J]. Journal of Economic Dynamics and Control, 2012, 36 (8): 1121 – 1141.

[65] Bech M. L. , Atalay E. . The Topology of the Federal Funds Market [J]. Physica A, 2010, 389 (22): 5223 – 5246.

[66] Becher C. , Millard S. , Soramaki K. . The Network Topology of CHAPS Sterling [R]. Bank of England Working Paper, 2008, No. 355.

[67] Bekiros S. , Jlassi M. , Lucey B. , Naoui K. , Uddin G. S. . Herding Behavior, Market Sentiment and Volatility: Will the Bubble Resume? [J]. North American Journal of Economics & Finance, 2017, 42: 107 – 131.

[68] Benazzoli C. , Persio L. D. . Default Contagion in Financial Networks

[J]. International Journal of Mathematics and Computers in Simulation, 2016, 10: 112 – 117.

［69］Bennett R. L. , Unal H. . Understanding the Components of Bank Failure Resolution Costs［J］. Financial Markets, Institutions & Instruments, 2015, 24（5）: 349 – 389.

［70］Bikhchandani S. , Hirshleifer D. , Welch I. . A Theory of Fads, Fashion, Custom, and Cultural Change as Informational Cascades［J］. Social Science Electronic Publishing, 1992, 100（5）: 992 – 1026.

［71］Billio M. , Getmansky M. , Lo A. W. , Pelizzon L. . Econometric Measures of Connectedness and Systemic Risk in the Finance and Insurance Sectors［J］. Journal of Financial Economics, 2012, 104（3）: 535 – 559.

［72］Bimpikis K. , Tahbaz-Salehi A. . Inefficient Diversification［R］. Columbia University Business School Research Paper, 2012, No. 13 – 1.

［73］Biswas S. S. , Gómez F. . Contagion through Common Borrowers［J］. Journal of Financial Stability, 2018, 39: 125 – 132.

［74］Blume L. , Easley D. , Kleinberg J. , et al. . Network Formation in the Presence of Contagious Risk［C］. ACM Conference on Electronic Commerce. ACM, 2011: 1 – 10.

［75］Bonaldi P. , Hortaçsu A. , Kastl J. . An Empirical Analysis of Funding Costs Spillovers in the EURO-zone with Application to Systemic Risk［R］. NBER Working Papers, 2015, No. 21462.

［76］Boss M. , Elsinger H. , Summer M. , Thurner S. . Network Topology of the Interbank Market［J］. Quantitative Financem, 2004, 4（6）: 677 – 684.

［77］Bouvard M. , Chaigneau P. , Motta A. D. . Transparency in the Financial System: Rollover Risk and Crises［J］. Social Science Electronic Publishing, 2015, 70（4）: 1805 – 1837.

［78］Brunnermeier M. , Pederson L. . Market Liquidity and Funding Liquidity［J］. Review of Financial Studies, 2009（6）: 2201 – 2238.

［79］Caballero R. J. , Krishnamurthy A. . Collective Risk Management in a Flight to Quality Episode［J］. The Journal of Finance, 2008, 63（5）: 2195 – 2230.

［80］Caballero R. J. , Simsek A. . Fire Sales in a Model of Complexity［J］. The Journal of Finance, 2013, 68（6）: 2549 – 2587.

［81］ Cabrales A. , Gottardi P. , Vega-Redondo F. . Risk-Sharing and Contagion in Networks ［J］. The Review of Financial Studies, 2017, 30 (9): 3086 – 3127.

［82］ Caccioli F. , Farmer J. D. , Foti N. , Rockmore D. . How Interbank Lending Amplifies Overlapping Portfolio Contagion: A Case Study of the Austrian Banking Network ［R］. SFI Working Paper, 2013 (7).

［83］ Caccioli F. , Shrestha M. , Moore C. , Farmer J. D. . Stability Analysis of Financial Contagion due to Overlapping Portfolios ［J］. Journal of Banking & Finance, 2014, 46 (3): 233 – 245.

［84］ Calomiris C. , Mason J. . Consequences of U. S. Bank Distress During the Depression ［J］. American Economic Review, 2003, 93: 937 – 947.

［85］ Calomiris C. , Mason J. . Contagion and Bank Failures During the Great Depression: The June 1932 Chicago Banking Panic ［J］. American Economic Review, 1997, 87 (5): 863 – 883.

［86］ Cappelletti G. , Guazzarotti G. . The Role of Counterparty Risk and Asymmetric Information in the Interbank Market ［D］. European Central Bank Working Paper, 2017, 2, No. 2022.

［87］ Capponi A. , Chen P. C. , Yao D. D. . Liability Concentration and Systemic Losses in Financial Networks ［J］. Operations Research, 2016, 64, (5): 1121 – 1134.

［88］ Carron A. . Financial Crises: Recent Experience in U. S. and International Markets ［R］. Brookings Papers on Economic Activity, 1982, No. 2: 395 – 418.

［89］ Chen C. , Iyengar G. , Moallemi C. C. . An Axiomatic Approach to Systemic Risk ［J］. Management Science, 2013, 59 (6): 1373 – 1388.

［90］ Chen N. , Liu X. , Yao D. D. . An Optimization View of Financial Systemic Risk Modeling: Network Effect and Market Liquidity Effect ［J］. Operations Research, 2016, 64 (5): 1089 – 1108.

［91］ Chen Y. , Hasan I. . The Transparency of the Banking System and the Efficiency of Information-based Bank Runs ［J］. Journal of Financial Intermediation, 2006, 15 (3): 307 – 331.

［92］ Cheng X. , Wu J. , Liao S. S. . A Study of Contagion in the Financial System from the Perspective of Network Analytics ［J］. Neurocomputing, 2017,

264：42 – 49.

［93］Cifuentes R. , Ferrucci G. , Shin H. S.. Liquidity Risk And Contagion ［J］. Journal of the European Economic Association, 2005, 3 (2/3)：556 – 566.

［94］Cooperman E. , Lee W. , Wolfe G.. The 1985 Ohio Thrift Crisis, the FSLIC's Solvency and Rate Contagion for Retail CDs ［J］. Journal of Finance, 1992, 47 (3)：919 – 941.

［95］Craig B. , Von P. G.. Interbank Tiering and Money Center Banks ［J］. Journal of Financial Intermediation, 2014, 23 (3)：322 – 347.

［96］Dasgupta A.. Financial Contagion through Capital Connections：A Model of the Origin and Spread of Bank Panics ［J］. Journal of the European Economic Association, 2004, 2 (6)：1049 – 1084.

［97］Degryse H. , Nguyen G.. Interbank Exposures：an Empirical Examination of Systemic Risk in the Belgian Banking System ［J］. International Journal of Central Banking, 2007, 3 (2)：123 – 171.

［98］Diamond D. W. , Rajan R. G.. Liquidity Shortages and Banking Crises ［J］. The Journal of Finance, 2005, 60 (2)：615 – 647.

［99］Doh H.. Dynamic Fire-Sale Externalities and Rollover Risk Spillovers ［J］. Social Science Electronic Publishing, 2016.

［100］Duffie D.. Dark Markets：Asset Pricing and Information Transmission in Over-the-Counter Markets ［M］. Princeton University Press, 2011.

［101］Duffie D. , Malamud S. , Manso G.. Information Percolation With Equilibrium Search Dynamics ［J］. Econometrica, 2009, 77 (5)：1513 – 1574.

［102］Edson B. , Cont R.. The Brasilian Interbank Network Structure and Systemic Risk ［R］. Banco Central Do Brasil Working Paper, 2010, No. 219.

［103］Eisenberg L. , Noe T. H.. Systemic Risk in Financial Systems ［J］. Management Science, 2001, 47 (2)：236 – 249.

［104］Elliott M. , Golub B. , Jackson O. M.. Financial Networks and Contagion ［J］. Social Science Electronic Publishing, 2014, 104 (10)：3115 – 3153.

［105］Elsinger H.. Financial Networks, Cross Holdings, and Limited Liability ［R］. Oesterreichische National bank Working Paper, No. 156, 2009.

［106］Elsinger H. , Lehar A. , Summer M.. Risk Assessment for Banking Systems ［J］. Management Science, 2006, 52 (9)：1301 – 1314.

［107］Erdös P. , Rényi A.. On Random Graphs ［J］. Publicationes Mathematicae, 1959, 4: 3286 – 3291.

[108] Erdös P. , Rényi A.. On the Evolution of Random Graphs [J]. Publicationes Mathematicae, 1960, 5: 17 – 61.

[109] Fei W. , Gu J. , Yang Y. , Zhou Z.. Credit Risk Evaluation Based on Social Media [J]. Procedia Computer Science, 2015, 55: 725 – 731.

[110] Financial Crisis Inquiry Commission, The Financial Crisis Inquiry Report: Final Report of the National Commission on the Causes of the Financial and Economic Crisis in the United State [R]. Washington DC: US Government Printing Office, 2011.

[111] Fischer T. , Riedler J.. Prices, Debt and Market Structure in an Agent-based Model of the Financial Market [J]. Journal of Economic Dynamics & Control, 2014, 48 (C): 95 – 120.

[112] Fourel V. , Heam J. C. , Salakhova D. , et al.. Domino Effects When Banks Hoard Liquidity: The French Network [R]. Banque de France, Working Papers, 2013, No. 432.

[113] Francisco B. , Falk B. , Iman L.. A Dynamic Network Model of the Unsecured Interbank Lending Market [J]. Journal of Economic Dynamics and Control, 2018, 90 (3): 310 – 342.

[114] Freixas X. , Holthausen C.. Interbank Market Integration under Asymmetric Information [J]. Review of Financial Studies, 2005, 18 (2): 459 – 490.

[115] Freixas X. , Parigi B. M. , Rochet J. C.. Systemic Risk, Interbank Relations, and Liquidity Provision by the Central Bank [J]. Journal of Money Credit & Banking, 2000, 32 (3): 611 – 638.

[116] Fricke D. , Lux T.. On the Distribution of Links in the Interbank Network: Evidence from the E-MID Overnight Money Market [J]. Empirical Economics, 2015, 49 (4): 1463 – 1495.

[117] Gai P. , Haldane A. , Kapadia S.. Complexity, Concentration and Contagion [J]. Journal of Monetary Economics, 2011, 58 (5): 453 – 470.

[118] Gai P. , Kapadia S.. Contagion in Financial Networks [J]. Proceedings: Mathematical, Physical and Engineering Sciences, 2010, 466 (2120): 2410 – 2423.

[119] Georg C. P.. The Effect of the Interbank Network Structure on Conta-

gion and Common Shocks [J]. Journal of Banking & Finance, 2013, 37 (7): 2216 – 2228.

[120] Glasserman P. , Young H. P. . How Likely is Contagion in Financial Networks [J]. Journal of Banking & Finance, 2015, 50 (2120): 383 – 399.

[121] Gofman M. . Efficiency and Stability of a Financial Architecture with Too-interconnected-to-fail Institutions [J]. Journal of Financial Economics, 2017, 124 (1): 113 – 146.

[122] Gorton G. B. . The Panic of 2007 [R]. NBER Working Paper, 2008, No. 14358.

[123] Greenwood R. , Landier A. , Thesmar A. . Vulnerable Banks [J]. Journal of Financial Economics, 2015 (3): 471 – 485.

[124] Grzegorz H. , Kok C. . Assessing Interbank Contagion Using Simulated Networks [J]. Computational Management Science, 2013, 10 (2): 157 – 186.

[125] Haldane A. G. , May R. M. . Systemic Risk in Banking Ecosystems [J]. Nature, 2011, 469 (7330): 351 – 355.

[126] Haldane A. G. . Rethinking the Financial Network [M]. Fragile Stabilität-stabile Fragilität. Springer Fachmedien Wiesbaden, 2013: 243 – 278.

[127] Haldane A. G. . Rethinking the Financial Network [R]. Speech delivered at the Financial Student Association in Amsterdam, 2009.

[128] Hart O. , Zingales L. . A New Capital Regulation for Large Financial Institutions [J]. Cepr Discussion Papers, 2009, 13 (2): 453 – 490.

[129] Hasan I. , Dwyer G. . BankRuns in the Free Banking Period [J]. Journal of Money, Credit and Banking, 1994, 26: 271 – 288.

[130] Hewitt M. E. . Systemic Risk in International Securities Markets [M]. Regulating International Financial Markets: Issues and Policies. In: Edwards F. R. , Patrick H. T. (eds). Springer Netherlands, 1992: 243 – 255.

[131] Hill A. L. , Christakis N. A. . Emotions as Infectious Diseases in a Large Social Network: the SISa Model [J]. Proceedings of the Royal Society B: Biological Sciences, 2010, 277 (1701): 3827 – 3835.

[132] Ibragimov R. , Dwight J. , Johan W. . Diversification disasters [J]. Journal of Financial Economics, 2011, 99: 333 – 348.

[133] Inaoka H. , Ninomiya T. , Taniguchi K. , Shimizu T. , Takayasu

H. . Fractal Network Derived from Banking Transaction: An Analysis of Network Structures Formed By Financial Institutions [R]. Bank of Japan Working Paper, 2004, No. 04 − E − 04.

[134] Jacklin C. J. , Bhattacharya S. . Distinguishing Panics and Information-based Bank Runs: Welfare and Policy Implications [J]. Journal of Political Economy, 1988, 96 (3): 568 − 592.

[135] Jayanti S. , Whyte A. . Global Contagion Effects of the Continental Illinois Failure [J]. Journal of International Financial Markets, Institutions and Money, 1996, 6 (1): 87 − 99.

[136] Jiang S. , Fan H. . Credit Risk Contagion Coupling with Sentiment Contagion [J]. Physica A: Statistical Mechanics and its Applications, 2018, 512: 186 − 202.

[137] Jiang S. , Fan H. , Xia M. . Credit Risk Contagion Based on Asymmetric Information Association [J]. Complexity, 2018, 7: 1076 − 2787.

[138] Kane E. J. . Government Officials as a Source of Systemic Risk in International Financial Markets [M]. Regulating International Financial Markets: Issues and Policies. In: Edwards F. R. , Patrick H. T. (eds). Springer Netherlands, 1992: 257 − 265.

[139] Kaufman G. . Research in Financial Services: Banking, Financial Market, and Systemic Risk [M]. Greenwich, London, 1995.

[140] Kenett D. Y. , Tumminello M. , Madi A. , Gur-Gershgoren G. , Mantegna R. N. , Ben-Jacob E. . Dominating Clasp of the Financial Sector Revealed by Partial Correlation Analysis of the Stock Market [J]. PLoS ONE, 2010, 5 (12): 15 − 32.

[141] Kindleberger C. . Manias, Panics and Crashes: A History Financial Crisis [M]. London: Macmillan Press Ltd, 1996.

[142] Kohn M. B. H. , Pereira P. L. V. . Speculative Bubbles and Contagion: Analysis of Volatility's Clusters During the DotCom Bubble Based on the Dynamic Conditional Correlation Model [J]. Cogent Economics & Finance, 2017, 5 (1): 2332 − 2039.

[143] Lahmiri S. . Cointegration and Causal Linkages in Fertilizer Markets Across Different Regimes [J]. Physica A: Statistical Mechanics and its Applications, 2017, 471: 181 − 189.

[144] Lang L., Stulz R.. Contagion and Competitive Intra-Industry Effects of Bankruptcy Announcements [J]. Journal of Financial Economics, 1992, 32: 45-60.

[145] Laurens I. V. D., Marco V. D. L., Hommes C. H.. The Formation of a Core Periphery Structure in Heterogeneous Financial Networks [R]. Tinbergen Institute Discussion Paper, 2014, No. 098/II.

[146] Lee Y. H., Tucker A. L., Wang D. K., Pao H. T.. Global Contagion of Market Sentiment During the US Subprime Crisis [J]. Global Finance Journal, 2014, 25 (1): 17-26.

[147] Leonidov A. V., Rumyantsev E. L.. Default Contagion Risks in Russian Interbank Market [J]. Physica A: Statistical Mechanics and its Applications, 2016, 451 (6): 36-48.

[148] Leventides J., Loukaki K., Papavassiliou V. G.. Simulating Financial Contagion Dynamics in Random Interbank Networks [J]. Journal of Economic Behavior & Organization 2018, 12: 1-50.

[149] Li F.. Testing for Financial Contagion with Applications to the Canadian Banking System [R]. Bank of Canada Working Papers, 2009, No. 14.

[150] Lo A. W.. Fear, Greed, and Financial Crises: A Cognitive Neurosciences Perspective [J]. Social Science Electronic Publishing, 2011.

[151] Martinez-Jaramillo S., Biliana A. K., Bernardo B. B., et al.. An Empirical Study of the Mexican Banking System's Network and Its Implications for Systemic Risk [J]. Journal of Economic Dynamics and Control, 2014, 40 (1-3): 242-265.

[152] Mensah J. O., Premaratne G.. Systemic Interconnectedness among Asian Banks [J]. Japan and the World Economy, 2017, 41: 17-33.

[153] Mistrulli P. E.. Assessing Financial Contagion in the Interbank Market: Maximum Entropy Versus Observed Interbank Lending Patterns [J]. Journal of Banking & Finance, 2010, 35 (5): 1114-1127.

[154] Montagna M., Kok C.. Multi-layered Interbank Model for Assessing Systemic Risk [R]. European Central Bank, Working Papers, 2016, No. 1944.

[155] Nier E., Yang J., Yorulmazer T., Alentorn A.. Network Models and Financial Stability, Bank of England [R]. Working Paper, No. 346,

2008, April.

［156］Paltalidis N. , Gounopoulos D. , Kizys R. , Koutelidakis Y. . Transmission Channels of Systemic Risk and Contagion in the European Financial Network ［J］. Journal of Banking & Finance, 2015, 61: 36 – 52.

［157］Paulin J. , Calinescu A. , Wooldridge M. . Understanding Flash Crash Contagion and Systemic Risk: A Micro-macro Agent-based Approach ［J］. Journal of Economic Dynamics & Control, 2018, 100: 200 – 229.

［158］Peralta G. , Crisóstomo R. . Financial Contagion with Spillover Effects: A Multiplex Network Approach ［R］. European Systemic Risk Board, Working Paper, 2016, 11, No. 32.

［159］Pritsker M. . Knightian Uncertainty and Interbank Lending ［J］. Journal of Financial Intermediation, 2013, 22 (1): 85 – 105.

［160］Puhr C. , Seliger R. , Sigmund M. . Contagiousness and Vulnerability in the Austrian Interbank Market ［J］. Financial Stability Report, 2012, 24 (24): 62 – 78.

［161］Rivera-Castro M. A. , Ugolini A. , Zambrano J. A. . Tail Systemic Risk and Contagion: Evidence from the Brazilian and Latin America Banking Network ［J］. Emerging Markets Review, 2018, 35: 164 – 189.

［162］Rochet J. C. , Tirole J. . Interbank Lending and Systemic Risk ［J］. Journal of Money Credit & Banking, 1996, 28 (4): 733 – 762.

［163］Sachs A. . Completeness, Interconnectedness and Distribution of Interbank Exposures—A Parameterized Analysis of the Stability of Financial Networks ［J］. Quantitative Finance, 2014, 14 (9): 1677 – 1692.

［164］Santos E. , Cont R. . The Brazilian Interbank Network Structure and Systemic Risk ［R］. Banco Central do Brasil Working Paper, 2010, No. 219.

［165］Saunders A. . The Interbank Market, Contagion Effects and International Financial Crises, in Threats to International Financial Stability ［M］. edited by Portes R. and Swoboda A. K. , New York, NY: Cambridge University Press, 1987: 196 – 232.

［166］Saunders A. , Wilson B. . Contagious Bank Runs: Evidence from the 1929 – 1933 Period ［J］. Journal of Financial Intermediation, 1996, 5: 409 – 423.

［167］Schoenmaker D. . Contagion Risk in Banking ［R］. Financial Markets Group Discussion Paper, 1996, No. 239.

[168] Schumacher L. . Bank Runs and Currency Run in a System without a Safety Net: Argentina and the "Tequila" Shock [J]. Journal of Monetary Economics, 2000, 46: 257 – 277.

[169] Serafin M. J. , Biliana A. K. , Bernardo B. B. , Juan P. S. M. . An Empirical Study of the Mexican Banking System's Network and its Implications for Systemic Risk [J]. Journal of Economic Dynamics & Control, 2014, 40 (1 – 3): 242 – 265.

[170] Sheldon G. , Maurer M. . Interbank Lending and Systemic Risk: An Empirical Analysis for Switzerland [J]. Swiss Journal of Economics and Statistics, 1998, 134: 685 – 704.

[171] Slovin M. , Sushka M. , Polonchek J. . An Analysis of Contagion and Competitive Effects at Commercial Banks [J]. Journal of Financial Economics, 1999, 54: 197 – 225.

[172] Slovin M. , Sushka M. , Polonchek J. . Information Externalities of Seasoned Equity Issues: Difference between Banks and Industrial Firms [J]. Journal of Financial Economics, 1992, 32: 87 – 101.

[173] Soebhag A. . Investor Sentiment: Too Contagious to Ignore? [J]. Applied Finance & Accounting, 2018, 4 (1): 57 – 80.

[174] Soramäki K. , Bech M. L. , Arnold J. , Glass R. J. , Beyeler W. E. . The Topology of Interbank Payment Flows [J]. Physica A-statistical Mechanics & Its Applications, 2007, 379 (1): 317 – 333.

[175] Swary I. . Stock Market Reaction to Regulatory Action in the Continental Illinois Crisis [J]. Journal of Business, 1986, 59 (3): 451 – 473.

[176] Tabak B. , Takami M. , Rocha J. , Cajueiro D. . Directed Clustering Coefficient as a Measure of Systemic Risk in Complex Banking Networks [J]. Physica A Statistical Mechanics & Its Applications, 2014, 394 (2): 211 – 216.

[177] Takehisa H. . An Introduction to Complex Networks [J]. Interdisciplinary Information Sciences, 2011, 17 (3): 175 – 195.

[178] Talbi M. , Boubaker A. , Sebai S. . Behavioral Finance and Financial Contagion: The Evidence of DCC-MGARCH Model From 63 Equity Markets [J]. International Journal of Economics & Financial Issues, 2017, 7 (4).

[179] Upper C. . Simulation Methods to Assess the Danger of Contagion in

Interbank Markets [J]. Journal of Financial Stability, 2011, 7 (3): 111 - 125.

[180] Upper C., Worms A.. Estimating Bilateral Exposures in the German Interbank Market: Is There a Danger of Contagion? [J]. European Economic Review, 2004, 48 (4): 0 - 849.

[181] Van L. I., Liedorp F. R.. Interbank Contagion in the Dutch Banking Sector [J]. International Journal of Central Banking, 2006, 2 (2): 99 - 133.

[182] Virlics A.. Emotions in Economic Decision Making: A Multidisciplinary Approach [J]. Procedia-Social and Behavioral Sciences, 2013, 92: 1011 - 1015.

[183] Wagner W.. Diversification at Financial Institutions and Systemic Crises [J]. Journal of Financial Intermediation, 2010, 19: 373 - 386.

[184] Wagner W.. Systemic Liquidation Risk and the Diversity-Diversification Trade-off [J]. Journal of Finance, 2011, 66: 1141 - 1175.

[185] Wagner W.. The Inefficiency of Diversification in Economies with Endogenous Liquidation Costs [R]. Working paper, Tilburg University, 2009.

[186] Wang L., Li S., Chen T.. Investor Behavior, Information Disclosure Strategy and Counterparty Credit Risk Contagion [J]. Chaos, Solitons & Fractals, 2019, 119 (2): 37 - 49.

[187] Watts D. J., Strogatz S. H.. Collective Dynamics of "Small-world" Networks [J]. Nature, 1998, 393: 440 - 442.

[188] Wen F. H., Yang X., Gong X.. The Researchon Investor Sentiment Contagion between China and U. S. Based on the Background of Financial Crisis [J]. System Engineering Theory & Practice, 2015, 35 (3): 623 - 629.

[189] Xiong W.. Bubbles, Crises, and Heterogeneous Belief [R]. NBER Working Paper, 2013, No. 18905.

[190] Zhang M., He J., Li S.. Interbank Lending, Network Structure and Default Risk Contagion [J]. Physica A, 2018, 493: 203 - 209.

[191] Zheng Q., Song L.. Dynamic Contagion of Systemic Risks on Global Main Equity Markets Based on Granger Causality Networks [J]. Discrete Dynamics in Nature and Society, 2018: 1 - 13.